D1747120

Stefan Orth
Peter Reifenberg (Hg.)

Poetik des Glaubens

VERLAG KARL ALBER

Zu diesem Buch:

Ricœur hat sich bereits in Zeiten, als in der Philosophie noch nicht von einer Renaissance der Religion die Rede war, intensiv mit dem Verhältnis von Vernunft und Glaube beschäftigt. Die religiösen Überzeugungen der Menschen waren für ihn stets wichtige Ausgangspunkte und Wegmarken eigener philosophischer Reflexion. Zu allen Phasen seines Schaffens traten neben philosophischen Werken, die eine Fülle von religiösen Implikationen aufweisen, kleinere Arbeiten, in denen er seine philosophischen Überlegungen als Ausgangspunkt für die Interpretation biblischer Texte gewählt hat.

Gerade als Philosoph gibt Paul Ricœur auf diese Weise der Theologie Anstöße für ihr eigenes Tun. Sie beschränken sich keineswegs auf die systematisch-theologische Reflexion des Verhältnisses von Theologie und Philosophie, sondern betreffen so gut wie alle theologischen Disziplinen.

Welche philosophischen Einsichten und religionsphilosophischen Überlegungen Ricœurs im Einzelnen sind für die Theologie besonders fruchtbar? Wo wurden sie, vor allem wie wurden sie rezipiert und wie wurden sie weiter gedacht? Wo sind aus theologischer Sicht Grenzen der jeweiligen philosophischen Thesen? Diesen Fragen widmet sich der folgende Band.

Die Herausgeber:

Dr. Stefan Orth, geb. 1968, ist Redakteur der Herder Korrespondenz in Freiburg.

Prof. Dr. Peter Reifenberg, geb. 1956, ist Direktor des Tagungszentrums Erbacher Hof und der Akademie des Bistums Mainz.

Stefan Orth
Peter Reifenberg (Hg.)

Poetik des Glaubens

Paul Ricœur und die Theologie

Verlag Karl Alber Freiburg/München

Originalausgabe

Alle Rechte vorbehalten – Printed in Germany
© Verlag Karl Alber GmbH Freiburg / München 2009
www.verlag-alber.de

Umschlagmotiv: © Peter Reifenberg
Inhalt gesetzt in der Aldus und Gill Sans
Satzherstellung: SatzWeise, Föhren
Druck und Bindung: AZ Druck und Datentechnik, Kempten

Gedruckt auf alterungsbeständigem Papier (säurefrei)
Printed on acid-free paper

ISBN 978-3-495-48359-6

Inhalt

Vorwort 7

Der Philosoph und das theologische Denken
Ein Querschnitt durch Paul Ricœurs Werk 11
Stefan Orth

Was zeigt der Verdacht?
Paul Ricœurs Relecture der Religionskritik 29
Jürgen Werbick

Struktur und Subjekt
Zugänge zur Frage nach dem Menschen bei Paul Ricœur . . . 45
Knut Wenzel

Offenbarung denken?
Paul Ricœurs Begriff des Zeugnisses 67
Veronika Hoffmann

»Größe und Grenze einer ethischen Weltanschauung«
Die denkerische Herausforderung des Bösen bei Paul Ricœur   89
Bernd J. Claret

Paul Ricœurs Beitrag zur theologischen Ethik
Bausteine einer Rezeptionsgeschichte und systematische
Überlegungen 117
Christof Mandry

Inhalt

Über liberale und kommunitaristische politische Ethik hinaus
Inchoativer Universalismus, Erinnerungskultur und die
Festlichkeit der Gabe bei Paul Ricœur 141
Maureen Junker-Kenny

Schwierige Erinnerung?
Zur theologischen Rezeption der Kritik des verpflichtenden
Gedächtnisses bei Paul Ricœur 163
Michael Böhnke

Vom Symbol aus denken
Der Einfluss der Philosophie Paul Ricœurs auf die
Religionspädagogik 179
Wolfgang W. Müller

Fundamentaltheologie und Ästhetik
Impulse aus dem Werk Paul Ricœurs 199
Gerhard Larcher

Zitierte Sekundärliteratur zu Paul Ricœur 218

Autorinnen, Autoren und Herausgeber 224

Vorwort

»Indem das Denken den Bezug des Seins zum Wesen des Menschen« durch die Sprache als dem »Haus des Seins« vollbringt[1], lässt es sich vom Sein in Anspruch nehmen, »um die Wahrheit des Seins« zu sagen. Das Denken bleibt dadurch nicht passiv, sondern stellt im höchsten Maße ein Handeln dar: »Das Denken ist l'engagement durch und für die Wahrheit des Seins«.[2]

Wenn Heidegger klagt, dass das Denken durch seine technische Auslegung des Seins zu lange »auf dem Trockenen sitzt« und die Sprache aus der bloßen Grammatik einer rigiden Begriffslogik in ein »ursprünglicheres Wesensgefüge«[3] geführt werden muss, so spricht er diese Aufgaben dem Denken und dem Dichten zu, um die Seinsvergessenheit, die Heimatlosigkeit zu überwinden.[4]

Die Akademien bieten einem solchen offenen und freiheitlichen Denken Raum und Heimat, weisen auf die »Wahrheit des Seins« hin, und zwar gewissermaßen auf das Zu-Denkende wie auf das *Zu*-Denkende.[5] Der Ort der Wahrheit des Seins trägt den Mut zur Weite der Vernunft in sich (Benedikt XVI.); Akademien wagen die Freiheit »zwecklosen Denkens und unverzweckten Gesprächs« (Kardinal Karl Lehmann).

So hat sich der Erbacher Hof, die Akademie des Bistums Mainz, immer wieder der Aufgabe gestellt, wirkmächtige philosophische und theologische Denkergestalten zu thematisieren, der Vergessenheit zu entreißen und ihre Bedeutung für das heutige Tun und Denken herauszustellen, besonders auch im Blick auf die jüngeren Generationen.

---

[1] Vgl. M. Heidegger, *Platons Lehre von der Wahrheit. Mit einem Brief über den Humanismus*, 3. Aufl., Bern [1947] 1975.
[2] Ebd., S. 54.
[3] Ebd.
[4] Vgl. M. Heidegger, »… dichterisch wohnt der Mensch …«, in: *Vorträge und Aufsätze*, Pfullingen 1954, S. 181–199.
[5] Vgl. M. Heidegger, *Platons Lehre von der Wahrheit*, S. 92,103.

Vorwort

Paul Ricœur gehört genauso wie Maurice Blondel und Emmanuel Levinas zu den wirkmächtigen französischen Denkergestalten, denen ein besonderer Brückenschlag zwischen der deutschen und der französischen Philosophie wichtig war.

In diesem Sinne veranstaltete die Akademie des Bistums Mainz am 23. und 24. Mai 2003 anlässlich des 90. Geburtstages und unter Teilnahme Paul Ricœurs eine vielbeachtete Akademietagung, die in der Veröffentlichung »Facettenreiche Anthropologie. Paul Ricœurs Reflexion auf den Menschen« (Verlag Alber, Freiburg 2004) Niederschlag fand. So wichtig es auch Paul Ricœur selbst war, Philosophie und Theologie gegeneinander abzugrenzen, und ungeachtet dessen, dass seine eigene Position als Denker im christlichen Glauben – bei ihm als reformierter Christ – verankert blieb, so wichtig war ihm der oft von ihm auch problematisch angesehene enge Bezug der beiden Disziplinen.

Ricœur hat sich gerade in Zeiten, als in der Philosophie noch nicht von einer Renaissance der Religion die Rede war, intensiv mit dem Verhältnis von Vernunft und Glaube beschäftigt. Während seines Denkweges waren die religiösen Überzeugungen der Menschen für ihn wichtige Ausgangspunkte und Wegmarken philosophischer Reflexion. Zu allen Phasen seines Schaffens traten neben philosophischen Werken mit einer Fülle von religiösen Implikationen kleinere Arbeiten, in denen er mit seinen Thesen auch das Gespräch mit der Theologie gesucht hat. Zudem hat er in unzähligen Beiträgen seine philosophischen Überlegungen als Ausgangspunkt für die Interpretation biblischer Texte gewählt (vgl. den Beitrag von Knut Wenzel in diesem Band).

Wie nun das Weiterbedenken des Ansatzes Ricœurs im vorliegenden Buch belegt, ist die Theologie selbst in Ricœurs Denken in vielfacher Weise aufgenommen: Angefangen von seiner Phänomenologie der Schuld über die Auseinandersetzung mit der Religionskritik Sigmund Freuds, der Metapherntheorie, der These von der narrativen Identität und seiner biblischen Hermeneutik bis hin zu seinen Ausführungen über Erinnern, Vergessen und Vergeben haben sich beachtenswerte Vertreter beider Konfessionen und so gut wie aller theologischer Disziplinen von Paul Ricœur inspirieren lassen. So vermochte es Ricœur, der Theologie ein Konzept anzubieten, das einem Ineinander von Glaube und zweifelndem Denken oder Fragen eine hermeneutische Tiefenschärfe zu geben vermochte (Jürgen Wer-

Vorwort

bick). Eine Hermeneutik des Sinns eröffnet einer phänomenologisch aufgeklärten »Sorge um das Objekt« breiten Raum (Werbick).

Immer wieder hat Ricœur gezeigt, wie man Offenbarung denken und welcher Bezug zur biblischen Offenbarung hergestellt werden kann (Veronika Hoffmann). »Wird Offenbarung (...) mit Hilfe der Zeugniskategorie beschrieben, so stellt die geschichtliche Verankerung ein absolut unverzichtbares Moment dar« (Hoffmann). Gerade die Kategorie des Zeugnisses lebt in der Spannung von Bezeugung und Bestreitung und weist auf die Wahrheitsfähigkeit des Zeugen wie des Bezeugten hin. Ricœur unterstreicht gerade die Polyphonie der biblischen Offenbarung (Hoffmann). Dadurch wird der Zugang zur Welt, zum Anderen und zu uns selbst und zum Göttlichen stets als vermittelter verstanden.

Gerade als Philosoph gibt Paul Ricœur auf diese Weise der Theologie Anstöße für ihr eigenes Tun. Sie beschränken sich keineswegs auf die systematisch-theologische Reflexion des Verhältnisses von Theologie und Philosophie, sondern betreffen so gut wie alle theologischen Disziplinen: Mit der Besinnung auf den Kern der biblischen Botschaft, wie in den einschlägigen Methodendiskussionen über die angemessene Hermeneutik der Schrift derzeit bedacht, haben nicht zuletzt Ricœurs Ausführungen über Metaphern für das Verständnis religiöser Rede maßgebliche Bedeutung. Genauso wie seine Gleichnistheorie zum Standardrepertoire neutestamentlicher Exegeten gehört (Wenzel).

Die Kirchengeschichtler mögen sich bisher am wenigsten mit Ricœur auseinandergesetzt haben: Aber angefangen von seinen frühen geschichtsphilosophischen Aufsätzen über seine Erzähltheorie und der breiten Auseinandersetzung mit der Geschichtstheorie bis hin zu seinen Thesen »Erinnern und Vergessen« bietet Ricœur gerade für den Historiker reiche Anregung zur Klärung von Methode und Ziel der eigenen Arbeit (Michael Böhnke). Das Vergangene muss als Gewesenes rekonstruiert werden und in seiner Unwiederholbarkeit und Unwiderruflichkeit anerkannt werden. Dadurch muss sich das Subjekt von der Vergangenheit distanzieren (Böhnke).

In der Systematischen Theologie ist die Relevanz der philosophischen Thesen Ricœurs von der Beschäftigung mit dem Bösen (Bernd J. Claret) über die Überlegungen zum Subjekt des Glaubens (Knut Wenzel), zum Offenbarungsbegriff (Hoffmann), der Gottesfrage und der Religionskritik (Werbick) bis zur Frage nach Vergebung und Verzeihung am augenscheinlichsten.

Vorwort

Das gilt seit dem Erscheinen von Ricœurs »kleiner Ethik« in »Das Selbst als ein Anderer« verstärkt auch für die theologische Ethik, ob nun in der Moraltheologie oder in der christlichen Gesellschaftslehre beziehungsweise Sozialethik (Maureen Junker-Kenny, Christof Mandry). Nicht zuletzt in den praktischen Fächern wurde Ricœur rezipiert, weil angefangen von seiner Symbolhermeneutik (Wolfgang W. Müller) über die Überlegungen zur religiösen Sprache bis hin zu seiner Identitätstheorie auch wesentliche Fragen der Grundlegung von Liturgiewissenschaft bis zur Religionspädagogik (Müller) angeschnitten worden sind. Die Religionspädagogik kann durch Ricœurs theoretisches Instrumentarium eine selbstkritische Fundierung finden.

Insbesondere für das Verhältnis von Fundamentaltheologie und Ästhetik bringt Ricœurs Werk mit den Leitkategorien Zeitdiagnostik, Subjekttheorie, Glaubens- und Offenbarungshermeneutik eine fundamentaltheologische Programmatik hinein (Gerhard Larcher). Gerade für die Fundamentaltheologie ist eine ästhetische Dimension angesichts eines elaborierten begrifflichen Diskurses und eines ethisch-politischen Pathos vonnöten. Gelingt es, »eine neue phänomenologische Ontologie zu bedenken, die nach dem Scheitern des begrifflichen Systemdenkens, wie es auch Heidegger angesprochen hat, wichtig ist? Eine solche Poetik müsste für eine theologische Ästhetik der Sprache und Bilder offen sein« (Larcher). Denn »eine Hermeneutik der Präsenz der erschienenen Güte und Menschenfreundlichkeit (Gnade) Gottes gilt in der Moderne als konstitutiv und unverzichtbar« (Larcher).

Welche philosophischen Einsichten und religionsphilosophischen Überlegungen Ricœurs im Einzelnen sind für die Theologie besonders fruchtbar? Wo wurden sie, vor allem wie wurden sie rezipiert und wie wurden sie weiter gedacht? Wo sind aus theologischer Sicht Grenzen der jeweiligen philosophischen Thesen? Diesen Fragen widmet sich der folgende Band.

Stefan Orth, Freiburg
Peter Reifenberg, Mainz

Im Januar 2009

Der Philosoph und das theologische Denken
Ein Querschnitt durch Paul Ricœurs Werk

Stefan Orth

Paul Ricœur hat von Anfang an das Verhältnis von Philosophie und Theologie in seinen Schriften thematisiert und mit Blick auf seine eigenen Arbeiten zu klären versucht.[1] Im Rückblick wird man sagen müssen, dass Ricœur dies zuweilen recht ungeschützt getan hat, wie er auch darüber hinaus innerhalb seiner Philosophie vielfach überraschend unvermittelt theologische Thesen aufgegriffen hat. Vor allem in der *Symbolik des Bösen*[2], aber auch in anderen eigentlich philosophischen Artikeln und Monographien bis hin zu den drei Bänden von *Zeit und Erzählung*[3] und später wieder in *Gedächtnis, Geschichte, Vergessen*[4] finden sich eine Reihe von biblischen Bezügen und Verweisen auf biblische Texte und theologische Positionen. Manchen Kritiker Ricœurs hat diese Tatsache irritiert.

Ausgehend von denjenigen Aussagen Ricœurs, mit denen er selbst die Beziehung von Philosophie und Theologie beschreibt, erweist sich die Bestimmung dieses Verhältnisses innerhalb des Ricœurschen Denkens in jedem Fall als »hoch komplex«.[5] Seit den ersten Publikationen ist diese Beziehung für Ricœur ein Verhältnis voller Spannungen, weil ihm seine eigene religiöse Überzeugung *und* die philosophische Kritik gleichermaßen wichtig sind. Faktisch haben sich deshalb im Laufe seines Lebens gegenläufige Versuche er-

---

[1] Vgl. zum Folgenden auch: S. Orth, *Das verwundete Cogito und die Offenbarung. Von Paul Ricœur und Jean Nabert zu einem Modell fundamentaler Theologie*, Freiburg 1999, bes. S. 313–422.
[2] P. Ricœur, *Symbolik des Bösen*, Freiburg 1971.
[3] P. Ricœur, *Zeit und Erzählung*, 3 Bände, München 1988–1991.
[4] P. Ricœur, *Gedächtnis, Geschichte, Vergessen*, München 2004.
[5] P. Ricœur, »Reply to Don Ihde«, in: *The Philosophy of Paul Ricœur*, Hg. Lewis Edwin Hahn, The Library of Living Philosophers 22, 2. Aufl., Chicago 1996, S. 71–73, hier S. 72.

geben, diesen »inneren Konflikt«[6] zweier seiner Ansicht nach nur schwer zu versöhnenden Bezugssysteme zu lösen.[7] *Erstens* geht es Ricœur – zumindest in vielen seiner Selbstzeugnisse – seit jeher um eine *Unterscheidung* der beiden Disziplinen. Die Verquickung der beiden Genres zu einer »christlichen Philosophie« hat Ricœur mit anhaltender Beharrlichkeit abgelehnt. Früh schon führt er an, dass das philosophische Denken überzogene Geltungsansprüche christlicher Denker um der eigenen Autonomie willen zurückweisen müsse.[8] Entschieden lehnt Ricœur jede Form deduktiver und damit – im schlechten Sinne – spekulativer Theologie mit systemischen Ansprüchen ab, die er mehrfach mit Kant und Heidegger als »Ontotheologie« bezeichnet.[9] Polemisch nennt er es in einem frühen Text mit dem Titel »Wahrheit und Lüge« eine »klerikale Versuchung«, »alle Ebenen der Wahrheit« in einem zeitlosen System zusammenfassen zu wollen – zumal wenn es den Anspruch erhebt, die Gesellschaft bis ins Letzte zu prägen.[10] Auf das theologische Pathos der Autorität, warnt Ricœur, folge allzu schnell als philosophische Gegenreaktion ein Pathos der Freiheit, das alles Religiöse aus dem Bereich der Philosophie verbannen möchte.

Besonderen Wert auf die Unterscheidung von Philosophie und Theologie legt Ricœur in seinen späteren Schriften: vor allem auf den letzten Seiten des Vorworts von *Das Selbst als ein Anderer*[11], auf denen sich Ricœur mit großer Vehemenz für eine vollständige Trennung der beiden Disziplinen einsetzt. Er weist dort auf die Tatsache hin, dass die Gifford Lectures, die Ausgangspunkt für sein Werk *Das Selbst als ein Anderer* waren, zwei weitere Vorlesungen umfasst haben. In ihnen stellte er sich der Aufgabe, seine biblische Hermeneutik im Kontext der zuvor entfalteten Hermeneutik des Selbst weiterzudenken.

Ausdrücklich entschuldigt sich Ricœur, dass diese beiden Vor-

---

[6] P. Ricœur, *La critique et la conviction. Entretien avec François Azouvi et Marc de Launay*, Paris 1995, S. 49.
[7] Vgl. ebd., S. 211.
[8] Vgl. zum Beispiel die Ausführungen Ricœurs zu Roger Mehl in P. Ricœur, »La condition du philosophe chrétien«, in: *Lectures 3. Aux frontières de la philosophie*, Paris 1994, S. 235–243, hier S. 240.
[9] Vgl. P. Ricœur, »Religion, Atheismus, Glaube«, in: *Hermeneutik und Psychoanalyse. Der Konflikt der Interpretationen II*, München 1974, S. 284–314, hier S. 289.
[10] P. Ricœur, »Wahrheit und Lüge«, in: *Geschichte und Wahrheit*, München 1974, S. 151–184, hier S. 169 f.
[11] P. Ricœur, *Das Selbst als ein Anderer*, München 1996.

lesungen nicht zusammen mit *Das Selbst als ein Anderer* veröffentlicht wurden: Er spricht von einem »Ausschluss«, dessen »fragwürdigen und vielleicht bedauerlichen Charakters« er sich bewusst sei; mit seiner Hermeneutik des Selbst wolle er jedoch »bis zur letzten Zeile einen autonomen philosophischen Diskurs« bieten, dessen »agnostischen« Charakter er unterstreicht.[12] Ricœur will sich auf diese Weise ausdrücklich gegen eine Interpretation seines philosophischen Werks schützen, die dieses als eine – als Philosophie getarnte – Theologie missversteht. Immerhin gesteht er ein, dass seine religiösen Überzeugungen »auf der Ebene der Motivationen« durchaus eine Wirkung auf die Wahl seiner philosophischen Themen ausgeübt hat.

Ricœurs Äußerungen im Vorwort von *Das Selbst als ein Anderer* sind vor allem vor dem Hintergrund der spezifisch französischen Verhältnisse zu verstehen, die sich offensichtlich in den siebziger Jahren deutlich zuungunsten derjenigen Denker verändert haben, die das Thema Religion aufgreifen. Immer schon war die Trennung von Staat und Kirche in Frankreich nicht nur ein politisches Phänomen, sondern hatte große Auswirkungen auf die Gesellschaft und das Kultur- und Geistesleben des 19. und 20. Jahrhunderts. Verdächtigungen gegenüber denjenigen Philosophen, deren Interesse theologischen Fragen gilt, werden deshalb schneller ausgesprochen; die *philosophische* Relevanz eines Denkens, das versucht, religiösen Phänomenen gerecht zu werden, oder sich auf Traditionen bezieht, die sich der philosophischen Gottesfrage angenommen haben, wird rascher in Frage gestellt.

Ein anschauliches Beispiel für die Verschärfung dieser Situation ist der polemische Essay von Dominique Janicaud, der der französischen Phänomenologie – Emmanuel Levinas und anderen – eine »Wende zur Theologie« vorwirft.[13] Selbst wenn Janicaud Ricœur ausdrücklich als ein Gegenbeispiel bezeichnet und dessen »methodologische Gewissenhaftigkeit« lobt[14], ist diese Streitschrift Indiz für die hier vertretene These.

Es waren andere, die Ricœur vorgeworfen haben, sich mit seiner hermeneutischen Philosophie in den »Maschen des Netzes der bib-

---

[12] Ebd., S. 35 f.
[13] Vgl. D. Janicaud, *Le tournant théologique de la phénoménologie française*, Combas 1990.
[14] Ebd., S. 13.

lischen Hermeneutik« zu verstricken.[15] Besonders die Reaktionen auf *Zeit und Erzählung* in den achtziger Jahren haben gezeigt, wie groß – vor allem in Frankreich – die Vorbehalte gegenüber Ricœur waren.[16] So wurde kritisiert, dass die drei Bände im Wesentlichen einem »Glaubensakt« entsprängen[17] und dass der biblische Glaube in Ricœurs Schriften der Ersatz für die philosophisch abgelehnte Garantie eines letzten Sinns sei.[18] Vor dem Hintergrund dieser Thesen wird verständlicher, dass Ricœur sich mehrfach vor der Kritik aus dieser Richtung zu schützen versucht hat.[19]

Ricœur betont demgegenüber vielmehr die dem Religiösen *eigenen* Verstehensmöglichkeiten und damit die Eigenständigkeit der Theologie. Grundsätzlich hält er immerhin im Sinne von Anselms Suche nach dem *intellectus fidei* daran fest[20], dass es einen radikal »nicht-hermeneutischen Ursprung« des Christentums und der Theologie gebe.[21] Jede Aussage Ricœurs, die das Trennende der beiden Disziplinen betont, muss von dieser Sorge um die Unableitbarkeit der Theologie interpretiert werden, die wiederum aus dem Geschenkcharakter der Offenbarung folgt. Aufgrund seiner Maxime, die Genres trennen zu wollen, hat Ricœur im Übrigen auch nie eine Religionsphilosophie im engeren Sinne geschrieben, sie wäre ihm als »philosophische Theologie« suspekt gewesen.[22]

---

[15] O. Mongin, »Note éditoriale«, in: P. Ricœur, *Lectures 3*, S. 7–11, hier S. 7.

[16] Vgl. auch den weitreichenden Vorwurf von François Laplantine, der behauptet, Vorverständnis, Methode *und* Ergebnisse seien bei Ricœur von seiner religiösen Überzeugung abhängig. F. Laplantine, *Le philosophe et la violence*, Paris 1976, S. 177 f.

[17] J.-P. Bobillot, »Le ver(s) dans le fruit trop mûr de la lyrique et du récit«, in: Temps et récit *en débat*, Hg. C. Bouchindhomme und R. Rochlitz, Paris 1990, S. 73–110, hier S. 73.

[18] Vgl. C. Bouchindhomme, »Limites et présupposés de l'herméneutique de Paul Ricœur«, in: Temps et récit *en débat*, S. 163–183, hier S. 180–183.

[19] Vgl. folgende paradigmatische Aussage Ricœurs: »[I]ch habe großen Wert darauf gelegt, als Philosophieprofessor anerkannt zu werden, der an einer öffentlichen Einrichtung lehrt und allgemein verständlich spricht«. P. Ricœur *La critique et la conviction*, S. 227.

[20] Vgl. P. Ricœur, »Die Anklage entmythisieren«, in: *Hermeneutik und Psychoanalyse*, S. 217–238, hier S. 226.

[21] P. Ricœur, »Philosophische und theologische Hermeneutik«, in: P. Ricœur und E. Jüngel (Hg.), *Metapher. Zur Hermeneutik religiöser Sprache*, Sonderheft Evangelische Theologie, München 1974, S. 24–45, hier S. 43.

[22] Vgl. P. Ricœur, »Autobiographie intellectuelle«, in: *Réflexion faite. Autobiographie intellectuelle*, Paris 1995, S. 26.

Ricœur hat dennoch *zweitens* von seinen ersten Schriften an wiederholt auf die *gegenseitige Beeinflussung* hingewiesen und hier und da von einer *wechselseitigen Bedeutung* der beiden Disziplinen gesprochen. Ausdrücklich ist etwa davon die Rede, dass die Theologie nicht ohne die Begrifflichkeiten und Denkansätze der Philosophie auszukommen vermag.[23] Die Philosophie ihrerseits ist – wenn auch mit dem ihr eigenen methodischen Instrumentarium – durchaus auch für die religiösen Phänomene, etwa für die Symbolik des Religiösen, zuständig. Vor dem Hintergrund der philosophischen Aufgabe, zur umfassenden Wirklichkeits- und Selbsterkenntnis des Menschen beizutragen, ist es Ricœurs Grundüberzeugung, »dass kein Symbol, das eine Wahrheit des Menschen erschließt und aufdeckt, der philosophischen Reflexion fernsteht«.[24] Weil die Philosophie »zu Anfang geschworen [hat], kohärent zu bleiben«, heißt es in der *Symbolik des Bösen*, muss sie auch die Religion »umgreifen«.[25]

Ricœurs Vermittlungsversuch zwischen vollkommener Trennung und restloser Verschmelzung von Philosophie und Theologie, zwischen einem rein agnostischen Denken und der Bestimmung der Philosophie als »Magd der Theologie« lautet wie folgt: »Zwischen der Enthaltung und der Kapitulation gibt es noch eine dritte Möglichkeit, die ich als Weg der *philosophischen Annäherung* bezeichne […]. Darin sehe ich die beharrliche Arbeit des Philosophen, der seine Rede in die Nähe der kerygmatischen und theologischen Rede bringen will. Dabei geht die Arbeit des Denkens zwar vom Hören, vom Gehörten aus, aber sie bewegt sich dennoch in der Autonomie des sich selbst verantwortlichen Denkens […]. Weil es nur einen Logos gibt, verlangt der Logos Christi von dem Philosophen nichts anderes, als den Ansprüchen der Vernunft immer vollständiger und vollkommener gerecht zu werden; er verlangt von ihm nicht mehr als die Vernunft, aber die Vernunft als *Ganze*.«[26]

---

[23] Vgl. zum Beispiel P. Ricœur, »Le renouvellement du problème de la philosophie chrétienne par les philosophies de l'existence«, in: J. Boisset u. a., *Le problème de la philosophie chrétienne*, Les problèmes de la pensée chrétienne 4, Paris 1949, S. 43–67, hier S. 54.
[24] P. Ricœur, »Hermeneutik der Symbole und philosophische Reflexion (I)«, in: *Hermeneutik und Psychoanalyse*, S. 162–195, hier S. 184.
[25] P. Ricœur, *Symbolik des Bösen*, S. 395.
[26] P. Ricœur, »Die Freiheit im Licht der Hoffnung«, in: *Hermeneutik und Strukturalismus. Der Konflikt der Interpretationen I*, München 1973, S. 199–226, hier S. 200.

Stefan Orth

Auf Aussagen wie diese kann sich der Theologe stützen, um die Beschäftigung mit dem Werk Ricœurs – oder gar die Rezeption seiner Thesen – gegenüber dem Vorwurf zu verteidigen, sie würden die Vorbehalte des Autors gegenüber zu rascher Übergänge zwischen Philosophie und Theologie nicht ernst genug nehmen. Daraus folgt dann aber auch, dass es grundsätzlich möglich ist, das gesamte Werk Ricœurs auf seine Impulse für die Theologie zu untersuchen. In diesem Sinne werden im Folgenden die religiösen Fragestellungen und theologischen Thesen im Laufe des Denkwegs von Ricœur im Mittelpunkt stehen: vom Frühwerk über die hermeneutische Phase im engeren Sinne bis zum Spätwerk.

I.

Das Böse und die Poetik der Freiheit

Das Frühwerk Ricœurs besteht im Wesentlichen in der Beschäftigung mit der menschlichen Freiheit und der Herausforderung des Bösen. Diese so genannte Willensphilosophie, vorgelegt in den fünfziger Jahren, kreist um den Begriff der bedingten Freiheit, die aus einer ethischen Perspektive auch als »unfreier Wille« bezeichnet wird und sich als der Ort der Fehlbarkeit des Menschen herausstellt. Es versteht sich von selbst, dass die Auseinandersetzung mit der Frage nach dem Bösen rasch in der Theologie breite Beachtung fand, nicht zuletzt, weil Ricœur bei der Auslegung der einschlägigen antiken Mythen die im Buch Genesis enthaltene Sündenfallerzählung als besonders gelungene Veranschaulichung des Stachels des Bösen ansieht.

Bereits bei der Darstellung der philosophischen Thesen, vor allem innerhalb der Symbolik der Erlösung, spielt darüber hinaus auf der anderen Seite der Begriff der »Rechtfertigung« eine zentrale Rolle. Als Gegenstück zur verfehlten Freiheit greift Ricœur in der *Symbolik des Bösen* mehrfach auf das ebenso »rätselhafte wie fundamentale« Symbol der Rechtfertigung zurück.[27] Der Rechtfertigungsgedanke wird zum entscheidenden Hintergrund, vor dem sich die Erfahrung der Verfehlung abhebt und diese als solche erst er-

---

[27] P. Ricœur, *Symbolik des Bösen*, S. 170.

kannt werden kann, wie Ricœur einerseits mit der christlichen Gnadenlehre, andererseits von Jean Nabert her behaupten kann. In *Die Interpretation. Ein Versuch über Freud*[28] besteht Ricœur dann darauf, dass die »Archäologie des Subjekts«, die das Schuldgefühl zu deuten versucht, zusammengesehen werden muss mit dem emanzipatorischen Interesse Freuds an der Bewusst*werdung* im Sinne der Selbstwerdung. Diese These ist wie ein Echo auf die vorausgehende Suche nach Rechtfertigung. Hervorzuheben an der Auseinandersetzung mit Sigmund Freud ist ferner, dass bei der Besinnung auf das Subjekt des Glaubens, das sich nach Rechtfertigung sehnt, auch die Religionskritik mit einbezogen werden muss. Ein Verstehen des Menschen ist in den Augen Ricœurs nicht ohne die »Kritik der Illusionen des Subjekts« denkbar.[29] Ohne die Hermeneutiken des Misstrauens von Marx, Nietzsche und Freud vereinnahmen zu wollen, versucht Ricœur die Anliegen der Religionskritik zu integrieren: um eines angemessenen Verstehens der religiösen Sprache, einer tieferen Auslegung biblischer Texte und letztlich auch um des besseren Verständnisses des Menschen willen. Er besteht darauf, dass eine Hermeneutik des Verdachts »heute […] zu jeder Aneignung des Sinnes« dazugehört.[30]

Zumindest als Motivation kann also festgehalten werden, dass Ricœur in diesen Arbeiten des Frühwerks versucht, das aus christlicher Sicht allen Menschen eigene Sehnen nach einer Rechtfertigung des eigenen Selbst angesichts der Vergehen, aber auch das Verlangen nach einer umfassenden Anerkennung, philosophisch auszuarbeiten. Allerdings hat Ricœur das – in seiner Dissertation *Le volontaire et l'involontaire*[31] angekündigte – ehrgeizige Projekt einer dreibändigen Philosophie des Willens nicht vollendet, wie sofort einschränkend hinzuzufügen ist. Der fehlende dritte Band der Willensphilosophie hätte sich der nur angedeuteten Philosophie der Rechtfertigung systematisch angenähert.

Diesem von Ricœur vorgeschlagenen Denken vom Symbol aus wäre es unter anderem um die Auseinandersetzung mit dem *theologumenon* der Erbsünde gegangen. In einigen dezidiert theologisch zu nennenden Aufsätzen finden sich immerhin substantielle Aus-

---

[28] P. Ricœur, *Die Interpretation. Ein Versuch über Freud*, Frankfurt 1969.
[29] P. Ricœur, »Philosophische und theologische Hermeneutik«, S. 44.
[30] Ebd.
[31] P. Ricœur, *Le volontaire et l'involontaire*, Neuaufl., Paris 1993.

führungen Ricœurs zu diesem Punkt.³² Auch der Begriff der Erbsünde ist demnach im Ricœurschen Sinne als ein Symbol aufzufassen, dessen wesentlich symbolischer Charakter ernst genommen werden muss, um den Begriff nicht vom wörtlich verstandenen Erstsinn her misszuverstehen.

Ricœurs Andeutungen belegen, dass er, auch nachdem die Beschäftigung mit dem Bösen bereits eine wesentliche Korrektur der Philosophie des Willens erzwang, noch lange am Projekt seiner Poetik des Willens festgehalten hat. Vor allem ist verschiedentlich davon die Rede, vor dem Hintergrund des bisher mit der Willensphilosophie Vorgelegten auf die möglichen Weisen einer Vollendung der Freiheit zu reflektieren, wie sie in poetischen Texten aufleuchtet.

Bereits in seiner Dissertation spricht Ricœur deshalb davon, dass die Philosophie, die die Transzendenz thematisieren will, eine zweite kopernikanische Wende vollziehen müsse. Im Gegensatz zur ersten kopernikanischen Wende, bei der Kant die Blickrichtung von der Objekterkenntnis auf die Reflexion der eigenen Subjektivität umkehrte, erfordere die »*Vertiefung* der Subjektivität« eine Verlagerung ihres Mittelpunktes in die Transzendenz. Mit der Terminologie Karl Jaspers formuliert Ricœur: »Ich bin diese Mitte nicht, sondern ich kann sie nur anrufen und in den Chiffren [...] bewundern«.³³ Auch die Transzendenz ist deshalb wie das Böse nach Ricœur lediglich innerhalb einer »konkreten Mythik«³⁴ zugänglich.³⁵ Der Begriff »Poetik« zielt in diesem Kontext einerseits auf das schöpferische Vermögen der Freiheit des Menschen ab, andererseits zeichnet die Kreativität der Sprache im Allgemeinen und die dichterische Rede im Besonderen eine erkenntnistheoretische, ja sogar eine ontologische Dignität aus.

Dies führte Ricœur letztlich zu seiner im engeren Sinne hermeneutischen Phase, in der er sich mit dem Verstehen und der Sprache im Allgemeinen sowie Texten, Metaphern und Erzählungen im Be-

---

[32] Vgl. besonders: P. Ricœur, »Die ›Erbsünde‹. Eine Bedeutungsstudie«, in: *Hermeneutik und Psychoanalyse*, S. 140–161.
[33] P. Ricœur, *Le volontaire et l'involontaire*, S. 443 f. Hervorhebung S. O.
[34] Ebd., S. 28. Vgl. auch die Parallelisierung der *Mythen der Unschuld* mit den Gleichnissen vom *Reich Gottes*. Vgl. ebd., S. 186.
[35] Vgl. in diesem Zusammenhang auch: G. Larcher, »Subjektivät und Glaube. Fundamentaltheologische Denkanstöße im Werk Paul Ricœurs«, in: J. Kirchberg und J. Müther (Hg.), *Philosophisch-Theologische Grenzfragen*, Essen 1986, S. 281–298.

sonderen auseinandersetzt. Er selbst hat darauf aufmerksam gemacht, dass seine Thesen zur Imagination in *Die lebendige Metapher*[36] und in *Zeit und Erzählung* das Vorhaben einer Poetik des Willens zumindest zum Teil umgesetzt haben.

II.

Philosophische, theologische und biblische Hermeneutik

Wie zu jeder Zeit hat Ricœur auch parallel zu derjenigen Phase in den sechziger und siebziger Jahren, in der er explizit als Hermeneutiker hervortrat, seine philosophischen Überlegungen in eigenen Veröffentlichungen auf religiöse Phänomene und theologische Fragestellungen angewendet. Sowohl die Reflexion auf die Möglichkeiten theologischer Hermeneutik als auch die Auslegung konkreter biblischer Texte stand in dieser Zeit im Vordergrund. Das aufmerksame Interesse der Theologen an diesen Überlegungen war gewissermaßen garantiert.

Ricœur selbst legt großen Wert auf die Feststellung, dass der Zusammenhang von Theologie und Hermeneutik von jeher gegeben ist, die theologische Hermeneutik sogar zu den Quellen der philosophischen Hermeneutik gehört. Tatsächlich ist es immer schon ein wesentliches Problem der Theologie gewesen, dass die überlieferten Texte, auf die sich die jüdisch-christliche Tradition vor allem bezieht, »ständig in lebendiges Wort zurückverwandelt werden [müssen], wenn das ursprüngliche Wort, das für das grundlegende und stiftende Ereignis Zeugnis ablegte, aktuell bleiben soll«.[37]

Mit dem Begriff »Zeugnis« knüpft Ricœur in dieser Phase seines Schaffens abermals an den französischen Reflexionsphilosophen Jean Nabert an, der sich vor allem in seinem Spätwerk *Le désir de Dieu* mit einer Kriteriologie für die Hermeneutik von Zeugnissen des Absoluten beschäftigt hat.[38] Ricœur interessiert sich freilich faktisch

---

[36] P. Ricœur, *Die lebendige Metapher*, München 1986.
[37] P. Ricœur, »Vorwort zur französischen Ausgabe von Rudolf Bultmanns ›Jesus‹ (1926) und ›Jesus Christus und die Mythologie‹ (1951)«, in: *Hermeneutik und Strukturalismus*, S. 175–198, hier S. 176.
[38] J. Nabert, *Le désir de Dieu*, Paris 1966.

weniger für denjenigen Zeugen, der mit seinen Taten – und unter Umständen sogar mit seinem Leben – Zeugnis vom Absoluten ablegt, sondern denkt *summa summarum* an die Texte der jüdisch-christlichen Tradition, wenn er von Zeugnissen spricht. Aus dieser Akzentverschiebung folgt, dass Ricœur seine philosophische Texthermeneutik mit dem Schwerpunkt auf der Rede, der Schrift, der Welt des Textes und der des Lesers auf theologische Fragestellungen hin weiterführt und eine eng an den biblischen Texten orientierte Hermeneutik der Offenbarung ausarbeitet.[39]

Aus der Betrachtung der höchst unterschiedlich gestalteten biblischen Texte, die Bücher einer ganzen Bibliothek sind, muss Ricœurs Überzeugung nach ein »vielstimmiges« Offenbarungsverständnis folgen. Natürlich bedeutet die Interpretation der in verschiedenen Texten schriftlich fixierten Sinngehalte eine Art Umweg theologischer Reflexion. Er wird aber nicht zuletzt deshalb gegangen, um die Pluralität der Gotteszeugnisse nicht nur von einem einzigen Gedanken her auszulegen. Der exegetisch zu ermittelnde Sinn der Schriften ist dabei im Text selbst zu finden. Denn die Eigenheiten der mannigfaltigen Formen biblischer Rede (Erzählungen, Prophetien, Gesetze, Sprichwörter, Gebete, Hymnen, liturgische Formeln, sapientiale Schriften) sind – vergleichbar Metaphern – nicht als »rhetorische Kunstgriffe« aufzufassen, bei denen man die theologischen Gehalte einfach herausdestillieren könnte.[40] Es ist nur folgerichtig, dass sich der Philosoph, der über die Religion nachdenkt, so zumindest Ricœurs Rat während der hermeneutischen Phase, eher den Exegeten als den Theologen zum Gesprächspartner wählen soll.[41]

---

[39] Vgl. auch V. Hoffmann, »Nachwort: An den Grenzen der Hermeneutik«, in: P. Ricœur, *An den Grenzen der Hermeneutik. Philosophische Reflexionen über die Religion*, Freiburg 2008, S. 119–141.

[40] P. Ricœur, »Gott nennen«, in: *Gott nennen*, Hg. B. Casper, Freiburg 1981, S. 45–79, hier S. 59.

[41] P. Ricœur, »Die Vatergestalt – vom Phantasiebild zum Symbol«, in: *Hermeneutik und Psychoanalyse*, S. 315–353, hier S. 332. Vgl. auch den Einwand Ricœurs gegen Karl Rahner: »Theologen gehen, vielleicht, zu schnell zu theologischen Aussagen über und verweilen nicht lange genug auf dem Niveau des vortheologischen Diskurses, wie zum Beispiel auf den Erzählungen [...]. Ich frage mich, ob es nicht eine unglückliche Wendung der Ereignisse für die Theologie des dreizehnten Jahrhunderts war, dass sie ihre Beziehungen mit der biblischen Theologie abbrach, um die *quaestio* ohne die *lectio* auszuarbeiten, die ›Wissenschaft‹ der Theologie außerhalb der Arbeit der ›Interpretation‹ der Schriften«. P. Ricœur, »›Response‹ to Karl Rahner's Lecture: On the Incomprehensibility of God«, in: *Celebrating the*

Der Philosoph und das theologische Denken

Wenn Ricœur ausgehend von seiner philosophischen Hermeneutik die Bedeutung der Frage nach dem Autor für das Verstehen biblischer Texte relativiert und die Analyse der Sache des Textes in den Vordergrund stellt, folgt daraus die Korrektur eines Offenbarungsverständnisses, das von einem zu engen Begriff der Inspiration ausgeht: »Indem ich so die hermeneutische Achse meiner Betrachtung auf die ›Sache‹ des Textes richte, erkenne ich die Vergeblichkeit einer Untersuchung, […] die Gott als die Stimme hinter der erzählenden oder prophetischen Stimme zu identifizieren suchte. Ich weiß wohl, dass eine lange Tradition die Offenbarung mit der Inspiration im Sinne einer Einflüsterung des Sinnes identifizierte; doch sie würde aus Gott eine Art Ur-Autor des Textes, von dem der Glaube sich belehren lässt, machen.«[42]

Um dem »Kurzschluss« des Prophetischen nicht zu verfallen[43], ist es nach Ricœur sinnvoll, die Eigenheiten des narrativen Genus zu berücksichtigen, bei dem es vor allem auf die »erzählten Dinge« ankommt und weniger auf die Person des Erzählers.[44] Das erinnernde Erzählen als »der grundlegende Typ theologischer Arbeit in Israel«[45] kann Ricœurs Überzeugung nach sogar in gewisser Weise als *die* entscheidende theologische Erkenntnisform aufgefasst werden.[46] Weil die »Spur Gottes« vor dem Wort in der Geschichte ist[47], weil Gott selbst im Wesentlichen als der Handelnde einer Geschichte der Befreiung und nicht etwa als ein unbewegter Beweger des Kosmos verstanden wird, musste »er an die Erzählform gebunden werden«[48]. Es sei jedoch an dieser Stelle auch daran erinnert, dass sich Ricœur angesichts einer »narrativen Theologie« skeptisch zeigte. Genauso wie

---

Medieval Heritage. A Colloque on the Thought of Aquinas and Bonaventure, Hg. D. Tracy, Supplement zu *The Journal of Religion* 58 (1978), S. 126–131, hier S. 129.

[42] P. Ricœur, »Gott nennen«, S. 52 f.
[43] P. Ricœur, »Expérience et langage dans le discours religieux«, in: *Phénoménologie et Théologie,* Hg. J.-F. Courtine, Paris 1992, S. 15–39, hier S. 30.
[44] P. Ricœur, »Hermeneutik der Idee der Offenbarung«, in: *An den Grenzen der Hermeneutik. Philosophische Reflexionen über die Religion,* Freiburg 2008, S. 41–83, hier S. 45 ff.
[45] P. Ricœur, »Über die Exegese von Gen I,1–2,4a«, in: *Exegese im Methodenkonflikt. Zwischen Geschichte und Struktur,* Hg. X.-L. Dufour, München 1973, S. 47–67, hier S. 48.
[46] P. Ricœur, »Gott nennen«, S. 60.
[47] Ebd.
[48] P. Ricœur, »Philosophische und theologische Hermeneutik«, S. 38.

gegen die Hypostasierung des prophetischen Offenbarungsverständnisses spricht sich Ricœur aufgrund der faktischen innerbiblischen Pluralität der Gattungen gegen Ansätze aus, die bei der theologischen Theoriebildung ausschließlich das Narrative beachten. Aus der Bedeutung der Welt der Texte leitet sich weiter Ricœurs Plädoyer für eine Deutung der Bibel ab, die synchron vorgehende exegetische Methoden – auch strukturalistischer Herkunft – stärker mit einbezieht. Ricœur spricht sich für eine Relativierung der Bedeutung der historisch-kritischen Exegese aus, wie sie sich auch innerhalb der katholischen Theologie nach dem Zweiten Vatikanischen Konzil als Methode der Bibelauslegung durchgesetzt hat. Ricœur lehnt die historisch-kritische Methode als solche nicht ab. Weil »die Texte, die wir lesen, im Letzten nicht Texte über Texte sind, sondern Texte über Zeugnisse, die ihrerseits Ereignisse meinen«[49], darf der historisch-kritische Ansatz nicht vollständig verworfen werden. Andererseits zeigt Ricœur jedoch auch die Schwächen des historisch-kritischen Zugangs zur Welt der Bibel auf. Ihm gelinge es zumeist nicht, die für ein Verstehen unabdingbaren Bezüge der einzelnen Texte und Textfragmente zueinander herauszuarbeiten. Der »Pulverisierung des Textes«, deren Ergebnis Fragmente sind, die als solche zu keiner Zeit gelesen noch je gehört wurden, wird die Aufgabe entgegengesetzt, »besser zu verstehen«, *warum* ein bestimmter Text kanonisiert wurde, indem man den Sinn dieses Textes, der einen Anfang und ein Ende hat, untersucht und auslegt. Gerade die relative Unabhängigkeit des Textes von seinem Autor ermöglicht es nach Ricœur, auch innerhalb der biblischen Exegese literaturwissenschaftliche Methoden zu verwenden und zum Beispiel die Erzählstruktur eines ganzen Evangeliums damit zu untersuchen. Auch diese Methoden freilich dürfen nicht absolut gesetzt werden, weil sie wie alle anderen auch an bestimmte Hintergrundtheorien mit der ihnen eigenen Axiomatik gebunden sind und jeweils nur dasjenige erklären können, »was dieser methodologische Filter durchlässt«.[50] Vor diesem Hintergrund und mit dem Hinweis auf die Pluralität der Wirklichkeit plädiert Ricœur für eine Pluralität der exegetischen Methoden.

Mit deren Hilfe gelingt es nach Ricœur, die Welt der Bibel angemessen zu deuten, deren letzter Horizont Gott und dessen für den

---

[49] P. Ricœur, »Skizze einer abschließenden Zusammenfassung«, in: *Exegese im Methodenkonflikt*, S. 188–199, hier S. 194.
[50] Ebd., S. 189.

Der Philosoph und das theologische Denken

Menschen so bedeutsame »Logik der Überfülle« ist. Das theologisch Entscheidende ereignet sich ihm zufolge in religiösen Texten erst, wenn mit der allgemeinen Offenbarungsfunktion der poetischen Sprache die Nennung Gottes verbunden wird.[51] Die herausragende Stellung des Wortes besteht schließlich darin, dass es ihm gelingt, »einen Horizont zu eröffnen, der sich dem Abschluss der Rede entzieht«.[52]

Ricœur liegt am referentiellen Bezug zur Wirklichkeit der biblischen Texte und versucht auf diese Weise deren Wahrheitsansprüche zu explizieren. Vor allem die Gattung der Gleichnisse, die Jesus erzählt, zielt mit ihrer Lösung der Krisen, die sie zuvor selbst narrativ inszeniert haben, Ricœurs Überzeugung nach »indirekt die Herrschaft Gottes« an. Mit diesem Begriff wird eine Wirklichkeit behauptet, die dem Menschen ein »neues Sein« verheißt.[53] Die wesentliche »Funktion« der religiösen Rede ist es in diesem Zusammenhang, »den von uns angestrebten Entwurf einer Ganzheit unserer Existenz« zu durchkreuzen und auf Größeres hin zu öffnen. In den Texten, die Gott nennen, geht es Ricœurs Überzeugung nach letztendlich um eine solche poetisch beschriebene »Wirklichkeit des *Möglichen*«.

Vor allem diese Überlegungen, denen es um die Vermittlung der Wirklichkeit Gottes mit der Vorstellungskraft der Menschen geht, haben Ricœur Kritik von einer Reihe von Theologen in den USA eingebracht. Weil Ricœur – in gewisser Weise fundamentaltheologisch – die Bedingungen der Möglichkeit eines Verstehens der Offenbarung zu erhellen versucht, wird Ricœur vorgeworfen, die Fehler der Lehre der *analogia entis*, innerhalb derer zu rasch von den weltlichen Gegebenheiten auf Gottes Wesen geschlossen wird, in einer literaturwissenschaftlichen Spielart zu wiederholen.[54] Gerade die Erhebung von universalen Geltungsansprüchen ist dabei strittig.[55] Die Theologie, so wird argumentiert, stelle ein gegenüber jeder Philosophie

---

[51] Vgl. P. Ricœur, »Gott nennen«, S. 57, 74.
[52] P. Ricœur, »Philosophische und theologische Hermeneutik«, S. 42.
[53] Alle nicht nachgewiesenen Zitate dieses Absatzes finden sich in ebd., S. 40f.
[54] Vgl. K. J. Vanhoozer, *Biblical Narrative in the Philosophy of Paul Ricœur. A Study in Hermeneutics and Theology*, Cambridge 1990, S. 181.
[55] Vgl. H. W. Frei, *The Eclipse of Biblical Narrative. A Study in Eighteenth and Nineteenth Century Biblical Narrative*, New Haven 1974; G. Lindbeck, *Christliche Lehre als Grammatik des Glaubens. Religion und Theologie im postliberalen Zeitalter*, Gütersloh 1994.

vollkommen selbständiges Bezugssystem dar.[56] Ausdrücklich wird abgelehnt, »theologische Ansprüche auf allgemeine, philosophische Fundamente zu ›gründen‹, die die Sache des Christlichen ›kontrollieren‹«.[57] Konkret gegen Ricœur wenden diese Theologen ein, dass es unangemessen sei, einer theologischen Hermeneutik eine allgemeine philosophische Hermeneutik voranzustellen – wie sie auch grundsätzlich jede allgemeine Theorie der religiösen Erfahrung ablehnen, weil sich die Theologie auf diese Weise von ihr eigentlich fremden, weil nicht aus der Offenbarung selbst entwickelten, Denkschemata bestimmen ließe.[58]

Andere Kommentatoren, ebenfalls des angelsächsischen Raumes, haben umgekehrt die Frage aufgeworfen, ob Ricœur in seiner hermeneutischen Phase nicht alles in allem zu stark das Element der Fiktion betone und auf diese Weise das Moment der Historizität Jesu von Nazareth ignoriere. Ausgehend von den Thesen der theologischen Texthermeneutik, den Überlegungen zur religiösen als einer dichterischen Sprache und den Interpretationen der Gleichnisse als Metaphern ist dieser Einwand durchaus nachvollziehbar. Wie unterscheidet Ricœur die Geschichten über die historische Gestalt Jesus von Nazareth von »Phantasien, Utopien und Illusionen«?[59] Reicht es aus, den Wirklichkeitsbezug der biblischen Texte vor allem mit Überlegungen zur ontologischen Vehemenz poetischer Texte zu bestimmen?

Tatsächlich hat sich hier im Ricœurschen Werk eine Schieflage aufgrund der Fixierung auf bestimmte Themen und Axiome in der hermeneutischen Phase ergeben, deren kontinuierliche Korrektur Ricœur am Ende jedoch selbst in Angriff genommen hat: Nach dem späten, im engeren Sinne theologischen Artikel »D'un testament à l'autre« hat sich der Gott Jesu mit dem Menschen Jesus von Nazareth in einer solchen Weise identifiziert, »dass sich die metaphorische und dialektische Selbstauslegung, die Gott in sich ist, *historisch* realisiert hat«.[60] Ricœurs *Poetik des Glaubens*, die in dieser Phase im Mittelpunkt steht, wird auf diese Weise auch entsprechend geerdet.

---

[56] Vgl. M. I. Wallace, *The Second Naiveté. Barth, Ricœur, and the New Yale Theology*, Macon 1990, S. XIV.
[57] Ebd., S. 97.
[58] Ebd., S. 97 f.
[59] K. J. Vanhoozer, *Biblical Narrative*, S. 278.
[60] P. Ricœur, »D'un testament à l'autre«, *Lectures 3*, S. 355–366, hier S. 362.

III.

Der Mensch angesichts der Ordnung der Gabe

Aus der zwischenzeitlichen Zurückhaltung Ricœurs, sich in seinen Hauptwerken zum Verhältnis von Philosophie und Theologie explizit zu äußern, resultierte ein vergleichsweise unvermitteltes Nebeneinander seiner philosophischen Arbeit und seiner Beschäftigung mit biblischen Texten, wie es für die hermeneutische Phase kennzeichnend war. Diese Zurückhaltung bestimmt noch die Argumentation des Vorworts von *Das Selbst als ein Anderer*. Hat Ricœur aber, so ist zu fragen, seinen ursprünglichen Ansatz beim Willen, der von Unwillentlichem durchzogen ist, faktisch schuldig werden kann und sich nach Rechtfertigung sehnt, ganz aufgegeben, und sein ursprünglich religionsphilosophisch akzentuiertes Anliegen vollständig in seine bibelhermeneutischen Thesen transformiert? Sind seine Ausführungen zum Leser, dessen Einbildungskraft angesichts der biblischen Texte zu einer Umkehr gelangt, die die Voraussetzung für jede konkrete *metanoia* ist, die einzigen Spuren des ursprünglichen Ansatzes?

Erst im Spätwerk wendet sich Ricœur aufs Neue einer Verhältnisbestimmung von Philosophie und Theologie zu, die er im Wesentlichen anhand der Beziehung zwischen Ethik und Religion artikuliert, nachdem er von der Beschäftigung mit Texten über seine Auseinandersetzung mit dem Handlungsbegriff in *Das Selbst als ein Anderer* wieder zu ethischen Fragestellungen gelangt war.[61] Viele vor allem im Kontext der Arbeiten an *Das Selbst als ein Anderer* publizierten Artikel versuchen in diesem Sinne eine Verhältnisbestimmung von Philosophie und Theologie über die bisherigen Thesen hinaus.

Die Aufgabe der Religion ist es, so die Grundthese Ricœurs im Anschluss an Kants Religionsschrift, die Freiheit, die Kants Morallehre (wie jede andere Philosophie) nicht garantieren kann, je neu wiederherzustellen.[62] Ethik und Religion erweisen sich dadurch erneut wesentlich aufeinander bezogen, ohne dass Religion auf Ethik reduziert werden dürfte. Weder soll nach Ricœur geleugnet werden,

---

[61] Vgl. auch V. Hoffmann, »Offenbarung als dialogisches Geschehen? Paul Ricœurs ›Das Selbst als ein Anderer‹ und eine offenbarungstheologische Frage«, in: *Theologie und Philosophie* 75 (2000) S. 206–225.

[62] Vgl. P. Ricœur, »Die Anklage entmythisieren«, S. 227.

dass die wiederhergestellte menschliche Handlungsmächtigkeit eine
Gabe ist, noch, dass sich diese nur symbolisch vermittelt. Ricœur hält
daran fest, dass es einen Zugang zu dieser symbolisch strukturierten
Ökonomie der Gabe nur von der Lektüre derjenigen Zeugnisse her
gibt, die faktisch vorliegen. Die Theologie ist aus diesem Grund
Ricœur zufolge wesentlich auf die Hermeneutik angewiesen. Die
göttliche Logik der Überfülle, wie sie sich in Symbolen, Metaphern
und Erzählungen vermittelt, ist als ein Sinnangebot interpretierbar,
das aufgrund seines menschlich nicht fassbaren Übermaßes nie begründet werden könne. Die Leistung der Philosophie kann in den Augen Ricœurs nur darin bestehen, die Verstehensvoraussetzungen für
diese Ökonomie der Gabe zu klären, damit diese nicht das ganz Andere und in diesem Sinne Fremde für den Menschen bleiben muss.

Um diese Thesen zu erläutern, sei an dieser Stelle noch einmal
an die theologischen Implikationen des Frühwerks erinnert. Grundlegend war die Einsicht, dass dem menschlichen Bewusstsein kein direkter Zugang zu dem möglich ist, was Ricœur die »befreite Freiheit«
nennt. Ricœur gestand seinerzeit bereits ein, dass die Poetik des Willens fundamental auf diejenigen Zeichen der Hoffnung angewiesen
sei, die die ersehnte Befreiung antizipierend symbolisieren.

Gerade im Gegensatz zu einer vollständigen Trennung von Philosophie und Theologie näherte er den philosophischen Diskurs im
strengen Sinne dem »eigentlich religiösen Diskurs« deshalb in einem
»Diskurs der Hoffnung« an.[63] Schon in seinem Artikel »Die Freiheit
im Licht der Hoffnung« ist für ihn zentral, dass die Ordnung des
Religiösen nur dann verstanden werden kann, wenn man sie als Gegebene, als eine Gabe auffasst. Die Ordnung der Gabe, deren Begriff
nicht von ungefähr an die in der biblischen Hermeneutik Ricœurs
zentrale Logik der Überfülle (vgl. Joh 10,10) erinnert, ist dabei nicht
etwas rein Zukünftiges. Ein genaueres Verständnis kann nach Ricœur
jetzt schon ausgebildet werden, wenn man die Zeichen der Hoffnung
interpretiert, die von jenem »praktischen Verlangen nach Totalität«
hier und heute hervorgebracht werden und Rückschlüsse auf die erst
eschatologisch realisierte Ordnung des Religiösen zulassen. Diese
Zeichen der Hoffnung lassen sich Ricœurs Ansicht nach einerseits
in denjenigen poetischen Vorstellungen entdecken, die – wie Utopien

---

[63] P. Ricœur, »Schuld, Ethik und Religion«, in: *Hermeneutik und Psychoanalyse*,
S. 266–283, hier S. 279.

Der Philosoph und das theologische Denken

– eine »Disposition des Seins zum radikal Neuen« anzielen[64] und »eine ethische und politische Reflexion in dem Maße nähren, als sie die Vorwegnahme einer befreiten und wiedererweckten Humanität« imaginieren.[65] Andererseits sind sie auch in denjenigen Lebenswirklichkeiten zu finden, in denen »im Alltag, in der Arbeit und in der Freizeit, in der Politik und in der Weltgeschichte« eine »Logik des Überschusses« bereits am Werk ist und lediglich »entziffert« werden muss.[66] Als »Zeichen des Anrufs« sind sie zwar nur geschichtlich gegeben, verweisen aber doch auf »das andere jeder Geschichte«.[67]

Ricœur gelingt es auf diese Weise, die anthropologischen Strukturen freizulegen, aufgrund derer die Zeichen der Hoffnung, die der Gläubige und der Theologe unter anderem in den biblischen Schriften entdeckt, verstanden werden können: Die symbolisch strukturierte, in ihrer Vollendung noch ausstehende und deshalb jetzt nur zu erhoffende Ökonomie der Gabe ist aus einer philosophischen Sicht als eine Antwort auf das die Freiheit gefährdende, in einem weiten Sinne zu verstehende Böse aufzufassen.

Das schließt am Ende auch eine umfassendere Berücksichtigung des Leidens ein. Wie Ricœur in den neunziger Jahren mehrfach betont hat, bleibt die Theodizeefrage für ihn eine der entscheidenden – weil unüberwindbaren – Herausforderungen für den gläubigen Menschen. Vehement besteht er allerdings darauf, dieser Herausforderung des Denkens standzuhalten.[68] Aus diesem »Rätsel« sollte immerhin eine »Aporie« werden, die die Mühen des Denkens auf sich genommen hat[69] – ohne dass Ricœur eine »logische Kohärenz« anzielen wollte, die mit ihrem Anspruch auf »Nicht-Widersprüchlichkeit und systematischer Ganzheit« angesichts dieser Frage scheitern muss.[70] Wie früher schon heißt es: In einer ethisch-praktischen Perspektive »ist das Böse zuerst dasjenige, das nicht sein darf, aber das bekämpft werden muss«.[71] Auch aus einer dezidiert theologischen Perspektive sollte man, anstatt »Gott anzuklagen, oder über einen

---

[64] P. Ricœur, »Die Freiheit im Licht der Hoffnung«, S. 206.
[65] P. Ricœur, »Gott nennen«, S. 77.
[66] P. Ricœur, »Schuld, Ethik und Religion«, S. 280.
[67] P. Ricœur, »Hermeneutik der Symbole und philosophische Reflexion (II)«, in: *Hermeneutik und Psychoanalyse*, S. 196–216, hier S. 215.
[68] P. Ricœur, »Le mal«, in: *Lectures 3*, S. 211–233, hier S. 211.
[69] Ebd., S. 229.
[70] Ebd., S. 211.
[71] Ebd., S. 229.

Stefan Orth

dämonischen Ursprung des Bösen in Gott selbst zu spekulieren«, sich darum bemühen, noch wirksamer »ethisch und politisch gegen das Böse« vorzugehen.[72]

An dieser Aufgabenstellung knüpfen schließlich eine Reihe späterer Aufsätze und dann vor allem das große Werk *Gedächtnis, Geschichte, Vergessen* an, die den Begriff der »Vergebung« als eine nicht nur »über-juristische« sondern sogar »über-ethische« Kategorie aufgreifen.[73] Schließlich ist als letzte Monographie der Band *Wege der Anerkennung*[74] erschienen, in dem diese Zielvorstellungen als umfassendes Anerkennungsgeschehen diskutiert werden. Beide Werke markieren den Fluchtpunkt des Verhältnisses von Religion und Ethik beziehungsweise Politik innerhalb der Konzeption Ricœurs, von dem her der Mensch angesichts des Bösen wie des Leids neue Hoffnung zu schöpfen vermag.

Mit Akten der Vergebung, die scharf gegen das Vergessen abgegrenzt werden, entspricht das herausgeforderte Selbst angesichts des faktischen Bösen der Logik der Überfülle: Als eine Tat jenseits ethisch-moralischer Normen ist die »über-ethische« Vergebung nach Ricœur nur aufgrund der Anerkennung einer Ökonomie der Gabe zu leisten. Dass die Vergebung letztlich tatsächlich eine Gegenseitigkeit im Sinne von Kants Vorstellung eines »ewigen Friedens« anzielt, hält Ricœur denjenigen Kritikern entgegen, die in jeder Gabe, jedem Opfer nur einen heimlichen Zwang zur Erwiderung beziehungsweise zur Anerkennung sehen.

Auf diese Weise findet sich auch im Spätwerk Ricœurs der utopische Ausblick auf eine erst im Eschaton zu erwartende Fülle menschlicher Freiheit, die heute schon von jedem Akt der Vergebung und in jedem Anerkennungsgeschehen zumindest symbolisch vorweggenommen werden kann. Gäbe es ein besseres Indiz für die These, dass der Philosoph Ricœur der Theologie viel zu sagen hat?

---

[72] Ebd., S. 230.
[73] P. Ricœur, »Sanction, réhabilitation, pardon«, in: *Le Juste*, S. 193–208, hier S. 206 f.
[74] P. Ricœur, *Wege der Anerkennung. Erkennen, Wiedererkennen, Anerkanntsein*, Frankfurt 2006.

Was zeigt der Verdacht?
Paul Ricœurs Relecture der Religionskritik

Jürgen Werbick

Was ist wirklich *dahinter:* hinter religiösen Praktiken und Lehren, deren Text-Oberfläche oder Handlungs-Vordergrund nicht in die Gegenwart passen und jeder Rationalität entbehren? Was steckt dahinter, wenn Menschen an solchen Praktiken und Lehren festhalten und sich nicht aufklären lassen wollen von den so vernünftigen Argumenten, die die religiösen Optionen längst als weit unter dem Niveau gegenwärtiger vernünftiger Selbstverständigung erwiesen haben?

I.

Entlarvung

In den einflussreichen religionskritischen Konzepten des 19. und 20. Jahrhunderts spricht die Ungeduld mit. Immer noch muss man sich mit der Religion aufhalten, obwohl sich längst herausgestellt hat, dass sie intellektuell nicht satisfaktionsfähig ist. *Ludwig Feuerbach* hatte doch hinlänglich nachgewiesen, was die Religion *eigentlich* ist, hatte die Wahrheit der religiösen Grundbegriffe klar und eindeutig identifiziert. Er hatte dem Christentum – für alle sichtbar – die Maske heruntergerissen und es endgültig entlarvt. Man müsste nur hinschauen, was da zum Vorschein kam. Ungeduld mindestens, auch intellektuelle Empörung ist im Spiel, wenn *Karl Marx* Ende Januar des Jahres 1842 den unverdrossen Religiösen und den Theologen diese Sätze entgegenschleudert: »Oh schämt euch, ihr Christen, ihr vornehmen und gemeinen, gelehrten und ungelehrten Christen, dass ein Antichrist euch das Wesen des Christentums in seiner wahren und unverhüllten Gestalt zeigen musste![1] Und euch, ihr spekulativen

---

[1] Gemeint ist hier natürlich Feuerbachs *Wesen des Christentums*, das im Sommer 1841 in der ersten Auflage erschienen war.

Jürgen Werbick

Theologen und Philosophen, rate ich: macht euch frei von den Begriffen und Vorurteilen der bisherigen spekulativen Philosophie, wenn ihr anders zu den Dingen, wie sie sind, d. h. zur *Wahrheit* kommen wollt. Und es gibt keinen andern Weg für euch zur *Wahrheit* und *Freiheit* als durch den *Feuer-bach.* Der Feuerbach ist das Purgatorium der Gegenwart.«[2] Die »Dinge, wie sie sind«, liegen zutage; die »Wahrheit« ist ans Licht gekommen. Jetzt kann man sie den Verstockten eigentlich nur immer wieder einhämmern. *Friedrich Nietzsche,* der Philosoph mit dem Hammer[3], wird nicht müde dabei. Noch nie hat eine Religion – so sein Befund, mit dem er den Feuerbachschen noch übertrumpft – »weder mittelbar, noch unmittelbar, weder als Dogma, noch als Gleichnis, eine Wahrheit enthalten. Denn aus der Angst und dem Bedürfnis ist eine jede geboren, auf Irrgängen der Vernunft hat sie sich in's Dasein geschlichen«[4]. Mit der genealogischen Methode, die Religion aus den falschen Bedürfnissen herleitet, deren Befriedigung sie verspricht, sind die Irrgänge ans Licht gekommen, zu denen die Vernunft durch Religion verführt wurde – in die Menschen durch Religion hinein-verlockt wurden. Mit seinen Denkgenossen aber darf Nietzsche sagen: »Wir haben das Glück entdeckt, wir wissen den Weg, wir fanden den Ausgang aus ganzen Jahrtausenden des Labyrinths.«[5] Der Ausweg aus dem Labyrinth der Religion ist der Weg aus der schwülen Selbstbehütung ins Kalte und Freie, in die klare Höhen-Luft, in der man zur Härte gegen sich selbst genötigt ist: die Dinge zu sehen, wie sie sind; sie nicht mit Traumbildern zu übermalen oder weichzuzeichnen.

Wer sich *hinaus* wagt, der Held des offenen und freien Blicks, sieht den Menschen als bloßes Naturwesen; er sieht in ihm wie in der Natur insgesamt nichts anderes als Willen-zur-Macht-Ereignisse. Und auch in der Religion sieht er den Willen zur Macht am Werk,

---

[2] K. Marx, »Luther als Schiedsrichter zwischen Strauß und Feuerbach«, in: K. Marx und F. Engels, *Werke,* Band 1, Berlin 1970, S. 26 f., hier S. 27.
[3] Vgl. F. Nietzsche, »Götzen-Dämmerung oder Wie man mit dem Hammer philosophiert«, in: *Sämtliche Werke. Kritische Studienausgabe,* Hg. G. Colli und M. Montinari, Band 6, München 1980, S. 55–161, den Titel selbst (S. 55) und den Verweis auf »Also sprach Zarathustra«: »Der Hammer redet« (S. 161).
[4] F. Nietzsche, »Menschliches, Allzumenschliches I, Aphorismus 110«, in: *Sämtliche Werke,* Band 2, S. 110.
[5] F. Nietzsche, »Der Antichrist, Aphorismus 1«, in: *Sämtliche Werke,* Band 6, S. 169.

Was zeigt der Verdacht?

wenn auch auf Abwegen und Irrwegen. Um die Radikalisierung des Feuerbachschen *Nichts als* muss es gehen, um die Ernüchterung zum klaren, unverstellten Blick; darum, den Menschen »zurück(zu)übersetzen in die Natur; über die vielen eitlen und schwärmerischen Deutungen und Nebensinne Herr zu werden, welche bisher über jenen ewigen Grundtext homo natura gekritzelt und gemalt wurden«. Darum geht es: zu »machen, dass der Mensch fürderhin vor dem Menschen steht, wie er heute schon, hart geworden in der Zucht der Wissenschaft, vor der *anderen* Natur steht«.[6]

Nietzsche hat viele Jünger bekommen, die von ihrem Meister nichts mehr wissen, ihm umso entschiedener nachfolgen in der selbstbewussten Härte, mit der sie die naturalistische Ernüchterung einfordern: den freien, »vorurteilslos-unverstellten« Blick auf das, was ist. Homo natura – und sonst nichts; das ist er, der Mensch, in Wahrheit: ein Schaltkreis von Schaltkreisen, hoch differenziert, erst anfanghaft verstanden; aber doch so weit verstanden, dass seine »innere« Erlebniswelt, in der er sich als frei, als wertschätzend und mit einer Hoffnung auf Anerkennung unterwegs weiß, als bloß hormoninduzierte oder sonstwie erklärbare Epiphänomene durchschaut werden können.

Das Nietzsche-Pathos des freien Blicks[7], das die Religion als »eine Krankheit des Auges« oder als ressentimentgeladenes Schielen hinter beziehungsweise unter sich lässt[8], ist von jedem Selbstzweifel unberührt, so sehr man sich als Experten des Zweifels und des Misstrauens[9] stilisiert. »Meister des Verdachts« sind sie darin, dass sie den Verdacht kultivieren und ihn so stark machen wollen, dass man ihm die definitive Entlarvung des Bezweifelten abnimmt. Was kann es bedeuten, bei ihnen gleichwohl in die »Schule des Zweifels« zu gehen, wie *Paul Ricœur* es den Philosophen und mit ihnen auch der

---

[6] F. Nietzsche, »Jenseits von Gut und Böse, Aphorismus 230«, in: *Sämtliche Werke*, Band 5, S. 169.
[7] Vgl. etwa die Verse aus: F. Nietzsche, »Die fröhliche Wissenschaft, ›Scherz, List und Rache.‹ Vorspiel in deutschen Reimen«, in: *Sämtliche Werke*, Band 3, S. 359: »Nun, Wandrer gilt's! Nun blicke kalt und klar!/Verloren bist du, glaubst du – an Gefahr.«
[8] Vgl. F. Nietzsche, »Der Fall Wagner, Epilog«, in: *Sämtliche Werke*, Band 6, S. 51 beziehungsweise »Genealogie der Moral I, Aphorismus 10«, in: *Sämtliche Werke*, Band 5, S. 272.
[9] Vgl. Nietzsches emblematisch zugespitzte Sentenz: »So viel Misstrauen, so viel Philosophie«. F. Nietzsche, »Die fröhliche Wissenschaft, Aphorismus 346«, S. 580.

Jürgen Werbick

Theologie anempfiehlt?[10] Hieße das, ihr Jünger zu werden und sich mit ihrem Entlarvungspathos zu identifizieren?

II.

Der Gerichtshof der Vernunft und die Schule des Zweifels

Bei den »Meistern des Verdachts« in die Schule zu gehen, kann nach Ricœur nicht heißen, dem Verdacht einfach Recht zu geben und an die Stelle der Glaubens-Gewissheit die Unglaubens-Gewissheit zu setzen, die sich mit der kritischen Entlarvung dessen, was der Glaube eigentlich ist, ihrer überlegenen Position hinreichend vergewissert hätte. Wo der Zweifel zur negativen Gewissheit wurde, ist er nicht mehr Zweifel; wo der Verdacht sich definitiv bestätigt hätte, wäre er nicht mehr nur Verdacht. Wenn vom Zweifel und vom Verdacht die Rede ist, so steht eben noch nicht fest, ob, inwiefern und inwieweit das Verdächtigte oder Bezweifelte dem Verdacht standhält und sich gegen den Zweifel behauptet. Die Religionskritik erweckt freilich den Hyper-Verdacht, ihr eigener Verdacht müsse der Anfang der Widerlegung sein, und so sei es nur eine Frage der Zeit, bis gegen ihn und seine Entlarvungs-Gewissheit kein Kraut mehr gewachsen ist. Wer mit so guten Gründen am Glauben zu zweifeln beginnt, der wird nie zum Glauben zurückfinden können; Glaubensüberzeugungen, die erst einmal vor den Gerichtshof der Vernunft gezogen und den investigativen Nachfragen der Anwälte der Vernunft ausgesetzt sind, können nicht mehr davon kommen. In diesem Prozess wird immer wieder nur dies geschehen: Der klare und freie, vorurteilslose Blick der Richterin Vernunft durchschaut, was die Religion verbirgt oder gar absichtsvoll verschleiert. Der Indizienprozess mag vielleicht nicht zu einer hundertprozentigen Sicherheit in der Begründung des Urteils führen; die Glaubenden werden ihre Illusion nicht eingestehen, sie werden nicht gestehen. Aber die Beweislücke ist so marginal, dass sie der Rede nicht mehr wert ist. Wenn man – so Nietzsche – die »allerschlechtesten Methoden der Erkenntnis« aufgedeckt hat, die »das Fundament aller vorhandenen Religionen und Metaphysiken«

---

[10] Vgl. P. Ricœur, *Die Interpretation. Ein Versuch über Freud*, Franfurt 1974, S. 41 ff., 45 ff.

Was zeigt der Verdacht?

gelegt haben, so »hat man sie widerlegt.« Sie sind damit zwar – wie Nietzsche einräumt – nicht völlig unmöglich geworden; es bleibt immer noch eine Rest-Möglichkeit übrig. Aber »mit ihr kann man gar Nichts anfangen, geschweige denn, dass man Glück, Heil und Leben von den Spinnenfäden einer solchen Möglichkeit abhängen lassen dürfte.«[11]

Woher kommt es, dass sich die Vertreter der Anklage ihrer Sache so sicher sind und sie gar nicht mehr daran zweifeln, dass die angeklagte Religion oder »Metaphysik« ihres illusionären Charakters überführt ist? Die Anklage präsentiert die Fakten, so wie sie sind; sie hat die Tatsachen auf ihrer Seite: den endlich offen gelegten Ursprung der Religionen und Metaphysiken aus Angst und illusionärer Hoffnung. Contra factum non valet fidem. *Nichts anderes* ist die Religion als die anhand dieser Fakten als solche überführte Illusion. Warum verschließt sich die Kritik der Möglichkeit, dass Religion doch noch etwas *ganz anderes* ist, dass in ihr doch noch ganz anderes aufscheint? Weil diese Möglichkeit eine ganz leere Möglichkeit ist, so Nietzsche, von der man »gar Nichts aussagen (könnte) als ein Anderssein, ein uns unzugängliches, unbegreifliches Anderssein«[12]. Aber weshalb sollte gerade dies zweifelsfrei ausgemacht sein? Vermag dieses »ganz Andere« sich denn nicht womöglich selbst zu zeigen und zugänglich zu machen, ja begreiflich zu machen, so dass man seine Spur aufnehmen und seiner Wirklichkeit in dieser Welt innewerden kann? Das Christentum spricht jedenfalls von dieser Möglichkeit.

In die Schule des Zweifels zu gehen hieße, noch am Zweifel zweifeln zu lernen und auch der Hermeneutik des Verdachts mit dem Verdacht zu begegnen, sie immunisiere sich von vornherein gegen das, was sie nicht zur Kenntnis nehmen will. Der Zweifel will den Glauben besiegen, da er ihn angesichts nicht mehr zu leugnender Tatsachen der Täuschung überführt. Der Glaube möchte den Zweifel besiegen, ihn angesichts seiner Gottes-Gewissheit gegenstandslos machen. Aber solche Siege sind nicht zu erringen und man könnte sich ihrer nur rühmen, wenn man sich über die Reichweite und Unwidersprechlichkeit der eigenen Vergewisserungen täuschte.

So wäre argumentative Abrüstung angesagt. Sie kann man in

---

[11] F. Nietzsche, »Menschliches, Allzumenschliches I, Aphorismus 9«, in: *Sämtliche Werke*, Band 2, S. 29.
[12] Ebd.

der Schule des Zweifels lernen. Wenn man gar über die Abrüstung hinaus zur »Entfeindung« zwischen Zweifel und Glauben käme, so könnte es auch noch dazu kommen, dass der Glaube sich auf den Zweifel und der Zweifel auf den Glauben angewiesen begreift. Aber wäre das zu viel des schiedlich-friedlichen Nebeneinanders? Um ein Nebeneinander dürfte es gar nicht gehen, sondern um das höchst konfliktreiche *Ineinander*. Der Zweifel muss – so die hier zu diskutierende Perspektive – im Glauben wohnen, damit dieser *Glaube* bleibt. Und der Zweifel müsste sein Werk ebenfalls um des rechten Glaubens willen tun, wenn er sich nicht von vornherein als ein Werk der Verzweiflung verstehen will.[13]

III.

Der Konflikt der Interpretationen

Paul Ricœur hat ein Konzept angeboten, das diesem Ineinander von Glaube und Zweifel eine hermeneutische Tiefenschärfe gibt: das Konzept eines Konflikts der Interpretationen, der sich nicht mehr von einer Position außerhalb dieses Konflikts entschärfen oder lösen lässt, der vielmehr im hermeneutischen Prozess immer wieder neu auszutragen ist. Die reduktiven Hermeneutiken des Verdachts und die Hermeneutiken, denen es um »Wiederherstellung« (oder Einsammlung) des Sinns geht[14], sind aufeinander angewiesen und müssen sich aneinander abarbeiten, damit sich der Zugang zu einer Wirklichkeit öffnen kann, die mehr und anderes sein könnte als Projektion oder Ausgeburt der Angst.

Reduktive Hermeneutiken wollen den Dynamiken des Wunsches, der Angst und der Macht in ihrer wechselseitigen Verschränkung auf die Spur kommen, um ideologiekritisch zu entschleiern, was »dahinter steckt«. Die bewusste Intention religiöser Vollzüge er-

---

[13] Das Lob des Zweifels kann deshalb nicht ohne die Mahnung bleiben:
»Freilich, wenn ihr den Zweifel lobt
So lobt nicht
Das Zweifeln, das ein Verzweifeln ist!«
B. Brecht, Lob des Zweifels, in: *Gesammelte Gedichte*, Frankfurt 1976, S. 626–628, hier S. 628.
[14] Vgl. P. Ricœur, *Die Interpretation*, S. 41 f.

Was zeigt der Verdacht?

weist sich als von diesen Dynamiken überformt oder gar erst hervorgebracht. Macht man mit der Reduktion radikal Ernst, so billigt man der bewussten Intention tatsächlich nur noch den Status eines bloßen Epiphänomens oder Symptoms zu. Der intentionale »Gegenstands«-Bezug des Glaubens wird als Illusion entlarvt. Die entmystifizierende Entschleierung religiöser Vollzüge lässt »dahinter« die Ökonomie des Wunsches, der Angst und/oder der Macht als die eigentliche Triebkraft – als das An sich – sichtbar werden. Und sie hat nichts weiter im Sinn; es sei denn, sie misstraut auch noch diesem Befund und ist von dem Zweifel umgetrieben, ob sie mit ihrer Entlarvungshermeneutik dem Entlarvten tatsächlich gerecht wird. Würde sie sich diesem Zweifel stellen, so müsste sie ihre Entlarvungsdynamik relativieren. Nicht etwa begrenzen; die Hermeneutiken des Verdachts können gar nicht aufhören, den Ökonomien des Wunsches, der Angst und der Macht auf der Spur zu bleiben. Relativieren hieße: sich bezogen wissen auf Hermeneutiken, die die bewussten Intentionen religiöser oder anderer kultureller Vollzüge nicht von vornherein verloren geben, sondern phänomenologisch zu erhellen versuchen.

Solche Hermeneutiken des Sinns geben der »Sorge um das Objekt«[15] Raum. Sie halten die Möglichkeit offen, dass religiöse Vollzüge von jener Wirklichkeit hervorgerufen wurden, auf die sie sich richten und nicht nur von den Dynamiken determiniert sind, die sich ihrer bemächtigen. Auch der Philosoph wird der Frage nach der »absoluten Gültigkeit« dieses Objekts nicht von vornherein ausweichen. Er kann – gerade als Phänomenologe – »der Sorge um das Objekt den Vorrang geben, und zwar trotz aller Erwägungen hinsichtlich der Ursachen, des Ursprungs oder der Funktion« religiöser Phänomene. Und er kann auch noch der »Erwartung eines Anrufs« Raum geben, »die jene Sorge um das Objekt in Bewegung setzt«.[16] Er kann der Möglichkeit Rechnung tragen, dass den Menschen von diesem »Objekt« her ein Anruf widerfährt, der sie über das Gefangensein in der Ökonomie des Wunsches, der Angst und der Macht hinausführt.

Dieser Erwartung kann philosophisch indes nur Raum gegeben werden, wenn sie sich selbst misstrauen lernt und den Zweifel ebenfalls zu Wort kommen lässt: Was ist hier Anruf und Hervorruf – Hinein-Ruf in eine »Teleologie des Sinnes«, in die hineingerufen

---

[15] Ebd., S. 42.
[16] Vgl. ebd., S. 53.

Jürgen Werbick

der Mensch sein Dasein bejahen und ergreifen kann? Und was ist Niederschlag einer Archäologie des Subjekts und seines Angetriebenseins, die sich in allen religiösen Vollzügen fortsetzt und darin als mehr oder weniger bestimmend erweist?[17] Der Verdacht zeigt mit seiner archäologischen – oder auch genealogischen[18] – Rückführung auf die Ökonomie, die alle und so auch die religiösen menschlichen Vollzüge *ursprünglich* beherrscht. Die phänomenologisch aufgeklärte Sorge um das Objekt schenkt der Erwartung Gehör, dass mir »in, mitten und unter« archäologischen Relikten, den immer weiter wirksamen und sich verändernden Konstellationen der Macht, der Angst und der Bedürfnisse ein Anruf widerfährt, der mich selbst meint und mir die Möglichkeit einer Geschichte zuspielt, in der Heil anfangen kann. Keine dieser gegenstrebigen Hermeneutiken kann für sich beanspruchen, *die Sache selbst* geltend zu machen, so dass weitere hermeneutische Bemühungen sich angesichts definitiver Entlarvung oder definitiv geschehener Sinnteilhabe erübrigten. Die entmystifizierende Kritik muss immer damit rechnen, dass ihr abhanden kam, worauf sie sich beziehen wollte. Die »Einsammlung des Sinnes« muss immer damit rechnen, dass sie einer den Anruf dramatisch verzerrenden Selbst-Entfremdung durch die Ökonomie des Wunsches, der Angst und der Macht zum Opfer gefallen ist. Verdacht und Kritik brauchen ihren Widerpart in der Sorgfalt für das Gegebene. Die Sorgfalt für das Gegebene braucht das ideologiekritische Engagement, damit sie das Gegebene nicht mit dem ihr von der Ökonomie des Wunsches, der Angst und der Macht Aufgezwungene oder Untergeschobene verwechselt. Der Gegenstandsbezug jeder der beiden Hermeneutiken ist durch die jeweils andere vermittelt. Und das hieße im Blick auf das Selbstverständnis der »klassischen« Religionskritik: Sie geht in die Irre, wenn sie sich selbst szientistisch missversteht. Das heißt im Blick auf die Hermeneutiken des Sinnes, dass sie um der Ermittlung des Sinnes willen darauf angewiesen sind, den Hermeneutiken des Verdachts Raum zu geben, weil sich nur beim immer wieder neu zu wagenden Durchgang durch ihren »Feuerbach« herausstellen kann, welcher Anruf ins Offene einer Geschichte des Heils rufen könnte – und welche Einflüsterungen im Bannkreis des Wunsches, der Angst und der Macht festhalten.

---

[17] Damit ist die philosophische »Rahmentheorie« wenigstens genannt, die Ricœur für sein Konzept eines Konflikts der Interpretationen beansprucht.

[18] So die auf Nietzsche zurückgreifende Terminologie bei Michel Foucault.

IV.

Symbol und Idol

In den Symbolen des Glaubens kristallisiert sich das Spannungsgefüge des Ineinanders von Kraft und Sinn, von Archäologie und Teleologie, zu bildhaften Konfigurationen, in denen der Anruf des Sinnes in der Sprache und den Bildern des Wunsches (auch der Angst und der Macht) gehört und imaginiert wird. Solche Konfigurationen sind – können jedenfalls sein – Relikte und »Sinnschöpfungen«, Überreste und »Erwachen des Sinns«, rückwärtsgewandte Symptome und prospektive Symbole.[19] Sie eröffnen die »doppelte Möglichkeit einer teleologischen und einer regressiven Exegese«[20]; und nur eine Auslegung, die diese doppelte Möglichkeit wahrnimmt, wäre ihnen angemessen. Nur wenn beide Möglichkeiten hermeneutisch zum Tragen kommen, können prospektive Symbole der Idolisierung entrissen werden, in der sie nicht mehr »die Zeichen der Herbeikunft des Absolut-Anderen«[21] sein können, sondern tatsächlich auf Symptombildungen der Angst und des Wunsches oder auf verhaltenssteuernde Signale reduziert sind.

Die Hermeneutiken des Verdachts werden von der Hermeneutik der Symbole als Instrument der Kritik solcher Idolisierungen in Dienst genommen; denn »das Idol (muss; J. W.) sterben, auf dass das Symbol lebe«.[22] Aber lässt sich genauer sagen, was Ricœur unter Idol versteht und was in der Idolisierung vorgeht? Zunächst ist darauf zu achten, dass die prospektive Bedeutung des Symbols für Ricœur damit gegeben ist, dass es gegenüber der regressiven Dynamik, die das Subjekt in die Dynamiken des Wunsches, der Angst und der Macht einbindet, die Herausforderung zu teleologischer Selbst-Überschreitung entbindet. So ist es Zeichen des Absolut-Anderen, »Chiffre eines Eschaton, eines Letzten (...) auf das die Gestalten des Geistes zielen«[23], an denen das Selbstbewusstsein seiner selbst bewusst werden kann. Für den Reflexionsphilosophen Ricœur hat dieses Letzte, »Heilige« die Bedeutung eines *Horizonts*, »den die Reflexion nicht

---

[19] Vgl. P. Ricœur, *Die Interpretation*, S. 516.
[20] Ebd., S. 517.
[21] Vgl. ebd., S. 542.
[22] Ebd., S. 543.
[23] Vgl. ebd., S. 541.

begreift, nicht umschließt, aber als das begrüßt, was sich ihr nähert«. Dieser Horizont aber tendiert »mittels einer Art diabolischer Verkehrung ständig dahin (...) sich in ein Objekt zu konvertieren«.[24] Das schlechthin transzendente Eschaton, das sich nur im Zeichen – in der Chiffre – ankündigen kann, generiert hier einen religiösen Objektbereich, durch den man es der Welt der Objekte eingliedert und entsprechend verfügbar macht: »Es gibt nun heilige *Objekte* und nicht mehr nur *Zeichen* des Heiligen, heilige Objekte neben der Welt der Kultur.«[25] Aus den Zeichen, die das Streben nach Sein herausfordern, es aber auf das Absolut-Andere ausrichten und nicht auf irgendein Objekt, in dem es zur Ruhe kommen könnte, werden innerweltlich verfügbare Ressourcen, derer man sich bedienen kann, um zur Wunscherfüllung, zur Angstbewältigung oder zur Legitimation und Befestigung von Macht zu kommen. Das Streben wird vom Trieb überformt, der sich innerweltlich-illusionär zu befriedigen trachtet.

So muss die Idolisierung im Durchgang durch reduktive Hermeneutiken und ihren Aufweis der hier wirksamen Triebökonomien als solche durchschaut und *religions-kritisch* überwunden werden, damit die Zeichen des Absolut-Anderen wieder hervortreten können.[26] Damit reiht Ricœur sich ein in die Schar der Religionskritiker, die den Impuls der *Negativen Theologie* gegen die »religiöse« Tendenz zur welthaften Aneignung des Heiligen zur Geltung bringen wollen.[27]

Den Prozess der religiösen Idolisierung und die Herausforderung zur kritisch-hermeneutischen Rückeroberung des Symbols hat

---

[24] Ebd., S. 540 f.
[25] Ebd., S. 542.
[26] Vgl. ebd. Die Teleologie des Bewusstseins zeichnet den Weg zur Aneignung des Strebens nach Dasein (Ricœur bezieht sich dafür immer wieder auf Baruch Spinozas *Conatus essendi*), das freilich niemals das in den Symbolen Bezeichnete einholt; vgl. etwa P. Ricœur, »Eine philosophische Freud-Interpretation«, in: *Hermeneutik und Psychoanalyse. Konflikt der Interpretationen II*, München 1974, S. 82–102, hierzu: S. 93 ff.
[27] Zu nennen wären etwa Karl Jaspers, auf den das Stichwort »Chiffre« hinweist (vgl. von ihm: *Der philosophische Glaube*, München 1963), aber auch Paul Tillich mit seinem Konzept des Gottes »über Gott« (vgl. »Der Mut zum Sein«, in: *Gesammelte Werke*, Band 11, Stuttgart 1969, S. 13–139, speziell S. 137 ff.). Eine zu Ricœur in Manchem vergleichbare religionskritische und negativ-theologische Inanspruchnahme des Idol-Begriffs findet sich bei Erich Fromm. Ein Idol repräsentiert – so Fromm – »das Objekt der zentralen Leidenschaft des Menschen«, »ein von Menschen gemachtes Ding«, »die entfremdete Form der Selbsterfahrung des Menschen« (vgl. *Die Herausforderung Gottes und des Menschen*, Konstanz 1970, S. 48 f.).

Was zeigt der Verdacht?

Ricœur mehrfach an den mit der Vatergestalt verbundenen religiösen Gehalten dargestellt.[28] Ein »nach-religiöser Glaube«[29] muss das Streben nach Sein aus der Triebdynamik des ödipalen Konflikts befreien. Von dieser Triebdynamik wird das Göttliche in die Gestalt eines Gottes gebannt,»der sowohl droht wie auch tröstet.« Strafangst und Schutzbedürfnis,»Anklage und Schutz bilden sozusagen die ›faulen Stellen der Religion‹ (…) Hier findet der Atheismus seinen Ansatzpunkt und vielleicht auch seine zweifache Bedeutung als Destruktion und als Befreiung. Hier auch bahnt er einem Glauben den Weg, der über die Stufe der Anklage und des Schutzes hinausschreiten würde.«[30] Die Religion im Banne der ödipalen Triebschicksale sieht im Allmachts- und Vorsehungsgott »die höchste Gefahr und die letzte Zuflucht«. Sie unterstellt ihn einem moralischen »Vergeltungsgesetz«, als dessen Vollstrecker er die Sünde an den Tätern heimsucht und angesichts eines ungerechten Schicksals Kompensation verheißt. Der Durchgang durch die atheistische Religionskritik Nietzsches und Freuds bedeutet den Abschied von einem endzeitlich belohnenden oder bestrafenden göttlichen Vater,»zumindest die Destruktion des moralischen Gottes, nicht nur als höchster Anklageinstanz, sondern auch als letzten Orts der Zuflucht, als Vorsehung«.[31]

Welcher Glaube »verdient es, die Kritik Nietzsches und Freuds zu überleben?« Ein Glaube, der in der Spur des Hiob-Buches »im Dunkel voranschreitet«, nicht auf den tröstend-bewahrenden Gott ausgerichtet ist, sondern die Menschen »den Gefahren eines Lebens aussetzt, das allein menschenwürdig genannt werden könnte«; der Gott des Gekreuzigten, der »allein durch seine Schwäche helfen kann?«[32] Ein Glaube der »Ergebung«, des »Gehorsams zum Sein«, übermoralisch aus »Liebe zur Schöpfung« der »Entfaltung des Seins« gehorchend, »fern jeder Sorge um die eigene Person«?[33] Immer wieder kommt Ricœur auf Konturen dieses nach-religiösen, durch den Feuer-bach der Religionskritik gegangenen Glaubens zu sprechen. Wiederum im Blick auf Hiob erscheint – gleichsam am Horizont –

---

[28] Vgl. etwa: P. Ricœur, »Die Vatergestalt – vom Phantasiebild zum Symbol«, in: *Hermeneutik und Psychoanalyse*, S. 315–353.
[29] Vgl. P. Ricœur, »Religion, Atheismus, Glaube«, in: *Hermeneutik und Psychoanalyse*, S. 284–314, hier S. 284.
[30] Ebd., S. 285.
[31] Ebd., S. 300.
[32] Ebd., S. 305 f. mit Verweis auf Dietrich Bonhoeffer.
[33] Vgl. ebd. S. 306 f. und S. 313.

Poetik des Glaubens

Jürgen Werbick

die Weisheit des »Verzicht(s) auf den Wunsch selbst« als Zielgestalt eines nach-religiös biblischen Glaubens, der in der Spur Hiobs gelernt hat, »Gott ohne Grund zu lieben« und sich deshalb nicht mehr auf die Befriedigung der Bedürfnisse nach Lohn, Trost und Angstüberwindung fixiert. Wie Hiob an »Gott zu glauben *trotz* …« und nicht wegen des Wohlergehens, das er gewährt oder in Aussicht stellt, das bedeutet für Ricœur, »völlig aus dem Kreislauf der Vergeltung herauszutreten, in dem die Klage noch gefangen ist, solange sich das Opfer über sein ungerechtes Los beklagt«; es bedeutet »Verzicht auf den Wunsch, für seine Tugenden belohnt zu werden, Verzicht auf das Verlangen, vom Leiden verschont zu bleiben, Verzicht auf die infantile Komponente des Wunsches nach Unsterblichkeit«.[34]

V.

Nach-religiöser Glaube?

Der »Verzicht auf den Wunsch« entlässt Gott aus der Funktionalisierung, auf die ihn die atheistische Religionskritik reduzierte. Für die »Weisheit« eines Glaubens jenseits der Religion ist Gott nicht nur mehr und anderes als diese Funktion; er ist das Jenseits des Feldes der Wunscherfüllung und Angstbewältigung oder machtpolitischer Verzweckung. Er ist frei gelassen in das Um-seiner-selbst-willen, kann *ohne Grund* geliebt werden. Das ist der Gott der Mystik, die Gott bejaht, weil er Gott ist, nicht weil er sich den Menschen als hilfreich erweist – und ihn deshalb als ihn selbst mitten im Leben willkommen heißen kann; nicht als Gegenstand, sondern als der Horizont radikaler Selbstüberschreitung.

Hat solche mystische Weisheit den *Konflikt der Interpretationen* hinter sich gelassen; ein Terrain erreicht, auf dem die Religionskritik ihr Recht verloren hat, weil ihre Gründe nicht mehr gelten? Wenn die Symbole zu Chiffren werden, verweisen sie negativ-theologisch auf das Jenseits des von der Sehnsucht Objektivierten; auf das Jenseits dessen, worauf diese sich richtet – weil sie des Horizonts innewird, auf den hin sie sich selbst überschreiten muss und über-

---

[34] P. Ricœur, *Das Böse. Eine Herausforderung für Philosophie und Theologie*, Zürich 2006, S. 59 ff.

schreiten kann. Zwar verstummt sie, weil sie sich nur in der Sprache des Wunsches artikulieren kann. Aber noch das Zeugnis ihres Verstummens bezeugt den Gehorsam gegen das Wort, das den Wunsch über das Habenwollen hinausruft ins Seindürfen, dem die *Urbejahung* des Menschen gilt.[35] Mystik ist die radikal aufrechterhaltene Gegeninstanz zur Vergegenständlichung des Göttlichen: Das Göttliche erscheint am Horizont einer »Eschatologie des Bewusstseins«, der sich im Wort dem menschlichen Verstehen ankündigt und zugleich entzieht. Die Eschatologie des Bewusstseins aber »bildet stets eine schöpferische Wiederholung seiner Archäologie.« Und so wird man »nie mit Sicherheit sagen können, ob dieses oder jenes Symbol des Heiligen nicht auch eine ›Wiederkehr des Verdrängten‹ darstellt; oder vielmehr: Jedes Symbol des Heiligen ist gewiss auch und zugleich eine Wiederkehr des Verdrängten, das Wiederaufleben eines infantilen und archaischen Symbols.«[36] Ist diese »Vermischung« nur eine Sprachverlegenheit, der die Mystik sich im beredten Verstummen – im μυειν – entziehen kann, so dass sie sich ohne Objektivierung im reinen Horizont des Heiligen halten könnte? Oder wird dem Sich-Überschreiten des Wunsches ein Begleiter geschenkt, an den es sich halten kann und der es in der Zuversicht hält, dass die Selbst-Überschreitung nicht Selbstverlust, sondern Sich-Gewinnen bedeutet?

Christologie und Pneumatologie imaginieren diese Begleiter – den Tröster oder Ermutiger, und den Herausforderer. Sie imaginieren ihn in Symbolen, die der Dialektik von Archäologie und Teleologie des Bewusstseins nicht entzogen sind, dem Konflikt der Interpretationen ebenso wenig. Die Trinitätslehre behauptet hier das Immanentwerden des Transzendenten: Das Göttliche wird als Gegenüber wie als In-Mir gegenwärtig und verwechselbar; verwechselbar mit bloßer Wunscherfüllung und Angstabwehr, gar mit Machtansprüchen. Seine Transzendenz wird zu einer Immanenz, die den Bann der Immanenz – der Bedürfnisse und des Wunsches – aufsprengt und doch immer wieder neu in ihm gefangen gesetzt werden kann.

---

[35] Das Motiv der Urbejahung übernimmt Ricœur von *Jean Nabert;* vgl. dazu etwa: P. Ricœur, »Hermeneutik der Symbole und philosophische Reflexion II«, in: *Hermeneutik und Psychoanalyse,* S. 196–216, hier S. 210. Dem Rückbezug Ricœurs auf Nabert geht gründlich nach: S. Orth, *Das verwundete Cogito und die Offenbarung. Von Paul Ricœur und Jean Nabert zu einem Modell fundamentaler Theologie,* Freiburg 1999.
[36] P. Ricœur, »Hermeneutik der Symbole und philosophische Reflexion II«, S. 216.

Jürgen Werbick

Die Selbsttranszendenz der Mystik bleibt der endzeitliche Sabbat-Horizont, der Konflikt der Interpretationen aber der theologische – auch der philosophische? – Alltag, in dem mehr oder weniger glücklich und kritisch nachvollzogen werden muss, wie Gottes Transzendenz-Immanenz nicht in der Immanenz aufgeht. In dem mehr oder weniger radikal die Wege der Nachfolge sichtbar gemacht werden, die in die große »Verwandlung«[37] hineinführen, mit der das Streben nach Sein vom Sein in Gott überholt sein wird. Der Mensch aber gelangt auch hermeneutisch – durch Ent-Idolisierung der Symbole – nicht von sich aus ins Jenseits seines Wünschens und seiner Angst. Er muss und darf sich vielmehr von der Dynamik der Transformation des Wunsches und der Angst ergreifen lassen: in der Nachfolge des Menschensohnes, durchdrungen von dem Geist, der Gottes Transzendenz in der Immanenz zur Wirkung bringt. So öffnet sich – nach der Symbolik des Biblisch-Christlichen – die Dialektik von Archäologie und Teleologie zur Eschatologie, in der der Wunsch nicht durchgestrichen sein wird, sondern von sich lassen darf, weil ihm Größeres widerfährt als er hätte wünschen können; in der die Anklage zum Ereignis einer Wahrheit wird, die nicht verurteilt, sondern versöhnt.

Auch solche eschatologische Symbolisierungen arbeiten fortwährend an der Transformation des Wunsches und der Angst; sie können diese Arbeit noch nicht hinter sich haben und »weise« verstummend darauf zurückblicken. Und so sind auch sie von jener Dialektik bestimmt, die im Konflikt der Interpretationen auszutragen ist. Ein Jenseits dieser Dialektik »gibt es« menschlich nur als ihr Horizont. Der aber bleibt Gottes-Horizont, nicht einmal in mystischer Weisheit zu erreichen; auch nicht durch Negationen, die den Verzicht aufs Negierte proklamieren. So bleibt meine Rückfrage an Paul Ricœur, als Frage, nicht als Einwand: Darf menschlich – auch philosophisch – die Weisheit mit ihrem Verzicht auf den Wunsch das letzte Wort haben? Oder ist es *dem* einzuräumen, der um seinetwillen nicht den Verzicht fordert, sondern die Selbsttranszendenz des Wunsches gewährt? Wenn Gott nicht nur Horizont der Selbstüberschrei-

---

[37] Vgl. P. Strasser, Der Gott aller Menschen, Graz 2002, S. 194: »Was wir brauchen, ist eine Kultur, die das individuelle Bewusstsein in seinem Wert gerade dadurch bestätigt, dass sie es auf einen Horizont bezieht, den zu erreichen uns unmöglich ist, solange wir am endlichen Leben teilhaben. Das Leben einer Kultur hängt davon ab, ob sie beseelt genug ist, sich an diesem Horizont – dem Horizont der Verwandlung auszurichten.«

Was zeigt der Verdacht?

tung ist, sondern auf den Menschen zukommt, um jetzt schon mit ihm und in ihm da zu sein, so ist dem Göttlichen nichts Menschliches fremd. So müsste man das Menschliche auch nicht hinter sich lassen, um den Gott zu finden, der sich im Menschlichen finden lässt.

Ist das ein Gedanke, der das Kritikwürdige am Christentum auf die Spitze treibt? Oder ein Gedanke, der die Kritik bis zuletzt in sich aufgenommen hat? Das wird man gar nicht so leicht unterscheiden und entscheiden können.

Struktur und Subjekt

Zugänge zur Frage nach dem Menschen bei Paul Ricœur

Knut Wenzel

Die folgenden Überlegungen beanspruchen keineswegs, »das Ganze« der Ausführungen Paul Ricœurs zur Anthropologie theologisch auszuwerten; sie bewegen sich vielmehr in bestimmten Phasen des »frühen« und »mittleren« Ricœur. Diese Beschränkung mag auch deswegen entschuldbar sein, weil ausführliche theologische Befassungen mit späteren Stellungnahmen Ricœurs zu Fragen der philosophischen und theologischen Anthropologie, insbesondere rund um seine *Hermeneutik des Selbst*, bereits vorliegen.[1] Die Überlegungen sind von einer philosophischen These geleitet, die sie hiermit vorlegen: Die Pointe der Anthropologie Paul Ricœurs besteht in der nicht entkoppelbaren Verbindung, die er zwischen dem Subjekt, der Person, dem Selbst – und der Struktur, dem Text, der Institution gegeben sieht: Das Ich tritt nur im Diskurs auf. Diese Verbindung denkt Ricœur so unauflöslich wie dialektisch.

Die Frage nach dem Menschen gewinnt stets in dem Augenblick Gestalt, da es Ricœur um die Begrenzung der Ansprüche eines bestimmten Diskurses geht. Man kann deswegen seine Reflexion auf den Menschen als eine *Reflexion der Begrenzung* bezeichnen; gemeint ist damit zunächst eine diskurspolitische Operation, in deren Durchführung die Frage nach dem Menschen zur Sprache kommt. Ricœurs Operationen der Begrenzung verneinen dabei nie die Ansprüche der jeweiligen Diskurse; geduldige Leser seiner Schriften können im Gegenteil die (Denk-)Erfahrung machen, dass eine Beschränkung der Geltungsreichweite eines Diskurses – der Phänomenologie, der objektiven Historiographie, der Soziologie, des Struk-

---

[1] Vgl. etwa A. Breitling, S. Orth und B. Schaaf (Hg.), *Das herausgeforderte Selbst. Perspektiven auf Paul Ricœurs Ethik*, Würzburg 1999; M. Junker-Kenny und P. Kenny (Hg.), *Memory, Narrativity, Self and the Challenge to Think God. The Reception within Theology of the Recent Work of Paul Ricœur*, Münster 2004; S. Orth und P. Reifenberg (Hg.), *Facettenreiche Anthropologie. Paul Ricœurs Reflexionen auf den Menschen*, Freiburg 2004.

turalismus, der deontologischen Moralbegründung, ja sogar der Hermeneutik selbst – bei Ricœur stets mit einer Wertschätzung des jeweiligen Diskurses verbunden ist.

I.

Geschichte: Die Subjektivität des Menschen in der Objektivität seiner historischen Dokumente

Schon sehr früh hat Ricœur sich einem Thema zugewandt, das ihn von da an Zeit seines intellektuellen Lebens beschäftigen sollte: der Geschichte. Angefangen von einem sehr frühen Text über »Objektivität und Subjektivität in der Geschichte«[2], über die Aquinas-Lecture von 1984[3], über die monumentale dreibändige Philosophie der Geschichts- und Fiktionserzählung[4], bis hin schließlich zu seinem vorletzten Hauptwerk *Gedächtnis, Geschichte, Vergessen*[5] hat ihn die Frage nach Möglichkeit, Bedingung und Gestalt der Geschichts-Schreibung nicht mehr losgelassen. Wenn man annimmt, dass der Mensch ein geschichtliches Wesen sei, ist in der Frage nach der Erkenn- und Schreibbarkeit von Geschichte die Frage nach der Erreichbarkeit des Menschen mit enthalten. In jenem zuerst genannten frühen Text geht Ricœur von zwei Beobachtungen oder Feststellungen hinsichtlich der Geschichtsschreibung aus: »Wir erwarten von der Geschichte eine gewisse Objektivität, die Objektivität, die ihr entspricht« (S. 39). Und: »Denn es ist in Wahrheit eine Subjektivität der Reflexion, die wir uns von der Lektüre der Geschichtswerke und der Meditation über sie erwarten« (S. 40). Der Objektivität der Geschichtsschreibung steht die Subjektivität der Autoren und Leser dieser Schrift gegenüber.

Ricœur räumt der Objektivität der Geschichtsschreibung Relevanz ein, indem er sie gegen eine vorschnell-falsche Zumutung der Subjektivität verteidigt. So stellt es keine Einschränkung der Rele-

---

[2] P. Ricœur, »Objektivität und Subjektivität in der Geschichte«, in: *Geschichte und Wahrheit*, München 1974, S. 39–64. Weitere Seitenangaben im Text.
[3] P. Ricœur, *The Reality of the Historical Past*, Milwaukee 1984.
[4] P. Ricœur, *Zeit und Erzählung*, 3 Bände, München 1988–1991.
[5] P. Ricœur, *Gedächtnis, Geschichte, Vergessen*, München 2004.

Struktur und Subjekt

vanz der Historiographie dar, dass sie die Geschichte nicht wiederbeleben kann; vielmehr ist hierin eine Quelle ihrer Objektivität zu sehen: Geschichte ist »Wissen mittels Spuren« (S. 42), wie Ricœur mit Marc Bloch sagt; der Historiker steht nicht vor dem geschichtlichen Ereignis selbst, sondern vor Dokumenten, die es als Spuren hinterlassen hat. Den Historiker treibt nicht der »Ehrgeiz, wieder zum Leben zu erwecken, sondern wiederzusammenzustellen, wiederzukonstituieren, das heißt, eine rückblickende Entwicklungsfolge zusammenzustellen und zu konstituieren. Die Objektivität der Geschichte besteht in eben diesem Verzicht auf Zusammentreffen und Nacherleben, dafür aber in diesem Ehrgeiz, Faktenreihen auf der Ebene einer geschichtlichen Intelligenz zu erarbeiten.« (S. 43)

Ricœurs Pochen auf der Objektivität der Geschichte und der damit einhergehenden Distanzierung scheint im glatten Widerspruch zur Geschichtsauffassung Walter Benjamins zu stehen, der gerade gegen eine historistische Scheinobjektivität der Geschichte deren krisenhafte Gegenwärtigkeit behauptete. Hier die »Faktenreihe auf der Ebene einer geschichtlichen Intelligenz« – dort der »Tigersprung ins Vergangene«[6]: Geht es noch gegensätzlicher? Man kann aber aus der Position Ricœurs den benjaminischen Schluss ziehen: Die Vergangenheit ist in *radikaler* (das heißt: die Hand an die Wurzel legender) Weise gegenwärtig, insofern sie der Gegenwart die Kränkung oder wenigstens Heraus-Forderung der Unverfügbarkeit zufügt. Mit Ricœur *und* Benjamin gesprochen: Wer die Vergangenheit für *einfachhin* vergegenwärtigbar hält, unterschlägt nicht nur das reale Vergangensein der Vergangenheit, sondern auch das faktische Totsein der einstmals gelebt Habenden. Der größte Skandal jeder Gegenwart ist aber das irreversible Faktum des Nicht-mehr-Gegenwärtigseins der Toten.

Mit Ricœur stehen wir vor den Dokumenten der Geschichte als den Spuren einstmaliger Gegenwart wie an den Gräbern der Toten und lesen deren Lebensdaten, die auf den Grabsteinen eingraviert stehen. Es gibt keine radikalere Betroffenheit der Gegenwart durch die Vergangenheit als die des faktischen Vergangenseins des ehemals Gegenwärtigen. Aus dieser Affiziertheit der Gegenwärtigen durch die Vergangenen ergibt sich freilich die Frage nach der Erfüllbarkeit

---

[6] Vgl. W. Benjamin, »Über den Begriff der Geschichte«, in: *Gesammelte Schriften* I.2, Frankfurt 1980, S. 691–704, hier S. 701 (These 14).

der eigenen Gegenwart angesichts ihres unausweichlichen einstmaligen Vergangenseins.

Mit dieser Frage ist aber die Subjektivität bereits im Spiel. Wir erinnern uns, Ricœur untersucht hier ja die Spannung zwischen Objektivität und Subjektivität in der Geschichte. Der *ratio cognoscendi* nach gelangt die Subjektivität zunächst jedoch auf anderem Weg in die Geschichte, nämlich durch den Historiker. Ohne ihn gibt es keine Geschichte im Sinn der Geschichts*schreibung:* Erst durch den Historiker werden die Hinterlassenschaften der Vergangenheit zu *Spuren*, erst durch das Interesse des Historikers beginnt die Geschichte zu sprechen: »Das Dokument ist solange kein Dokument, wie der Historiker nicht daran gedacht hat, ihm eine Frage zu stellen« (S. 42).

Freilich: Wenn das Dokument auch erst durch die Frage des Historikers zu einem solchen wird, ist es doch *als es selbst* oder *an sich selbst* Dokument, und nicht als Funktion der Frage. Im Gegenteil: Stellt der Historiker wirklich eine Frage, erwartet er Antworten, die er nicht schon kannte, die nicht schon in der Frage angelegt waren, die von der zum Dokument gewordenen Spur der Geschichte her auf ihn zukommen. Dass die Spur der Geschichte erst in der Frage des Historikers zum Dokument wird, ist also keine Formulierung einer rezeptionsästhetischen Position *avant la lettre*. Das Denken Paul Ricœurs scheint insgesamt nicht für diese heute in literaturwissenschaftlichen, kulturwissenschaftlichen und theologischen Zusammenhängen weithin unbefragt geltende Position vereinnahmbar zu sein.

Ricœur bringt die Objektivitätsdimension der Geschichte unverkürzt zur Geltung, indem er sie mit der Geschichte in ihrer Totalität verbunden sein lässt: Die Frage nach der Bedeutung eines jeweiligen Dokuments führt auf das in die Gesamtgeschichte ausgreifende Netz der historischen Zusammenhänge, in dem es steht. Seine volle Bedeutung erhält ein jeweiliges Geschichtsfaktum erst in der Totalität der Geschichte. Diese ist aber für ein Fragen, das selbst seinen Ort *in* der Geschichte hat, nicht erreichbar. Gleichwohl muss die Frage nach der Bedeutung eines historischen Dokuments prinzipiell auf das Ganze der Geschichte ausgreifen. Ricœur spricht deswegen von der Totalität der Geschichte als von einer regulativen Idee: »Das vollständige geschichtliche Faktum, die ›totale Vergangenheit‹, das ist recht eigentlich eine Idee, d. h., im kantischen Sinne, der *nie erreichte Grenzpunkt* eines immer umfassender und komplexer werdenden Integrationsbemühens. Der Ausdruck ›totale Vergangenheit‹ ist die *regulative Idee* dieses Bemühens. Es ist nicht ein Unmittelbares; nichts ist mittelbarer als eine Totalität: Es ist das Produkt einer ›ordnenden Konzeption‹, die das höchste Ordnungsbemühen der Geschichte durch den Historiker ausdrückt.« (S. 44)

Erst dadurch, dass die Objektivität der Geschichte vollends zur Geltung gebracht worden ist, ist auch einer vollumfänglichen Würdigung der Subjektdimension der Geschichte der Boden bereitet. Ricœur geht so vor, dass er die Objektivität der Geschichte in ihrer Totalität gewissermaßen an der Subjektdimension bricht: *Kann doch die Totalität der Geschichte, also ihre Objektivität, nur in der Frage nach der Bedeutung der Geschichte sichtbar werden. Diese Frage ist aber die Frage nach dem Menschen selbst.* Umgekehrt braucht diese Frage offensichtlich die Geschichte in ihrer Objektivität, in ihrer Materialität. Der Stoff der Geschichte, das sind nämlich die Zeugnisse menschlicher Selbstverständigungen und -bestimmungen. So hat etwa die Transzendentalphilosophie Kants nicht einem naiven epistemologischen Subjektivismus Vorschub geleistet; ihre Leistung besteht vielmehr – in der prägnanten Formulierung Ricœurs – »im Aufzeigen jener Subjektivität, die bewirkt, dass es Objekte gibt« (S. 45). Damit ist zum einen noch einmal auf die objektivitätskonstitutive Bedeutung eines historischen Erkenntnisinteresses Bezug genommen. Zum anderen aber ist hiermit die Subjektbezogenheit der Materialität der Geschichte angesprochen: Diese erhält ihre spezifische Objektivität als die von Menschen hervorgebrachte. Sie ist nicht Natur, sondern Artefakt; und sie ist darin Geschichte und nicht Prozess. Die Subjektbezogenheit der Geschichte in ihrer Materialität wird in der Frage nach der historischen Bedeutung aufgedeckt: In ihrem Licht zeigt sich das Spezifikum jener Objektivität, die der Geschichte als einer hervorgebrachten zukommt, in ihrer Expressivität. Geschichte wird als Ausdruck zu einer nicht adressierten Mitteilung. Geschichte als Flaschenpost: Mitteilung mit unbestimmtem Empfänger. Kann aber von einer prinzipiellen Unbestimmbarkeit des Empfängers eine befriedigende (erfüllende) Antwort auf die Frage nach der Bedeutung der Geschichte ausgehen?

Wenn wir nun, mit Ricœur, über ihn hinaus, sagen können, dass der Geschichte selbst eine Ausdrucks- oder Aussagestruktur eignet, die freilich erst in der Frage nach der Bedeutung von Geschichte zum Sprechen gebracht wird, und wenn dieser Diskurs der Geschichte zwar abgesendet ist, jedoch ohne nähere Bestimmung des Empfängers – so dass die Nachgeborenen wie auch die Historiker lediglich

Knut Wenzel

Platzhalterfigurationen des unadressierten Empfängers, nicht jedoch die von der Ausdrucksdynamik der Geschichte letztlich und wirklich Gemeinten sein können: Mit Blick auf wen geschieht dann Geschichte? Diese Frage stellt keine Re-Mythisierung der Geschichte dar, sondern ist ihrer Ausdrucksstruktur selbst abgelesen. Für eine Antwort auf die Frage nach der Bedeutung der Geschichte können nicht einfach die Menschen in Anspruch genommen werden, die selbst Hervorbringer der Geschichte sind. Sind es doch sie, die, insofern die Geschichte nicht einfachhin Erfüllung, sondern Artikulation des Bedeutungsverlangens der Menschen ist, nach dessen Erfüllung fragen.

Wie gesagt, mit Ricœur und über ihn hinaus gelangen wir zu einer Fragestellung, die er nicht thematisiert hat, die auch die Schwelle von der Philosophie zur Theologie überschreitet, die aber an dieser Stelle nicht unvermittelt eingeführt wird, sondern sich aus einer produktiven Lektüre der von ihm in Gang gesetzten Dialektik von Objektivität und Subjektivität (in) der Geschichte ergibt.

Wenn es die Frage des Historikers nach der Bedeutung eines jeweiligen Geschichtsdokuments ist, in welcher die Geschichte als Objektivation des Selbst-Ausdrucks der Menschen sichtbar wird, dann bleibt eben diese Frage solange unbeantwortet, wie die Geschichte andauert – unbeantwortet, weil die legitimen, da mit der je eigenen Existenz einhergehenden Ansprüche auf erfüllte Bedeutung all der Menschen, die ihrem Leben in der Geschichte Ausdruck verliehen haben, unabgegolten sind: tot mit den Toten der Geschichte. Die Bedeutung der Geschichte, verstanden als Archiv der Dokumente, in welchen sich die Ausdrucks-Spuren gelebter Leben sedimentiert haben, wird erst vollends lesbar werden, wenn und insofern das Bedeutungsverlangen der Menschen selbst eine gültige Sättigung erfahren haben wird. Damit ist aber Ricœurs Dialektik von Objektivität und Subjektivität zur Aporie zugespitzt: Wird die Totalität der Geschichte als totale Vergangenheit verstanden, was notwendig ist, um den Dokumenten- und Objektivitätscharakter der Geschichte als das beschreibbare Geschehene erfassen zu können, wird damit zugleich die Unerfülltheit und Unerfüllbarkeit des Bedeutungsverlangens der Toten benannt und verendgültigt.

Es begegnen also in der dokumentarischen, objektiv gewordenen Geschichte die Subjekte als jene, die »bewirken, dass Objekte sind«. Doch als Tote. Im historischen Dokument, das die Objektivation der von Menschen in der Vergangenheit hinterlassenen Spuren darstellt, werden dieselben Menschen zugleich endgültig für tot erklärt. Das Dokument – die objektive Geschichte – ist Zeichen früheren Lebens und sein Grabmal in einem. Auch deswegen ist der Objektivitätscharakter der Geschichte gegenüber ihrer vorschnellen »Wiederbelebung« durch Einfühlung geltend zu machen und »bis zum Ende« auszuhalten; in der Wahrnehmung der historischen Spuren als Dokumente geschichtlichen Selbstausdrucks der Menschen unterziehen sich die Lebenden einem Totengedenken.

Diese *memoria mortui* ist von einem Gegenwärtighalten der Lebens-Ansprüche der Toten durch die Lebenden getragen, in ihre Praxis gehen jene Lebens-Ansprüche normativ-prägend ein. Und dennoch darf nicht verschleiert werden: Anamnetischer Praxis eignet eine aporetische Grundstruktur. »Die Toten sind tot; alles andere ist Theologie« – so lautet bekanntlich Max Horkheimers Bescheid an Walter Benjamin, der sich die Apostrophierung seines Einspruchs gegen die Endgültigkeit des Todesschicksals als »theologisch« gefallen lassen hat.[7] Vor dem Absurditätsverdacht schützt die anamnetische Praxis nur die Möglichkeit, die Nicht-Endgültigkeit des Totseins der Toten zu denken.[8] Dies scheint mir auch der bedeutungsgebende Horizont zu sein, auf den sich, durchaus unthematisch, die Arbeit des Historikers bezieht. Wenn wir, mit Ricœur, die Objektivität der Geschichte gelten lassen müssen, weil in Vermittlung durch sie lesbar wird, was es um den Menschen ist, so ist umgekehrt eine solche Konstruktion von Geschichte nur sinnvoll, wenn zugleich einer Hoffnung Raum gegeben wird, welche die Geschichte wegen der ihr auferlegten Diskursgrenzen nicht selbst ausformulieren kann, einer Hoffnung nämlich für die Hoffnung: dass die geschichtlich uneingelösten Hoffnungen der Menschen auf erfüllte und unverlierbare Lebendigkeit eingelöst werden. Diese »Hoffnung für die Hoffnungen«

---

[7] Vgl. hierzu K. Wenzel, *Zur Narrativität des Theologischen. Prolegomena zu einer narrativen Texttheorie in soteriologischer Hinsicht*, Frankfurt 1997, S. 375–379.

[8] Diesen Gedanken zur Grundlegung einer Fundamentaltheologie in Verantwortung vor der Geschichte und vor den avancierten zeitgenössischen Philosophien systematisch ausgebaut zu haben, ist das bleibende und nach wie vor Frucht tragende Verdienst Helmut Peukerts, dessen Arbeit auch die hier vorgelegten theologischen Überlegungen im Anschluss an Paul Ricœur Wesentliches verdanken. Vgl. H. Peukert, *Wissenschaftstheorie – Handlungstheorie – Fundamentale Theologie. Analysen zu Ansatz und Status theologischer Theoriebildung*, Frankfurt 1978.

kann gar nicht anders als auch die Zukunft der jetzt Lebenden zu umfassen – und die Zukunft der Geschichte insgesamt. Es ist »die Reflexion, die uns ohne Unterlass versichert, dass das *Objekt* der Geschichte das menschliche *Subjekt* selbst ist« (S. 64): Auch die treffendste Formulierung, die Ricœur für sein Anliegen einer als Würdigung gedachten Begrenzung des Anspruchs historischer Objektivität findet, ist erst dann in ihrer Bedeutung ausgeschöpft, wenn das menschliche Subjekt auch hinsichtlich der Geschichte insgesamt zur Geltung gebracht werden kann: wenn also die Geschichte am Ende, das heißt in ihrem endgültigen Objektivgewordensein, ihre Ambivalenz verloren hat und nicht länger auch Grabmal, sondern nur noch Zeichen lebendigen Subjektseins geworden sein wird.

Dem intellektuellen Zugang zu dieser Hoffnung für die Hoffnungen der Menschen, also der Denkbarkeit einer prinzipiell möglichen Hoffnungserfüllung, entspricht als gelebter Zugang der Glaube an ihre reale Erfüllung. Solange die Beziehung zwischen Denkbarkeit der und Glaube an die Erfüllung dieser Hoffnung als ein Entsprechungsverhältnis aufgefasst wird (und nicht als Identität oder Kontinuum), bleibt auch die Differenz zwischen Philosophie und Theologie gewahrt, auf die Paul Ricœur stets geachtet hat (wenn auch zuzeiten in der Weise der Überschreitung). Dasselbe Entsprechungsverhältnis weist aber zugleich den Glauben an die reale Vollendung der Geschichte als Erfüllung der Lebens-Hoffnungen der Menschen als der Vernunft zugänglich aus.

Formuliert Ricœur nicht eine Öffnung auf die soeben vorgetragenen theologischen Erweiterungen seiner Überlegungen zur Dialektik von Objektivität und Subjektivität in der Geschichte, wenn er fünfzig Jahre nach jenem Aufsatz den Epilog zu seiner letzten großen Bearbeitung des Themas der Geschichte – die *schwierige Vergebung* – als »*Entwurf einer Art Eschatologie des Gedächtnisses sowie – in deren Folge – einer Eschatologie der Geschichte und des Vergessens*« bezeichnet?[9]

---

[9] P. Ricœur, *Gedächtnis, Geschichte, Vergessen*, S. 701.

II.

Text: Ausdruck, Mitteilung, universale Verständigung

Ricœurs soeben skizzierte Reflexion der Begrenzung hat innerhalb des Werks insoweit eine signifikante Vor- und eine umso folgenreichere Nachgeschichte, als sie nicht nur eine geschichtstheoretische Überlegung darstellt, sondern zugleich auf der Linie der Entfaltung seiner Hermeneutik liegt. Dass auch sein Geschichtsverständnis bereits zu dieser Zeit eine hermeneutische Grundierung aufweist, konnte der Bedeutung abgelesen werden, die er der Spur und dem Dokument für den Begriff Geschichte beimisst: Als *lesbare* Geschichte ist das, was Ricœur totale Vergangenheit nennt, ein bedeutungsvolles Ganzes, ein Text gewissermaßen, wenn auch einer, an dem noch geschrieben wird, während es längst zu Lektüren kommt.

Wiederum einer Reflexion der Begrenzung verdankt sich dann auch die Gewinnung einer *hermeneutischen* Perspektive auf den Menschen, präziser: die Gewinnung einer hermeneutisch bestimmten Anthropologie. Damit ist zunächst gemeint, dass der Mensch vermittels der Texte erreichbar ist, durch die er sich zum Ausdruck bringt und verständigt. Die hermeneutische Perspektive auf den Menschen verschafft jenem subjekttheoretischen Schlüsselsatz des Richard von St. Victor Geltung (den dieser in der Trinitätstheologie aufgestellt hat), demzufolge es Eigenschaft der Person ist, an sich *incommunicabilis* zu sein. Der Mensch ist in seiner Subjektivität selbst deswegen *incommunicabilis*, weil er *qua* Subjektsein kommuniziert. Als Möglichkeitsbedingung der Expressivität und Kommunikabilität kann die Subjektinstanz nicht noch einmal kategorialer Gegenstand von Kommunikation und Bedeutungsproduktion sein.

Nun ist die Metapher des Texts für die Hermeneutik Ricœurs von zentraler Bedeutung. Dies zeigte sich bereits in seinen frühen geschichtstheoretischen Überlegungen: Mit dem Begriff der Objektivität wird angezeigt, dass die Selbstäußerungen der Menschen, sobald sie zur Spur und zum Dokument werden, eine Eigenrealität gegenüber ihren »Autoren« erlangen; sie erlangen Objektivitätsstatus. Wie die Geschichtsforschung, befasst sich auch die Hermeneutik mit diesen Eigenrealitäten.

Wenn in diesen Überlegungen nun vom »Text« gesprochen wird, ist damit der *Modellcharakter des Texts* in Anspruch genommen. Ricœur gewinnt seinen Begriff des Texts, indem er diesen durch die zwei Bedrohungen der Mündlichkeit und des Textualismus, also durch die Bedrohungen der Annihilierung und der Hypertrophisierung des Texts führt. Für erstere steht der Name Hans-Georg Gadamers, für letztere der Strukturalismus. Die Anerkenntnis der Eigenrealität des Texts bedeutet zugleich eine Geltungsbegrenzung mündlicher Kommunikation. Die *face-to-face*-Situation ist nun nicht mehr Paradigma und Ideal gelingenden Verstehens. Davon ist aber die Hermeneutik Gadamers bestimmt. Dort wird Verstehen allzu sehr als die Heilung jener Wunde gedacht, die der Text geschlagen hat, indem er sich gewissermaßen als Medium der Entfremdung und Verzerrung zwischen die Kommunikanden geschoben hat.[10] Gelingendes Textverstehen hieße dann, den Text zum Verschwinden zu bringen und aus seiner diffundierenden Substanz die unmittelbare Begegnung von Autor und Leser erstehen zu lassen. Das ist aber Alchemie, deren Witz ja in der forcierten Ignorierung des Stoffs, mit dem sie hantiert, besteht.

Die Hermeneutik des Texts hegt demgegenüber grundlegende Zweifel am Realitätsgehalt des Ideals unvermittelter Kommunikation. Ist nicht jede Kommunikation zeichenvermittelt und damit prinzipiell auf das Feld der bedeutungsproduktiven Verwebung von Zeichen zu Texten hin geöffnet; vollzieht sich nicht jeder Kommunikationsakt stets auch als Aussage »von etwas« in der Materialität der Zeichen? So nahe die philosophische Analyse auch *via reductionis* an das »Ich« all der Textaussagen herankommen will, so sehr erweist sich dieses als stets nur vertextet antreffbar: als das »ich spreche«, »ich verwende Zeichen«, »ich drücke mich aus«, »ich produziere und verlange nach Bedeutungen«.

Auf dem Weg einer Hermeneutik des Texts begegnen wir erneut derselben Objektivitätsdimension des Selbst-Ausdrucks wie im Zusammenhang der Geschichte; in der Perspektive des Texts gibt sie allerdings zuvor unerschlossene oder implikative Charakteristika zu erkennen. In dem Maß, wie ein Selbst-Ausdruck in das Medium des Texts eingeht, wächst ihm ein Verhältnis der Distanz zu seinem Urheber zu. Durch ihre Textualisierung gewinnt die Äußerung ein Sinnschema, das es ihr erlaubt, unabhängig von einer bestimmten

---

[10] »Schriftlichkeit ist Selbstentfremdung. Ihre Überwindung, das Lesen des Textes, ist also die höchste Aufgabe des Verstehens.« H.-G. Gadamer, *Wahrheit und Methode. Grundzüge einer philosophischen Hermeneutik*, 2. Aufl., Tübingen 1965, S. 368.

Struktur und Subjekt

und konkreten Kommunikationssituation prinzipiell lesbar, verstehbar zu sein. Als Text ist eine Mitteilung an sich lesbar, ohne dafür des Verweises auf außertextliche Hilfssignale zu bedürfen. Die vertextete Mitteilung ist also auf ihren Autor nicht mehr angewiesen – jedenfalls nicht mehr in der Funktion des außertextlichen Garanten der Verstehbarkeit des Texts. Die Textdimension der Mitteilung überlagert hier ihre Ausdrucksdimension.

Die soeben beschriebene Wirkung des Prozesses der Textualisierung nennt Ricœur *Distanzierung*. Diese betrifft jedoch nicht nur die Beziehung des Texts zu seinem Autor, sondern auch zum Leser. Das gesamte Kommunikationsdreieck gerät unter den Einfluss der Distanzierung, sobald ein Text in ihm auftritt. Distanzierung des Lesers bedeutet: Als Text ist eine Mitteilung nicht mehr an einen bestimmten Leser adressiert. Ricœur spricht deswegen auch von der Anonymisierung des Lesers: Ist ein Text als Text prinzipiell von jedem lesbar, kann prinzipiell jeder zu seinem Leser werden. Jeder Mensch kann seinen Namen an die Stelle des anonymisierten Lesers eintragen – und verhindert dadurch nicht, dass jeder beliebige andere Mensch seinen Namen ebenfalls als Leser dieses Texts einträgt.[11]

Der Prozess der Vertextung ist ein Vorgang der Universalisierung des Textzugangs, die nicht von der Arbeit des Verstehens dispensiert, sondern durch sie verwirklicht wird. Es ist aber der Text, durch den eine Äußerung, eine Mitteilung die Grenzen der Privatheit, doch dann auch der Zeiten, der Kulturen und Religionen, ja Sprachen übertreten kann. Die Universalisierung der Mitteilung ist nur um den Preis der Arbeit an der Dechiffrierung möglich. Die universale Zugänglichkeit des Texts ist bleibend an seine Zeichenhaftigkeit gebunden, an etwas dem puren Ausdruck gegenüber Versachlichtes, Objektives.

Darin mag die von Gadamer diagnostizierte und schon bei Pla-

---

[11] In einer frühen Formulierung: »Nur der Diskurs, nicht die Sprache, ist an jemanden adressiert. Aber es besteht ein Unterschied zwischen einem Diskurs, der an einen gleichzeitig anwesenden Gesprächspartner adressiert ist, und einem Diskurs, der – wie es im Grund bei jedem Schriftstück der Fall ist – an jeden adressiert ist, der lesen kann. Die Enge der dialogischen Beziehung weitet sich aus. Anstatt nur an dich, die zweite Person, adressiert zu sein, ist das Geschriebene an ein Publikum adressiert, das sich selbst schafft.« P. Ricœur, »Der Text als Modell: hermeneutisches Verstehen«, in: W. L. Bühl (Hg.), *Verstehende Soziologie. Grundzüge und Entwicklungstendenzen*, München 1972, S. 252–283, hier S. 259.

ton beklagte[12] Entfremdungsdimension des Texts einen Anhalt finden. Doch ist Entfremdung hier das richtige Wort? Sicher, die Anonymisierung der Adresse des Texts macht diesen für die vielen »Fremden« lesbar. Doch sind diese nicht zur Lektüre geradezu eingeladen? Wenn dem Textphänomen als solchem eine Intentionalität zugrunde läge, könnte man sagen: Die »Fremd-Lektüre« ist gewollt. Um diese adressatenlose und das heißt: nicht-exkludierende Einladung zur Lektüre, die der Text als solcher darstellt, zu ermöglichen, bedarf es aber der Überwindung des Ideals einer Kommunikationssituation intimer Mündlichkeit. Gelingendes Textverstehen und gelingende Verständigung über den Text führt dann aber, weil durch den Text ermöglicht und bleibend von ihm getragen, nicht zu seiner Diffusion; Textverstehen und Verständigung über den Text sind nicht mehr nach dem Bild einer alles »dazwischen« Liegende aufhebenden Horizontverschmelzung denkbar; nicht mehr im Sinn einer zweiten Intimität, eines intimen, zur vollkommenen Konsonanz verschmelzenden Konsenses. Sondern: als Diskurs, als Austausch des durchaus Verschiedenen, nämlich im Frei-Raum des Texts. Der Konsens einer intimen *face-to-face*-Konstellation schließt alle anderen aus; der Text stellt das Prinzip universaler Diskursivität dar.

Eine Universalität, die ihr Prägemuster im Gewebe des Texts erhält, ist das Gegenteil einer unendlichen Assoziation des Unverbindlichen. Ist beim Text auch die Ausdrucksdimension durch seine Textualität eingeklammert oder überlagert, so ist er doch von dem, was man die Vehemenz der Mitteilung nennen kann, bestimmt. Es mag also sein, dass die Mitteilung im Sinn Gadamers durch ihre Textwerdung von ihrer ursprünglichen Ausdruckssituation entfremdet wird. Dies geschieht aber als Öffnung der Mitteilung für eine prinzipiell universale Zugänglichkeit. In diesem durch die Textualität ermöglichten Vorgang der Universalisierung verwirklicht sich die Vehemenz der Mitteilung.

Von der Ausdrucks- über die Mitteilungs- bis hin zur Universalisierungsdimension spannt sich ein Bogen des Vorethischen durch den Text. Es ist eine den Text offensichtlich bestimmende Eigenschaft, dass seine universale Zugänglichkeit an die Dimension der *Mitteilung* gebunden ist. Etwas soll mitgeteilt werden, und zwar, da im Medium des Texts, mit universaler Adressierbarkeit. Der Text ist also nie bloßer Zweck in sich, sondern begegnet als stets schon in

---

[12] Vgl. *Phaidros* 275 d–e.

Struktur und Subjekt

einer *Praxis des Texts* in Anspruch genommen. Was bedeutet es aber, wenn gesagt wird, dass in einer solchen Praxis des Texts dieser als universal zugänglich zu verstehen gegeben wird? Es bedeutet, seine Lesbarkeit zu behaupten. Damit ist aber viel mehr als eine Technik der Dechiffrierung gemeint. Im Begriff »Praxis des Texts« ist die Instanz der Handelnden systematisch verankert. Universale Zugänglichkeit ist nur in einer Hinsicht Effekt einer »Technologie des Texts«. Sie ist zugleich, nämlich gemeinsam mit dem Text selbst, in die Praxis des Texts eingebettet und dadurch Inhalt, Ziel und Sorge des Handelns.

Wie verwirklicht sich aber die universale Adressierung der Mitteilung als »Inhalt, Ziel und Sorge des Handelns«? Durch die prinzipielle Anerkennung jedes Menschen als möglichen Adressaten und Leser der Text-Mitteilung. Textualisten strikter Observanz mögen nun argumentieren, eine solche Ethik der Anerkennung sei eine textexterne Größe und als solche texttheoretisch nicht weiter zu beachten. Diese Argumentation würde aber den Textbegriff um die Vollständigkeit seiner Bestimmung bringen. Wenn es nämlich die Textualität ist, die einer Mitteilung Universalität (im Sinn der Zugänglichkeit) verleiht, dann ist der Text als solcher in einer universalen Ethik der Anerkennung involviert.

Diese Involviertheit ist textontologisch zu veranschlagen: Kommt es dem Text als Text zu, gelesen zu werden, beinhaltet dies bereits die prinzipielle Anerkennung aller als mögliche Leser und die Anerkennung des Akts der Lektüre als unableitbar subjekthaft, also in der Verantwortung der Lesenden gelegen.

Die Texthermeneutik Paul Ricœurs hält dem Text die Treue, gegen personalistische Verkürzungen der klassischen philosophischen Hermeneutik, und sie lässt sich sehr weit auf die Lektion des Strukturalismus ein.[13] In gewissem Sinn ist Ricœur sogar radikaler als die Textualisten: Er stimmt deren Ablehnung der Herbeiziehung von textexternen Faktoren zur Bestimmung der Textbedeutung und der Betonung der Textualität des Texts zu, lehnt aber eine reduktionistische Bestimmung dessen, was einen Text ausmacht, ab. Es ist dem Text nicht fremd, sondern bestimmt ihn mit, dass er geschrieben wor-

---

[13] Vgl. P. Ricœur, *Hermeneutik und Strukturalismus. Der Konflikt der Interpretationen I*, München 1973; sowie zu einer ausführlicheren Erörterung: K. Wenzel, *Glaube in Vermittlung. Theologische Hermeneutik nach Paul Ricœur*, Freiburg 2008, S. 62–69, sowie *Zur Narrativität des Theologischen*, S. 104–109.

den ist, und zwar, um gelesen zu werden. Es macht den Text in seiner Textualität aus, dass er Teil, Dokument, Realsymbol eines Kommunikationszusammenhangs ist. Dieser ist seinerseits nicht substantielle Wirklichkeit an und für sich, sondern bedeutungsdurchzogenes, verbindendes und integrierendes »Zwischen«, durch welches Subjekte sich aufeinander beziehen. Kurz und konventionell: Es gehört zur Bestimmung des Texts (und ist ihm nicht extern und fremd), dass er Autor und Leser hat, dass er ein Ereignis der Rede ist.[14] Es ist diese Stelle der hermeneutischen Denkbewegung Ricœurs, an der es erneut zu einer Reflexion der Begrenzung kommt. Und wiederum bedeutet diese Begrenzung keine Zurückweisung, sondern eine Aufnahme und Weiterführung. Begrenzt wird die exzessive Veranschlagung der *Struktur* als exklusive Bestimmung des Texts; aufgenommen wird hingegen der Textcharakter des Texts; nur wird dieser als wesentlich dadurch mitbestimmt ausgewiesen, Redeereignis zu sein. Um den Textcharakter gegen das Ideal einer mündlichen *face-to-face*-Kommunikation zu verteidigen, muss also nicht die kommunikative Situiertheit des Texts selbst geleugnet werden. Nötig ist aber die Klärung dessen, worin das Spezifikum einer textvermittelten Kommunikation besteht. Dies hat Ricœur durch die Einführung der Distanzierung der Autorinstanz und der Anonymisierung der Leserinstanz getan. Die Kommunikationsdimension des Texts ist nicht schon dadurch erhoben und festgestellt, dass der Text als Mitteilung einer bestimmten Person an eine intentional adressierte und dadurch bestimmte andere Person identifiziert ist. Umgekehrt radieren Distanzierung des Autors und Anonymisierung des Lesers diese Strukturdynamik der Mitteilung auch nicht aus. Vielmehr abstrahieren sie diese zum Paradigma, durch dessen universale Wirkkraft und Geltung ein Text überhaupt lesbar (im Sinn von: interpretierbar) wird.

Ein Text ist überhaupt nur auf der Basis der Annahme verstehbar, dass er eine Mitteilung eines Autors an einen Leser ist. In diese paradigmatische Struktur kann jeder eintreten und somit zum Leser werden. Das Verhältnis von Autor und Leser ist aber, was das anbetrifft, unaufhebbar asymmetrisch: So wie es der Text erlaubt, dass jeder Beliebige zu seinem Leser wird, sowenig lässt er es zu, dass

---

[14] Vgl. etwa die zusammenfassenden Bemerkungen hierzu in: P. Ricœur, »Gott nennen«, in: *Vom Text zur Person. Hermeneutische Aufsätze (1970–1999)*, Hamburg 2005, S. 153–182, hier S. 157–159.

jeder Beliebige zu seinem Autor deklariert wird. Die prinzipiell *universelle Lesbarkeit* des Texts ist gebunden an und mit ermöglicht durch die prinzipiell bestimmbare *Herkünftigkeit* dieses Texts. Ist es nicht so, dass ich einen Text verstehen kann, weil und insofern er zu mir spricht? Und spricht er nicht insofern zu mir, als durch ihn *jemand* zu mir spricht – selbst wenn ich nicht weiß wer, und selbst wenn dieser jemand sich nie ausdrücklich an mich adressiert hat? Wenn es zur Textualität des Texts gehört, dass neben unendlich vielen Anderen auch ich sein Leser werden kann, dann deswegen, weil seine Textstruktur die Stimme seines womöglich ungreifbar, unbestimmbar, unnennbar gewordenen Autors aufbewahrt hat – und sei es in der abstrakten Gestalt seiner Komposition. Unversehens taucht hier die Expressivität wieder empor, nämlich aus der Textualität selbst. Der Text vermittelt also das Ausdrucksbegehren des Subjekts, das »Begehren zu schreiben«[15], mit der universellen Lesbarkeit.

Mit dieser Reflexion der Begrenzung wird die anthropologische Dimension der *Vermittlungsgebundenheit menschlicher Kommunikation* markiert. Jenseits der unmittelbar personalen Begegnung (aber doch auch schon in ihr) findet intersubjektive Kommunikation auf dem großen Vermittlungsfeld des Texts statt; in dem Maß, wie sich die Anonymisierung der Teilnehmer und die Universalisierung der Vermittlungen bedingen, wird *der Text als ein Feld der Freiheit* konstituiert.

Zugleich, und darin besteht doch der unmittelbare Effekt dieser Reflexion der Begrenzung, stellt es keine Entfremdungszumutung an den Text dar, entspricht ihm vielmehr ganz und gar, wenn seine Kommunikationseingebettetheit oder doch wenigstens -bezogenheit als seiner Eigenstruktur eingewoben angesehen wird. Ähnlich wie die gesellschaftlichen Institutionen dient auch der Text, der ohnehin Züge des Institutionellen trägt, der je umfassenderen Verwirklichung intersubjektiver Beziehungen und des *homme capable* als solchem.[16]

---

[15] Vgl. hierzu R. Barthes, *Die Vorbereitung des Romans. Vorlesung am Collège de France 1978 bis 1979 und 1979 bis 1980*, Frankfurt 2008. In diesen letzten Vorlesungen vor seinem Tod, die der Theorie des Romans gewidmet waren, hat Barthes seine Wiederentdeckung des Subjekts literaturtheoretisch fruchtbar gemacht: Das »Begehren zu schreiben« koordiniert die Begehren des Subjekts zu einer geformten und deswegen lesbaren Expressivität.

[16] Vgl. zu Letzterem etwa Ricœurs Zielbestimmung einer Theorie der Gerechtigkeit: Es ist nötig, »den Akzent auf eine Konzeption der *gesellschaftlichen* Verantwortung zu legen, die die *individuelle* Freiheit zum vorrangigen Ziel einer Theorie

Die im Zusammenhang mit dieser Reflexion der Begrenzung erörterte Bedeutung des Texts hat unmittelbare Konsequenzen für die theologische Hermeneutik. Letztere zeigt sich dabei als keineswegs mehr auf eine Methodologie der Interpretation reduzierbar, sondern wird als Theorie des Christentums erkennbar. Auf dieser christentumstheoretischen Ebene ist dann die Grundaussage angesiedelt, dass das Christentum eine textgebundene Religion ist, greifbar etwa in den Dimensionen des *Texts des Glaubensbekenntnisses*, also der inhaltlichen Bestimmung des christlichen Glaubens, sowie des *Texts der Überlieferung*, an dem fort und fort geschrieben wird, schließlich, beidem vorgeordnet, in der Dimension des *Texts der Heiligen Schrift*, gewissermaßen der Quelltext jener Ableitungen.

Der Glaube der Christen verwirklicht sich in Vermittlung dieses komplexen Texts des Christentums. Noch die Prätentionen einer Spiritualität der Gottesunmittelbarkeit sind Effekte dieser christlichen Textkultur. Das solchen Prätentionen nicht selten anhaftende Bewusstsein des Elitären und Exklusiven widerspricht freilich eklatant jener christlichen »Kultur des Texts«, wie sie sich durch Ricœurs Hermeneutik des Texts beschreiben lässt: Eignet dem Text schlechthin doch wesentlich die Qualität prinzipiell universaler Zugänglichkeit. Gerade diese Textqualität entspricht aber unmittelbar der christlichen Botschaft des in Jesus aus Nazareth sich unumgehbar menschlich-geschichtlich bestimmt habenden allgemeinen Heilswillen Gottes. Als Religion des Texts hat das Christentum somit die Struktur- und Kulturmöglichkeiten, sich in Entsprechung zum Grundkriterium, das durch den Gehalt seiner Botschaft gesetzt worden ist, zu artikulieren: als Glaubenszeugnis, das sich allgemein zugänglich macht, und das heißt vor allem: als Glaubenszeugnis, das in allen seinen Adressaten die würdigt, die von Gottes Heilsangebot gemeint sind.

Die Text-Werdung der Verkündigung Jesu stellt deswegen keine verletzende Entfremdung eines ursprünglich-authentischen Geschehens dar, sondern macht als Textualisierung des universelle Geltung beanspruchenden Bedeutungsgehalts dieser Verkündigung diesen auch universell zugänglich. In gewisser Weise bezeichnet der von Ricœur analysierte Prozess der Distanzierung präzise die Grundkonstellation christlicher Überlieferung: Die Autoren der Schriften tre-

---

der Gerechtigkeit macht.« P. Ricœur, *Wege der Anerkennung. Erkennen, Wiedererkennen, Anerkanntsein,* Frankfurt 2006, S. 187.

ten zurück – und geben den Blick auf den frei, von dem die Texte sprechen; die unmittelbaren Adressaten derselben Texte treten zurück – und öffnen damit den Zugang zu diesen Texten allen, die in die Rezeption eintreten wollen. Wenn ich hier von einem Zurücktreten (von Autor und Erstadressaten) spreche – und nicht etwa von deren Verschwinden –, so um damit erneut und nun für die Situation des christlichen Texts festzuhalten, dass weder auf die Autor- noch auf die Adressateninstanz verzichtet werden kann. Muss dem Text schlechthin Geschriebensein und Gelesenwerden zugesprochen werden, nämlich um seiner Interpretierbarkeit willen, gilt dies für den christlichen Text umso mehr aufgrund des Inkarnationsprinzips: Die Wahrheit, die Fleisch geworden ist, begegnet in den Sphären der konkreten menschlichen Lebens- und Kommunikationssituationen.

Die Textwerdung der christlichen Botschaft stellt eine wichtige Voraussetzung für die Verwirklichung der missionarischen Sendung der Kirche dar. Damit die Botschaft von der geschichtlichen Verwirklichung und Kenntlichwerdung des allgemeinen Heilswillens Gottes in und durch Jesus aus Nazareth auch alle Menschen erreichen kann, muss sie einschränkungslos zugänglich gemacht und das heißt: universalisiert werden. Damit kann nicht die Abstraktion der christlichen Botschaft zu einer kontextunabhängigen Formel gemeint sein, sondern die Vertextung dieser Botschaft zu einem prinzipiell universell lesbaren Bedeutungsgewebe. Dieses trägt notwendigerweise die Prägungen seiner Geschichte und Kultur. Darin ist jedoch keine Einschränkung der Zugänglichkeit zu sehen, wohl aber ein erhöhter Anspruch an die Deutungskompetenzen der Rezipienten. Auch steht die Universalisierung des Zugangs zur christlichen Botschaft nicht für eine Uniformierung derer, die Zugang zu ihr suchen. Die paulinische Zusage – unter den Kindern Gottes in Jesus Christus »gibt es nicht mehr Juden und Christen, nicht mehr Sklaven und Freie, nicht Mann und Frau« (Gal 3,28) – denunziert ja nicht die realen Unterschiede zwischen den Menschen, sondern erklärt, dass diese keine wertende Geltungsdifferenz in Bezug auf die Heilsbotschaft haben.

In dem Maß, wie der Text der christlichen Botschaft deren Gehalt mit seinen Mitteln auch zur Darstellung bringt, kann er, in der zuvor gebrauchten Bedeutung, als *Feld der Freiheit* bezeichnet werden.

III.

Gesellschaft: Die Dialektik der Barmherzigkeit

Eine dritte Reflexion der Begrenzung entwickelt Ricœur entlang einer wunderbaren Interpretation des Gleichnisses vom barmherzigen Samariter (Lk 10,25–37).[17] Sie ist mit der Thematik des Texts über die Achse der Institution verbunden. Sie widmet sich der Soziologie als der Theorie der Gesellschaft und dieser selbst als institutionelle, dauerhafte, nichtsubjektive Wirklichkeit. Die Figuren, an denen Ricœur diese Reflexion der Begrenzung durchführt, sind die des *Sozius* und des *Nächsten*. Der Sozius steht für den soziologisch erfassbaren Menschen in seiner sozialen Rolle, Gruppenzugehörigkeit, Funktion. Ihm steht gegenüber der Nächste als eine Figur der Sphäre des Miteinander, die soziologisch nicht erfassbar ist; es gibt »keine Soziologie des Nächsten« (S. 109). Und dennoch, so Ricœur, schuldet die Soziologie dem Nächsten Aufmerksamkeit. Sie hat aber von ihm keine Theorie; sie begegnet hier einer für sie unintegrierbaren Theorie des Nächsten, nämlich in der *Theologie der Barmherzigkeit* (vgl. S. 110). Der Nächste ist also eine Figur des sozialen Raums, ohne von der Soziologie erfassbar zu sein. Er steht für ein »Verhalten in der ersten Person. Der Nächste, das ist das Verhalten, sich gegenwärtig zu machen« (S. 110). Ricœur kann sich die Zweideutigkeit der Pragmatik des Nächsten im Gleichnis – der Titel gilt sowohl dem Opfer (V. 27–29) als auch dem Samariter (V. 36 f.) – zunutze machen, um dieses Herausgefallensein des Nächsten aus den soziologischen Rastern zu verdeutlichen: in Bezug auf den Nächsten als Adressat meiner Handlungen: »Es gibt also keine Soziologie des Nächsten; die Wissenschaft vom Nächsten wird sogleich durch die Praxis des Nächsten versperrt; man hat nicht einen Nächsten; ich mache mich zu jemandes Nächsten« (S. 111). In Bezug auf den Handelnden selbst: »Der Samariter ist zwar auch eine Kategorie […] Er ist die Kategorie der Nicht-Kategorie […] er zieht seines Weges, unbehindert von seiner sozialen Last, bereit, die Strecke zu ändern und ein unvorhergesehenes Verhalten zu erfinden; er ist frei und zugänglich für die Begegnung und die Gegenwärtigkeit« (S. 111). Sein Handeln ist durch keine Institution

---

[17] Vgl. P. Ricœur, »Der Sozius und der Nächste«, in: *Geschichte und Wahrheit*, S. 109–124.

Struktur und Subjekt

vermittelt; »so ist sein ganzes ›Erbarmen‹ eine Geste jenseits der Rolle, der Persönlichkeit, der Funktion« (S. 111). Das Tun der Barmherzigkeit, deren paradigmatische Erzählung jenes Gleichnis ist, geschieht »*über jede soziale Vermittlung hinaus*« und ist von »*keinem der Geschichte immanenten Kriterium*« abhängig (S. 113). Ricœur erinnert hier in einem exegetisch gut gestützten Rekurs an die Gerichtspredigt Mt 25,31–46: Weder die Gerechten noch die Ungerechten wissen, dass sie in den Geringen Christus als dem Heil selbst begegnen (vgl. V. 37–39.44); sie haben kein objektives Kriterium für ihr Tun oder Unterlassen der Barmherzigkeit; dieses Handeln wird »erst am jüngsten Tag entdeckt [...] als die Art und Weise, mit der ich, ohne es zu wissen, Christus begegnet bin« (S. 113). Bis dahin gibt es nur das Kriterium der Not des Anderen. Das Tun der Barmherzigkeit geschieht ohne äußere, öffentliche, objektive Deckung.

All dies, und darin zeigt sich wiederum das ›Ethos‹ der Reflexion der Begrenzung, stellt keine Zurückweisung der soziologischen Perspektive und keine Verwerfung des Sozius dar. Vielmehr ist die Bestimmung des Sozius – »die Beziehung zum Sozius ist eine mittelbare Beziehung; sie erreicht den Menschen *als* dieses oder jenes« (S. 114) – getragen von der Anerkennung dieser Perspektive und der von ihr ins Licht gerückten Wirklichkeit. Der Kontrast zwischen Sozius und Nächstem – der »Sozius ist der Mensch der Geschichte, der Nächste der Mensch der Sehnsucht, des Traums, des Mythos« (S. 116) – bedarf der dialektischen Vermittlung. Gesellschaftliches Handeln und Tun der Barmherzigkeit können nicht auf zwei voneinander geschiedene Handlungsquellen zurückgeführt werden; vielmehr ist aus Gründen der Einheit des Menschen- und Weltbilds von der »*Einheit der Intention*« auszugehen (S. 116): »Dieselbe Barmherzigkeit gibt der sozialen Institution *und* dem Ereignis der Begegnung ihren Sinn« (S. 116). Die Barmherzigkeit, verstanden als bedingungslose Würdigung und Anerkennung des Anderen in seiner konkreten Lebenssituation, ist, wenn auch gefiltert durch die Notwendigkeiten und Ökonomien gesellschaftlicher Einrichtungen und Prozesse, letzter Zweck auch der gesellschaftlichen Institution. Dies kommt im Begriff der Gerechtigkeit zum Ausdruck. Es kann ja nicht in dem Maß, wie eine Gesellschaft von den Gegebenheiten der Ausdifferenzierung, Anonymisierung, Institutionenvermitteltheit intersubjektiver Beziehungen bestimmt wird, die Präsenz und Geltung der Barmherzigkeit in dieser und für diese Gesellschaft schlicht aufgegeben werden. An dieser Stelle ist deswegen »von der Barmherzigkeit in der Gestalt der Gerechtigkeit« (S. 117) zu reden. Eine Theologie der Barmherzigkeit, die ganz auf die Dimension unmittelbar-personaler Begegnung fixiert wäre, würde hinsichtlich ihres Theoriestatus wie auch ihres Gegenstands um die Dimension der Gesellschaft verkürzt werden; es wäre hier »die fundamentale Bedeutung der Herrschaft Gottes über die *Geschichte*« verfehlt (S. 117). Erst dieses Motiv aber sichert, so Ricœur, »dem Motiv von der Barmherzigkeit die ganze *Ausdehnung* und die ganze *Weite* [zu], deren dieses fähig ist« (S. 117).[18]

Gesellschaft und Geschichte repräsentieren die dauerhafte, transpersonale, vermittelte Dimension menschlicher Wirklichkeit. Sie ist vor allem in Vermittlung durch Institutionen zugänglich. Sie stehen damit in derselben Linie, in der auch der Text zu sehen ist. Was auch immer man von dem vielleicht veralteten soziologischen Instrumentarium, das Ricœur hier in Anspruch nimmt, halten mag,[19] und wie sehr auch immer man sich in seiner (theoretischen) Einstellung zum Text den Moden der Hyper- oder Antitextualität unterwirft: Was wäre dies für eine theologische Anthropologie, die die Wirklichkeit der Gesellschaft nicht in den Blick zu nehmen versuchte? Und was wäre das für ein reduzierter ängstlicher Begriff des Tuns der Barmherzigkeit, der dieses nicht auch in den Filiationen gesellschaftlicher Abstrahierung und Vermittlung vermuten könnte? Es bedarf, so Ricœurs Schlussfolgerung, einer Theologie der Barmherzigkeit, in der die Perspektive des Sozius und die Perspektive des Nächsten zu einer dialektischen Vermittlung kommen: nämlich zur Vermittlung der »›kurzen‹ Beziehungen von Person zu Person« mit den »›langen‹ Beziehungen durch die Institutionen« (S. 118). Eine solche sozialtheoretisch informierte Theologie der Barmherzigkeit – und in eins damit eine entsprechende theologische Anthropologie – darf gar nicht ausschließen und muss vielmehr unterstellen, dass sich Barmherzigkeit, verstanden wie gesagt als an keine äußeren Bedin-

---

[18] Für die untergründigen Kontinuitäten im Werk Ricœurs spricht, dass er viele Jahre später noch einmal auf denselben Zusammenhang zu sprechen gekommen ist, nämlich in dem bekannten Text: *Liebe und Gerechtigkeit / amour et justice*, Tübingen 1990. Zur hier fälligen Verhältnisbestimmung von Liebe und Gerechtigkeit vgl. auch: K. Wenzel, »Liebe als Gerechtigkeit. Zu einem Kernaspekt des christlichen Gottesverständnisses«, in: K. Biberstein und H. Schmitt (Hg.), *Prekär. Gottes Gerechtigkeit und die Moral der Menschen*, Luzern 2008, S. 150–159.

[19] Vgl. hierzu die Anmerkung des Übersetzers: P. Ricœur, »Der Sozius und der Nächste«, S. 114.

gungen geknüpfte praktisch-adjuvatorische Anerkennung des Anderen in seiner konkreten und realen (Not-)Situation, auch in den Prozessen gesellschaftlicher Institutionen verwirklichen kann, ja, dass diese daran zu messen sind:»Was heißt es, in der gegenwärtigen Situation als ›Nächster‹ zu denken? Das kann die Rechtfertigung einer Institution, die Verbesserung einer Institution, oder auch die Kritik einer Institution sein.« (S. 119)

In einer solchen dialektisch dynamisierten Theologie der Barmherzigkeit stellt die Perspektive des Nächsten »eine permanente Kritik an der sozialen Bindung« dar (S. 122) – so wie umgekehrt, wie zu ergänzen wäre, die Perspektive des Sozius das Tun der Barmherzigkeit unter die Forderung der Nachhaltigkeit stellt. Wenn die Figur des Nächsten eine unstillbare Herausforderung der gesellschaftlichen Institutionen darstellt, dann aus zwei Gründen:»Der *End*sinn der Institutionen ist der Dienst, den sie Personen erweisen.« Und:»dieser Endsinn bleibt gerade verborgen; niemand kann die persönlichen Wohltaten der Institutionen abschätzen« (S. 123). In dieser bleibenden Irritiertheit der Institutionen durch den Nächsten findet die hier skizzierte Reflexion der Begrenzung ihren deutlichsten Ausdruck. Zugleich zeigt sich aber auch, dass das Worumwillen dieser Reflexion in der je besseren Erfassung des Begrenzten liegt.

Offenbarung denken?
Paul Ricœurs Begriff des Zeugnisses

Veronika Hoffmann

Das Fragezeichen in der Titelformulierung mag zunächst verwundern. Es scheint kaum fraglich zu sein, dass man mit Ricœur Offenbarung denken kann, hat er selbst doch nicht nur immer wieder auf die biblische Offenbarung Bezug genommen, sondern auch einen großen Aufsatz verfasst, in dem der Begriff der »Offenbarung« sogar im Zentrum steht: »Hermeneutik der Idee der Offenbarung«[1].

Nun kann man vermuten, dass sich hinter dem Fragezeichen im Titel die Vorsicht der Theologin verbirgt, die, ganz im Sinne Ricœurs, die Grenze zwischen Philosophie und (Offenbarungs-)Theologie nicht vorschnell überspringen, sondern achten will. Und diese Vermutung ist durchaus berechtigt: Der philosophisch-theologische Grenzverkehr ist mit methodischer Sorgfalt zu betreiben, und dies zum Wohle beider Seiten. Aus Sicht der Theologie ist »Offenbarung« ein Zentralbegriff genuin theologischer Natur, der sich nicht aus denkerischen Mitteln allein entfalten lässt, sondern letztlich aus dem Hören des Wortes stammt. Und es hieße Ricœur in die von ihm selbst so vehement abgelehnte Ecke eines »Krypto-Theologen« drängen[2], unterstellte man ihm, er lieferte der Theologie einen gewissermaßen »schlüsselfertigen« – um nicht zu sagen: mundgerechten – Offenbarungsbegriff.

Die Vorsicht, die sich im Fragezeichen andeutet, hat aber noch einen weiteren, gewichtigeren Grund. Um im Bild des Grenzverkehrs zu bleiben: Die folgenden Ausführungen sind von der Vermutung geleitet, dass zwar der Grenzübertritt von Ricœurs Philosophie in die Theologie nicht nur möglich, sondern auch für die Offenbarungstheologie sehr fruchtbar ist, dass aber Ricœurs Ausführungen in

---

[1] P. Ricœur, »Hermeneutik der Idee der Offenbarung«, in: *An den Grenzen der Hermeneutik. Philosophische Reflexionen über die Religion*, Freiburg 2008, S. 41–83.

[2] P. Ricœur, *Das Selbst als ein Anderer*, München 1996, S. 36; vgl. auch »Reply to David Stewart«, in: L. E. Hahn (Hg.), *The Philosophy of Paul Ricœur*, Chicago 1996, S. 443–449, hier S. 449.

Veronika Hoffmann

»Hermeneutik der Idee der Offenbarung« für sich genommen letztlich nicht den idealen Ort für diesen Übertritt darstellen. Wohl gilt es in einem ersten Schritt, den Überlegungen dieses Textes zu folgen und ihre Relevanz für ein theologisches Konzept von Offenbarung zu erheben. Dabei wird jedoch auch zutage treten, dass Ricœurs Vorgehen aus Sicht der Theologie mit grundlegenden Schwierigkeiten behaftet ist – Schwierigkeiten, so die zweite leitende Vermutung, die einerseits Ricœurs Annäherung an das Konzept der Offenbarung im engeren Sinn durchgängig bestimmen, mit denen sich jedoch andererseits unter Rückgriff auf Überlegungen Ricœurs an einem anderen Ort konstruktiv umgehen lässt. Gewissermaßen in Anwendung von Ricœurs texthermeneutischen Grundprinzipien auf sein eigenes Werk soll so gezeigt werden, dass mit dessen Hilfe ein Konzept von Offenbarung gewonnen werden kann, das für die Theologie aufschlussreicher und anschlussfähiger ist als die Überlegungen, die der Autor Ricœur explizit unter dem Begriff der »Offenbarung« vorgelegt hat.

Damit ergibt sich der Gang der weiteren Überlegungen wie folgt: Zunächst wird der Gedankengang von »Hermeneutik der Idee der Offenbarung« vorgestellt (I.). In einem zweiten Schritt ist sodann die angedeutete theologische Unterbestimmtheit des entwickelten Offenbarungsbegriffs genauer zu erheben (II.). Schließlich wird in einem dritten Schritt skizziert, mit Hilfe welcher weiteren Mittel aus Ricœurs Denken (III.) Offenbarung theologisch anschlussfähiger konzipiert werden könnte (IV.). Dieser Vorschlag beansprucht dabei weniger Originalität als Sachgerechtheit.

I.

Die Polyphonie der biblischen Offenbarung

Die weiter oben verwendete Metapher vom kontrollierten Grenzverkehr ist bekanntlich für Ricœurs Verhältnis zur Theologie als Disziplin seinem eigenen Selbstverständnis gemäß nicht zutreffend: Ricœur überquert die Grenze zur Theologie als wissenschaftlicher Disziplin nie, schon aus Respekt vor der Expertise anderer nicht. Wohl gibt es – insbesondere kleinere – Aufsätze von ihm, in denen er ausdrücklich vom Boden des jüdisch-christlichen Glaubens aus denkt. »Hermeneutik der Idee der Offenbarung« ist diesem Genre jedoch nicht zuzurechnen, sondern gehört zu denjenigen Texten, die vom Konzept der »Annäherung« geleitet sind, bei dem der Philosoph zwar vom biblischen Wort ausgeht, aber sich dennoch »in der Autonomie des sich selbst verantwortlichen Denkens«[3] bewegt. Diese deutliche Unterscheidung von im engeren Sinn theologischem und philosophischem Zugangsweg zum selben Problem wiederholt Ricœur auch in der Diskussion um »Hermeneutik der Idee der Offenbarung«: »Ich betone, dass ich mitnichten eine Theologie der Offenbarung entwerfen wollte, sondern eine Philosophie der Offenbarung. Das soll heißen, dass ich als Hörer eines Wortes, das für mich eine Quelle ist, die Annäherung dieses Wortes an die Möglichkeiten versucht habe, die einer Philosophie zugehören, die kein geoffenbartes Element in sich trägt.«[4]

Seine Überlegungen im Bereich biblischer Hermeneutik will Ricœur deshalb ausdrücklich nicht als apologetische Arbeit der Philosophie für die Theologie verstanden wissen: »Wenn Gott durch die Propheten spricht, hat die Philosophie nicht sein Wort zu rechtfertigen, sondern den Horizont der Bedeutsamkeit aufzuspannen, in dem es verstanden werden kann.«[5] Folgerichtig liest er die Bibel mit den Mitteln seiner philosophischen Hermeneutik und entfaltet auf diesem Hintergrund zunächst einen »nicht-biblischen«, »nicht-reli-

---

[3] P. Ricœur, »Die Freiheit im Licht der Hoffnung«, in: *Hermeneutik und Strukturalismus. Der Konflikt der Interpretationen I*, München 1973, S. 199–226, hier S. 200. Dies dürfte sachlich identisch sein mit dem, was er später als »Überkreuzung« der Diskurse bezeichnet hat, die, trotz des auf den ersten Blick verwirrenden Begriffs, keine Vermischung meint, sondern eine produktive Annäherung der Diskurse aneinander oder Anleihe beieinander: »Ich bestehe auf der Überkreuzung. Ja, man kann religiöse Texte einer philosophischen Lektüre unterziehen. Das Buch Hiob zum Beispiel kann Stoff für eine philosophische Reflexion über das Böse liefern. Das *Hohelied* kann Anstoß für eine Meditation über das Verhältnis zwischen Erotik und Nächstenliebe geben. Wir können einen Vergleich zwischen den Gesetzen Moses' und dem Kantschen Imperativ machen. Überkreuzte Lektüren können also in beide Richtungen gemacht werden.« P. Ricœur, »Der Philosoph und sein Glaube«, Interview mit Yvanka B. Raynova, in: *Deutsche Zeitschrift für Philosophie* 52 (2004) S. 85–112, hier S. 101. Hervorhebung im Original. Vgl. auch ebd., S. 104, sowie Ricœurs ausdrücklichen Hinweis auf seine »Furcht vor der Vermischung«, ebd., S. 105.
[4] P. Ricœur u. a., »Discussion d'ensemble«, in: *La Révélation*, Bruxelles 1977, S. 207–236, hier S. 228.
[5] P. Ricœur, »Hermeneutik der Idee der Offenbarung«, S. 63.

giösen«⁶ Offenbarungsbegriff: Insofern sie einen neuen Zugang zur Wirklichkeit eröffnen, eignet allen poetischen Texten eine im weiteren Sinn revelatorische Dimension. Denn mit Hilfe ihrer Referentialität zweiter Ordnung öffnen sie uns die Augen dafür, dass unsere Welt mehr umfasst als nur das, was in der üblichen Sprache der Deskription von Objekten erreichbar ist. Auf diese Weise stellt die dichterische Rede »die Reduktion der referentiellen Funktion auf die beschreibende Rede in Frage und öffnet das Feld für eine nicht-deskriptive Beziehung zur Welt«[7].

Dass Ricœur die biblischen Texte mit Hilfe der Kategorien seiner Texthermeneutik interpretiert, hat des Weiteren zur Folge, dass sich die Interpretation zunächst und vorrangig auf die Entfaltung der »Sache des Textes« richtet. Im vorliegenden Zusammenhang heißt das vor allem, dass »Offenbarung« keine Kategorie darstellen kann, die rückwärtsgewandt die Autorität der Bibel aus der Besonderheit ihrer Entstehung ableitete, sondern die Welt betrifft, welche die Bibel *vor* sich entwirft.[8] Deshalb muss man sich Ricœur zufolge auch von allzu psychologisierenden Vorstellungen der Inspiration freimachen, die wiederum den Begriff nach rückwärts, zu seinen Entstehungsbedingungen, wenden.

Was nun die biblischen Texte innerhalb des Feldes der Literatur in besonderer Weise als religiöse Texte auszeichnet, ist die *Nennung Gottes*, und zwar in ihrer spezifischen Form. Sie sprechen von Gott nämlich in einer unhintergehbar polyphonen Weise: »Die Nennung Gottes in den ursprünglichen Ausdrucksgestalten des Glaubens ge-

---

[6] Ebd., S. 68. Vgl. auch P. Ricœur, »Gott nennen«, in: B. Casper (Hg.), *Gott nennen. Phänomenologische Zugänge*, Freiburg 1981, S. 45–79, hier S. 55 f.
[7] P. Ricœur, »Gott nennen«, S. 55.
[8] Vgl. P. Ricœur, »Hermeneutik der Idee der Offenbarung« S. 64–70. Vgl. auch P. Ricœur, »Philosophische und theologische Hermeneutik«, in: P. Ricœur und E. Jüngel (Hg.), *Metapher. Zur Hermeneutik religiöser Sprache*, Sonderheft Evangelische Theologie, München 1974, S. 24–45, hier S. 40: »Wenn man die Bibel offenbart nennen will, so muss das von der ›Sache‹ her gesagt sein, die sie sagt, von dem neuen Sein, das sie entfaltet. Ich würde es wagen, die Bibel offenbart zu nennen, insofern das neue Sein, von dem sie redet, für die Welt, für die gesamte Wirklichkeit einschließlich meiner Existenz und meiner Geschichte *offenbarend* ist. Anders gesagt: soll der Begriff der Offenbarung einen Sinn haben, dann als Merkmal der biblischen *Welt*.« Hervorhebungen im Original. Zum dahinterstehenden hermeneutischen Grundkonzept Ricœurs vgl. zum Beispiel P. Ricœur, *Interpretation Theory. Discourse and the Surplus of Meaning*, Texas 1976, und P. Ricœur, *Du texte à l'action. Essais d'herméneutique II*, Paris 1986.

schieht nicht einfach, sondern vielfältig. Oder vielmehr: sie ist nicht einstimmig, sondern vielstimmig. Die ursprünglichen Ausdrucksgestalten des Glaubens sind komplexe, so unterschiedliche Redeformen wie Erzählungen, Prophetien, Gesetze, Sprichwörter, Gebete, Hymnen, liturgische Formeln, sapientiale Schriften. Alle diese Redeformen zusammen nennen Gott. Aber sie nennen ihn auf verschiedene Weise.«[9] Entscheidend ist hierbei, dass erstens die Verbindung zwischen Inhalt und Form in jeder dieser Redeformen keine zufällige ist. Es wird nicht immer dieselbe Aussage in jeweils anderer Form getroffen, sondern diese Nennungen Gottes sind durchaus auch inhaltlich sehr verschieden. Zweitens sind nicht nur diese in sich, sondern auch die zwischen den disparaten Gott-Nennungen entstehenden Spannungen von theologischer Bedeutung.[10] Nur unter Missachtung dieser grundsätzlichen Polyphonie und ihrer kreativen Spannungen könnte man die Vorstellung von Offenbarung auf eine dieser Stimmen verengen, und nur wenn man die Sprengkraft der Polyphonie im Blick behält, entgeht man möglichen Idolisierungen des Gottesbegriffs. Am deutlichsten zeigt sich dieser besondere Status der biblischen Gottesrede in den »Grenz-Ausdrücken«[11] von Paradox, Hyperbel und den Reich Gottes-Gleichnissen, wo bestimmte literarische Formen zugleich angewandt und so an ihre Grenzen getrieben werden, dass sie auf jenen Gott verweisen, der genannt werden soll und doch nie adäquat bezeichnet werden kann.

Die Besonderheit der Bibel besteht folglich in Ricœurs Verständnis nicht darin, dass sie unter irgendeiner Rücksicht kein literarischer Text wäre, sondern im *Überschuss*[12] dieser polyphonen Got-

---

[9] P. Ricœur, »Gott nennen«, S. 59. Im Blick auf die Passionserzählung des Markusevangeliums hat Ricœur diese intrinsische Verbindung von narrativer Form und theologischer Aussage als eine bewusste Strategie bezeichnet. Vgl. »Le récit interprétatif. Exégèse et théologie dans les récits de la Passion«, in: *Recherches de science religieuse* 73 (1985) S. 17–38.

[10] »Nicht nur führt jede Diskursform zu einer eigenen Gestalt von Glaubensbekenntnis, die Konfrontation zwischen diesen Diskursformen führt auch innerhalb des Glaubensbekenntnisses selbst zu Spannungen und Kontrasten, die theologisch von Bedeutung sind.«: P. Ricœur, »Philosophy and Religious Language«, in: *Journal of religion* 54 (1974) S. 71–85, hier S. 76.

[11] P. Ricœur, »Stellung und Funktion der Metapher in der biblischen Sprache«, in: P. Ricœur und E. Jüngel, *Metapher*, S. 45–70, hier S. 65. Vgl. hierzu grundlegend P. Ricœur, »Biblical Hermeneutics«, in: *Semeia* 4 (1975) S. 27–148.

[12] Vgl. J. Fodor, *Christian Hermeneutics. Paul Ricœur and the Refiguring of Theology*, Oxford 1995, S. 241.

tesnennungen: »Es zeigt sich jetzt, in welchem Sinne die biblische Hermeneutik zugleich ein einzelner Fall der [...] allgemeinen Hermeneutik und ein einzigartiges Phänomen ist. Sie ist ein einzelner Fall, weil das neue Sein, von dem die Bibel spricht, nur in der Welt dieses Textes zu suchen ist, der ein Text unter anderen ist. Sie ist ein einzigartiger Fall, weil alle Einzelreden auf einen Namen bezogen sind, der Schnittpunkt und Maß der Unvollkommenheit aller unserer Rede von Gott ist, und weil dieser Name mit dem *Sinn-Ereignis*, das als Auferstehung gepredigt wird, unlöslich verbunden ist.«[13]

Für die Offenbarungstheologie ergeben sich aus diesen Überlegungen wertvolle Hinweise. Denn Ricœur skizziert hier eine Vorstellung von Offenbarung, die diese nicht nur in vielgestaltiger Weise vermittelt denkt, sondern diese Vermittlung auch positiv konnotiert; anders gesagt: Er ist nicht nur von der *Illusion* einer Offenbarung weit entfernt, die ohne jede Form von Vermittlung auskäme, er orientiert sich auch nicht an einem Unmittelbarkeits*ideal*, das Vermittlung als einen sekundären Vorgang betrachtet, der zwar nötig ist, aber immer die Gefahr mit sich bringt, ihr »Wesen« zu verfälschen. »Wenn die Formen des religiösen Diskurses derart ausgeprägt sind, kann der Begriff der Offenbarung nicht mehr in der einheitlichen und buchstäblich monotonen Weise formuliert werden, die man annimmt, wenn man von *der* biblischen Offenbarung spricht.«[14]

Die Polyphonie der biblischen Genera, die sich nicht zu einem einzigen, schlüssigen System zusammenschließen lassen, macht die konstitutive Bedeutung der Vermittlung für die Offenbarung selbst offensichtlich. Ein solcher Vermittlungsprozess kann nicht »subtrahiert« werden, um irgendwelche »reinen Inhalte« freizulegen, und

---

[13] P. Ricœur, »Philosophische und theologische Hermeneutik«, S. 42 f. Hervorhebung im Original, Übers. modifiziert. Vgl. auch P. Ricœur, »The Self in the Mirror of the Scriptures«, in: D. E. Aune und J. McCarthy (Hg.), *The Whole and Divided Self*, New York 1997, S. 201–220; »Hermeneutik der Idee der Offenbarung«, S. 70; J. Fodor, *Christian Hermeneutics*, S. 240 ff. Ricœur geht in diesem Zusammenhang auf das Stichwort des »Sinn-Ereignisses der Auferstehung« nicht weiter ein. Vgl. dazu jedoch »Hermeneutik der Idee der Offenbarung«, S. 78.

[14] Ebd. S. 58. Hervorhebung im Original. In einem späten Interviewband äußert Ricœur wie zusammenfassend im Blick auf seine »Lectures et méditations bibliques«: »Ich habe mich auf meinem Weg sehr gegen das Wort Erfahrung gewehrt, weil ich der Unmittelbarkeit, dem Gefühlserguss, dem Intuitionismus misstraute: Ich habe im Gegenteil immer die Vermittlung durch Sprache und Schrift favorisiert«: P. Ricœur, *La critique et la conviction. Entretien avec François Azouvi et Marc de Launay*, Paris 1995, S. 211 f.

Offenbarung denken?

entgeht damit allen Schwierigkeiten, die ein Denken in Kategorien von »Kern« und »Schale« nach sich zieht.

II.

Die theologische Unterbestimmtheit des Offenbarungsbegriffs in »Hermeneutik der Idee der Offenbarung«

Diese Ergebnisse sind von großer Bedeutung und sollen im Weiteren auch festgehalten werden. Ein Versuch, von Ricœurs biblisch-polyphonem Offenbarungsbegriff aus konsequent offenbarungs*theologisch* zu arbeiten, müsste aber mit mehreren Unterbestimmtheiten zu Rande kommen, die Ricœurs Überlegungen aus theologischer Sicht enthalten:

Eine erste solche Unterbestimmtheit ergibt sich im Kontext der Überlegungen zum Status der biblischen Texte als Literatur, der ja nirgendwo außer Kraft gesetzt wird. Diese Lesart ermöglicht es Ricœur einerseits, der Bibel eine Referentialität zuzuschreiben, die der Referentialität fiktionaler Texte homolog ist und die er in religiösem Zusammenhang gerne als »Manifestations-Wahrheit« im Unterschied zu »Adäquations-Wahrheit« bezeichnet.[15] Die damit verbundene Möglichkeit, das Problem der Wahrheitsfähigkeit des christlichen Offenbarungsanspruchs von der Ebene rein propositionaler Überlegungen in einen größeren Kontext zu transferieren, ist sicher grundsätzlich zu begrüßen. Die Pauschalität dieser Zuschreibung auf die Bibel insgesamt ist jedoch so überraschend wie problematisch. Denn sie bedeutet, dass Ricœur im Blick auf die Referenzfrage auf seine eigene Differenzierung nicht zurückkommt, die er hinsichtlich der Offenbarungsstruktur der verschiedenen biblischen Textgattungen herausgearbeitet hatte.[16] Es scheint hier, als betrachte Ricœur die gesamte Bibel wie einen fiktionalen Text, dessen Referenz, ebenso wie zum Beispiel die der griechischen Tragödie, aus-

---

[15] P. Ricœur, »Gott nennen«, S. 56; vgl. zum Beispiel auch »Philosophy and Religious Language«, S. 36.
[16] Daran ändert sich m. E. auch nichts, wenn man seinen später dem Referenzbegriff vorgezogenen Begriff der Refiguration hier einträgt. Zu dieser Umstellung vgl. P. Ricœur, *Zeit und Erzählung III. Die erzählte Zeit*, München 1991.

schließlich als eine »nicht ostensive« zu verstehen wäre.[17] Was – im Sinne seiner eigenen Mytheninterpretation – mit Blick etwa auf die ersten Kapitel der Genesis durchaus einleuchten kann, erscheint insbesondere hinsichtlich der Evangelien ausgesprochen problematisch: Ist auch Jesus in Ricœurs Augen eine »heuristische Fiktion«[18]?

Diese Problematik ist in der Literatur bereits wiederholt diskutiert worden[19] und sie soll hier hintangestellt werden zugunsten einer zweiten, die für die vorliegende Fragestellung von erheblich größerer Bedeutung ist: Ebenso wenig, wie sich Glauben von Interpretation trennen lässt, ist die Vorstellung der Offenbarung bei Ricœur anders erreichbar als über die langen Wege der Interpretation.[20] Ricœur behauptet dabei keineswegs, dass diese Kette der Interpretationen, wenn man sie in Richtung auf ihren Anfang zurückverfolgte, sich schließlich im Nichts oder in eine riesige Tautologie auflöste. Sondern er verweist, wie wir sahen, auf den mit dem Wort »Gott« bezeichneten Ziel- und Fluchtpunkt, den nicht-hermeneutischen Ursprung dieser Interpretationsreihen. Aber dieser Ursprung bleibt prinzipiell unerreichbar: Wir sind immer schon als Glieder in diese Kette der Interpretationen eingereiht, ohne die Möglichkeit eines Rückgangs bis zu ihrem Anfangspunkt zu haben. Auch dies ist, liest man Ricœurs Offenbarungskonzept philosophisch, nicht über-

---

[17] Vgl. P. Ricœur, »Die Metapher und das Hauptproblem der Hermeneutik«, in: A. Haverkamp (Hg.), *Theorie der Metapher*, Darmstadt 1996, S. 356–375, S. 373 f. Ähnlich wie hinsichtlich der griechischen Tragödie heißt dies freilich auch für die Bibel nicht, dass sie nicht eine dem einzelnen Rezipienten vorgängige Autorität beanspruchen könnte, indem sie etwas zeigt, was er allein von sich aus nicht hätte finden können. So kann Ricœur, ausdrücklich religionsphilosophisch sprechend, sagen: »Statt von Offenbarung würde ich lieber von einer Situation sprechen, in der man sich auf ein konstituierendes Imaginäres bezieht mit Hilfe der Ressourcen der religiösen Sprache, abwechselnd narrativ, legislativ, hymnisch und vielleicht vor allem weisheitlich.« P. Ricœur, *La critique et la conviction*, S. 225. Vgl. auch die folgende Erklärung Ricœurs, warum er den Begriff der »Offenbarung« eher vermeidet: Ebd., S. 225–228.

[18] Vgl. zum Begriff P. Ricœur, »L'imagination dans le discours et dans l'action«, in: *Du texte à l'action*, S. 237–262, hier S. 245 ff.

[19] Vgl. S. Orth, »Kriteriologie des Göttlichen – Hermeneutik der Zeugnisse. Paul Ricœur, Jean Nabert und die fundamentaltheologische Diskussion«, in: J. Valentin und S. Wendel (Hg.), *Unbedingtes Verstehen?! Fundamentaltheologie zwischen Erstphilosophie und Hermeneutik*, Regensburg 2001, S. 81–91, S. 90 f. sowie die Kritik von K. J. Vanhoozer, *Biblical Narrative in the Philosophy of Paul Ricœur. A Study in Hermeneutics and Theology*, Cambridge 1990.

[20] Vgl. P. Ricœur, »Phänomenologie der Religion«, in: *An den Grenzen der Hermeneutik*, S. 85–94, S. 93.

Offenbarung denken?

raschend; man könnte im Gegenteil den Verdacht hegen, dass eine Philosophie, die diesen Ausgangspunkt erreichte, notwendig in Theologie umschlüge. Umgekehrt bleibt aber doch die Frage bestehen, ob eine Offenbarungstheologie auf der Grundlage eines philosophischen Konzeptes, das die Abwesenheit des »initium«[21] so stark denkt, überhaupt möglich ist; und ob folglich ein Versuch, Ricœur auf dieser Linie theologisch weiterzudenken, fideistischen oder relativistischen Kurzschlüssen entgehen könnte.

Das Problem lässt sich auch mit Hilfe topologischer Metaphorik formulieren: Die Bibel weist in Ricœurs Lesart in doppelter Weise über sich hinaus: Als ein literarischer Text unter anderen verweist sie nach »vorne«, insofern sie eine Welt entwirft. Als ein hermeneutisch einzigartiger Fall verweist sie mit Hilfe der polyphonen Nennungen Gottes, der der angestrebte, aber immer unerreichbare Fluchtpunkt bleibt, zusätzlich auch nach »oben«, in eine Außertextualität, die nach ihrer Selbstauskunft nicht einfach in einer dem Leser verfügbaren »bewohnbaren Welt« besteht. Die theologisch unverzichtbare Bewegung, die fehlt, ist ein Verweis gewissermaßen nach »hinten«. Dabei erweist sich die Alternativstellung von »historischer Referenz« und »reiner Fiktion« als nicht hinreichend präzise. Denn diese Frage nach dem Ursprung ist nicht im Sinn einer Rückfrage nach dem »historischen Jesus« zu verstehen[22], sondern als offenbarungstheologische Frage nach dem Ursprung der Zeugnisse von Jesus als dem Christus im Sinn eines Geschehens, das Gottes Anwesenheit in der Geschichte bedeutet. Diese Fragerichtung bleibt bei Ricœur ausgeklammert, insofern er so gut wie nie hinter die Ebene der Zeugnistexte zurückgeht und sich damit immer schon im Bereich der Interpretation befindet.

Die entscheidende Frage lautet also, ob es für das Kerygma einen mehr als arbiträren Anstoß gibt, ein *initium*, das nicht völlig hinter der Interpretation des Bibeltextes verschwindet. Ricœur hat für diese Frage selbst eine Lösungsmöglichkeit zumindest anfanghaft entwickelt, und zwar in einem Entwurf, der trotz der enormen Bedeu-

---

[21] P. Ricœur, »Die Hermeneutik des Zeugnisses«, in: *An den Grenzen der Hermeneutik*, S. 7–40, S. 31. Hervorhebung im Original.

[22] Zu dieser Debatte im Blick auf Ricœurs Werk vgl. wiederum K. J. Vanhoozer, *Biblical narrative*, sowie S. Orth, *Das verwundete Cogito und die Offenbarung. Von Paul Ricœur und Jean Nabert zu einem Modell fundamentaler Theologie*, Freiburg 1999, S. 401–404. Vgl. auch den Beitrag von Stefan Orth in diesem Band.

Poetik des Glaubens   A— 75

Veronika Hoffmann

tung, die einige Rezipienten ihm beimessen,[23] in seinem Gesamtwerk wenig hervorgetreten ist, aber exakt unsere Problematik aufgreift: demjenigen des Zeugnisses.

III.

Eine philosophische Hermeneutik des Zeugnisses

In »Die Hermeneutik des Zeugnisses«, dem einzigen Text, in dem Ricœur das Konzept des Zeugnisses ausführlich durchgearbeitet und seine Relevanz deutlich herausgestellt hat[24], beginnt er seine Überlegungen mit einer Semantik des philosophischen Zeugnisbegriffs entlang dreier Bedeutungsebenen, die er dem allgemeinsprachlichen Gebrauch entnimmt:

Erstens hat das Zeugnis eine »quasi-empirische«[25] Dimension:

---

[23] Vgl. zum Beispiel S. Orth, »Kriteriologie des Göttlichen – Hermeneutik der Zeugnisse«; L. S. Mudge, »Paul Ricœur on Biblical Interpretation«, in: P. Ricœur, *Essays on Biblical Interpretation*, Philadelphia 1980, S. 1–40.

[24] Zwar hat Ricœur auch später immer mal wieder die Zeugniskategorie aufgegriffen, dabei aber m. W. nie wieder eindeutig auf »Die Hermeneutik des Zeugnisses« zurückverwiesen; insbesondere ist der in *Emmanuel Levinas, penseur du témoignage* (in: P. Ricœur, *Lectures 3. Aux frontières de la philosophie*, Paris 1994, S. 83–105) in Auseinandersetzung mit Martin Heidegger, Jean Nabert und Emmanuel Levinas entwickelte Zeugnisbegriff mit dem vorliegenden nicht deckungsgleich. In *Das Selbst als ein Anderer* hat Jean Greisch sorgfältig mit »Bezeugung«, nicht »Zeugnis« übersetzt, was im Französischen »attestation«, nicht »témoignage« ist. Ricœur hat die Sachdifferenz an anderer Stelle so verdeutlicht: »Ich bevorzuge heute den Begriff *Bezeugung* für die Sicherheit und Zuversicht, die ich *meiner* Fähigkeit zum Handeln (indem ich rede, handle, erzähle, meine Verantwortung auf mich nehme) zuordne. Das genaue Gegenteil der Bezeugung ist der Verdacht [...] Ich reserviere den Begriff *Zeugnis* für die Anerkennung, die einem *anderen* entgegengebracht wird, der in meinen Augen das Ideal eines guten Lebens verkörpert und exemplifiziert.«: P. Ricœur, »Une réponse de Paul Ricœur«, in: M. Joy (Hg.), *Paul Ricœur and Narrative. Context and Contestation*, Calgary 1997, S. XLV–L, S. XLVIII. Hervorhebungen im Original. Zu einer möglichen Verhältnisbestimmung der beiden Begriffe vgl. J. Greisch, »Testimony and attestation«, in: R. Kearney (Hg.), *Philosophy and Social Criticism Special Issue: Ricœur at 80. Essays on the Hermeneutics of Action*, London 1995, S. 81–98.

[25] »Quasi empirique«: P. Ricœur »Die Hermeneutik des Zeugnisses«, S. 11. Der Begriff, wie auch die folgenden, wird im Deutschen mit Bindestrich verwendet, um die Adjektivstellung von »quasi« anzuzeigen.

Jemand bezeugt, was er gesehen oder gehört hat, und wird damit zum Augen- oder Ohrenzeugen. »Quasi-empirisch« ist diese Dimension deshalb, weil das Zeugnis nicht das Geschehen selbst, sondern den Bericht darüber darstellt. Dadurch entsteht eine spezifische Beziehung zwischen dem, der bezeugt, und dem, der das Zeugnis hört. Diese Beziehung markiert nicht nur eine Verschiebung vom Sehen zum Hören, sie verweist auch bereits auf die zweite Dimension des Zeugnisses. Denn zum Zeugnis gehört zweitens ein »quasi-juridischer« Aspekt, insofern es im Dienst der Urteilsbildung steht. Den klassischen Kontext für das Zeugnis bildet das Gerichtsverfahren, und auch für Verwendungen des Begriffs außerhalb dieses Zusammenhangs dient dieses als Vorlage: Wir sind nur dort gefordert, Zeugnis abzulegen, wo es einen Streit gibt. Das Zeugnis ist deswegen nicht einfach beschreibender, sondern auch zuschreibender Natur, und es kann immer auch eine Ablehnung dieser Zuschreibung, eine Verteidigung der angegriffenen Position geben. So ist das Zeugnis Teil einer Argumentation, die in der Mitte zwischen Diskussion und Entscheidung liegt. Wir treffen dabei auf eine typische »Äußerlichkeit«[26] des Zeugnisses gegenüber dem Urteilsprozess, insofern dieser Prozess von Ereignissen abhängt, die *ein anderer* gesehen hat. Und deshalb hängt einiges nicht nur vom Inhalt des Zeugnisses, sondern auch von der Qualität des Zeugen ab.

Damit wäre die dritte Bedeutungsebene erreicht, die man als die »quasi-martyrologische«[27] bezeichnen kann und die sich auf das Verhältnis zwischen dem Zeugen und seinem Akt bezieht. Ein falsches Zeugnis ist kein Irrtum, sondern »eine Lüge im Herzen des Zeugen«[28], und es ist so fatal, dass alle moralischen Kodizes es weit oben auf der Verbotsliste führen. Umgekehrt hängt die Glaubwürdigkeit eines Zeugen nicht einfach an der Exaktheit seiner Beschreibung. Glaubwürdig ist vielmehr der, der nicht nur *etwas* bezeugt, sondern wirklich *überzeugt* ist – im äußersten Fall bereit, für sein Zeugnis zu leiden und zu sterben (damit ein »Märtyrer« im präzisen Wortsinn).

Nach diesen philosophisch-semantischen Vorklärungen beobachtet Ricœur in einem zweiten Schritt, wie das Konzept des Zeug-

---

[26] Vgl. ebd., S. 15 f.
[27] Ricœur selbst hat der dritten Zeugnisdimension keine den anderen beiden entsprechende griffige Bezeichnung gegeben. Die Etikettierung als »quasi-martyrologisch« übernehme ich von Dan R. Stiver; vgl. D. R. Stiver, *Theology after Ricœur. New Directions in Hermeneutical Theology*, Westminster 2001, S. 197.
[28] P. Ricœur, »Die Hermeneutik des Zeugnisses«, S. 16.

nisses bei seiner Transposition in den biblischen Kontext weiter angereichert wird, seine drei grundlegenden Bedeutungsebenen dabei aber erhalten bleiben. Dies arbeitet er einerseits am prophetischen Zeugnis, andererseits am Zeugnis der Evangelien heraus. Der prophetische Diskurs führt über die Ergebnisse der semantischen Analyse insbesondere hinsichtlich des Aspekts der Herkunft des Zeugnisses hinaus. Denn das Zeugnis stammt jetzt aus einer transzendenten Initiative, sowohl was seinen Ursprung, als auch, was seinen Inhalt betrifft.[29] Deswegen tritt der Zeuge auch nicht aus eigenem Antrieb auf, sondern als ein Gesandter. Zugleich wird die Verbindung des Zeugen mit seinem Zeugnis, das jetzt notwendig nicht nur eines der Worte, sondern auch der Taten und des Lebens ist, enger. Diese Verschiebung steht aber nicht im Gegensatz zum alltagssprachlichen Sinn des Begriffes »Zeugnis«, sondern bewahrt diesen. Denn zum Märtyrer wird jemand, weil er zunächst ein Zeuge ist, nicht umgekehrt.[30] Auch das Element des Rechtsstreits ist prominent im prophetischen Zeugnisdiskurs, hier als der Streit um den einzigen Gott gegen die Götzen, in dem der Mensch als Zeuge aufgerufen ist.

Was aber ist mit der quasi-empirischen Dimension? Ist nicht ein solches Zeugnis der Wahrheit gerade kein Augenzeugnis? Ricœur hält dem entgegen, dass eine Theologie des Zeugnisses, die nicht einfach eine Theologie des Glaubensbekenntnisses sein will, nur möglich ist, wenn in enger Verbindung mit dem Bekenntnis des Glaubens ein narrativer Kern erhalten bleibt. Hier beobachten wir freilich eine gewisse Ausweitung des Begriffs: »Der Zeuge bezeugt keine Fakten als isolierte und kontingente, sondern den radikalen, umfassenden Sinn menschlicher Erfahrung; es ist Gott selbst, der sich im Zeugnis bezeugt.«[31] Aber grundlegend bleibt es dabei: »Es gibt also keinen Zeugen des Absoluten, der nicht Zeuge historischer Zeichen wäre, keinen Bekenner absoluten Sinns, der nicht Erzähler von Befreiungstaten wäre.«[32] Diese Verbindung des Prophetischen zum Historischen ist deshalb Ricœur zufolge genauso wesentlich wie die des Prophetischen zum Juridischen.

Neutestamentlich konstituiert das Bekenntnis zu Jesus als dem Christus das Zeugnis. Um diesen Bekenntniskern herum gruppieren

---

[29] Ebd., S. 19.
[30] Vgl. ebd., S. 19f.
[31] Ebd., S. 19.
[32] Ebd., S. 21.

sich wiederum alle Aspekte, die bereits das profane Zeugnis ausmachten. Für die quasi-martyrologische Dimension ist dies evident und für die quasi-juridische leicht zu sehen, wenn man sich die Konzeption des Johannesevangeliums anschaut: Der breit ausgefaltete Prozess vor Pilatus spiegelt hier nur den kosmischen Prozess zwischen Gott und dem »Herrscher dieser Welt« wider, den das Leben Jesu insgesamt darstellt. Fragen stellen sich wiederum im Blick auf die quasi-empirische Dimension ein: Inwiefern lässt sich die Dimension des Augenzeugnisses in den Evangelien verankern? Hier kann Ricœur nachweisen, dass sogar die extreme Interiorisierung des Zeugnisbegriffs nicht zu ihrer völligen Aufgabe führt. Zwar ist Jesus Christus selbst der wesentliche Zeuge: Er bezeugt den Menschen den Vater, den niemand gesehen hat. Die Zeugniskategorie fällt so förmlich mit der der Offenbarung selbst zusammen und wird auf diese Weise an ihre Grenzen getrieben.[33] Aber der Geschehensaspekt des Zeugnisses bliebt gewahrt zum einen in der Rede von den *Werken* Jesu, die Zeugnis ablegen (vgl. Joh 10,25; 10,37 f.). Zum anderen ist das Zeugnis insofern nicht auf ein rein abstraktes Glaubensbekenntnis reduziert, als es sich auf die *Person* Jesu Christi bezieht: »Das Zeugnis vom Licht ist immer Zeugnis von jemandem (…) Das Zeugnis-Bekenntnis könnte sich nicht von der Zeugnis-Erzählung ablösen, ohne in Gnosis umzuschlagen. Deshalb bezeichnet Johannes, indem er die Eigenschaft des Zeugen ausdrücklich für sich in Anspruch nimmt, sein Werk mit Begriffen, die von Lukas stammen könnten: Und der, der es gesehen hat, hat es bezeugt, und sein Zeugnis ist wahr. Und er weiß, dass er Wahres berichtet, damit auch ihr glaubt (Joh 19,35). Ein weiteres Mal sind Gesehenhaben und Bezeugen eng verbunden.«[34]

An diesen Analysen des johanneischen Zeugnisses zeigt sich freilich, dass der Begriff der »quasi-empirischen« Zeugnisdimension mit Vorsicht gebraucht werden muss, insofern sich insbesondere auf dieser Ebene erhebliche Sinnverschiebungen beobachten lassen. Es handelt sich hierbei offensichtlich nicht zwingend um eine geschichtswissenschaftlich erreichbare Kategorie. Aber bei all diesen Verschiebungen bleibt die Rückbindung des Zeugnisses an ein Geschehen immer erhalten und macht gerade die Eigenart der Zeugnis-

---

[33] Vgl. ebd., S. 24.
[34] Ebd., S. 26.

kategorie gegenüber derjenigen des Bekenntnisses aus. Die Auflösung dieses Pols der Spannung würde zur Auflösung des Zeugnisbegriffs selbst führen.

Der Erhalt dieser Dimension des Zeugnisses in allen religiösen Transpositionen hat weitreichende Konsequenzen: Man kann keinen Sinn bezeugen, ohne zu bezeugen, dass etwas *geschehen* ist, was diesen Sinn bezeichnet.»Deshalb gibt es keinen Zeugen des Absoluten, der kein Zeuge historischer Zeichen wäre«[35]. Das bedeutet: Eine Verkürzung des Offenbarungszeugnisses auf die Eröffnung einer neuen Welt durch einen fiktionalen Text lässt sich damit nicht aufrecht erhalten. Das Zeugnis »führt die Dimension *historischer Kontingenz* ein, die dem Konzept der Welt des Textes fehlt, die absichtlich unhistorisch oder transhistorisch ist«[36]. Und diese Konsequenz ergibt sich unabhängig davon, ob Ricœur selbst sie immer im Blick hatte.

In der dem Zeugnis zu Grunde liegenden Manifestation des Absoluten bilden Sinn und Ereignis eine Einheit, in der ein Moment von Unmittelbarkeit liegt. Aber diese Unmittelbarkeit zerbricht sogleich wieder: »Für das hebräische Glaubensbekenntnis fallen das Ereignis und sein Sinn unmittelbar zusammen. […] Aber dieser Moment der Verschmelzung zwischen Ereignis und Sinn zerrinnt. Sein Erscheinen ist zugleich sein Verschwinden.«[37] Diese Unmittelbarkeit, die erscheint und sich sogleich wieder auflöst, spiegelt sich ihrerseits im Zeugnis. Auch hier gehören bezeugter Sinn und bezeugtes Ereignis ohne Abstand zueinander, so dass man keinen Trennstrich ziehen kann, wo der Bericht der Ereignisse endet und das Bekenntnis des Glaubens beginnt. Auf diese Weise markiert das Zentralbekenntnis »Jesus ist der Christus« eben diese Transposition der Einheit von Ereignis und Bedeutung in diejenige von Bericht und Bekenntnis.[38] Aber auch diese Einheit zerfällt ihrerseits sofort wieder, und hier liegt der Beginn der unendlichen Vermittlung, die über die Interpretation geleistet wird. Denn diese Spaltung, die sich zwischen Sinn und Ereignis, Jesus der Geschichte und Christus des Glaubens auftut, lässt sich durch einen weiteren Sinn überbrücken, der seinerseits das Ver-

---

[35] Ebd., S. 21.
[36] P. Ricœur, »Hermeneutik der Idee der Offenbarung«, S. 75. Hervorhebung im Original.
[37] Ebd., S. 78.
[38] P. Ricœur, »Die Hermeneutik des Zeugnisses«, S. 32 f.

hältnis von Bericht und Bekenntnis interpretiert. Auf diese Weise wird die Kette der Interpretationen in Gang gesetzt.³⁹

Für das Verhältnis von Zeugnis und Interpretation bedeutet dies einerseits, dass die Interpretation dem Zeugnis nicht äußerlich, sondern in seiner dialektischen Struktur bereits impliziert ist. Die Spaltung, die sich in ihm durch das Auseinandertreten von Erzählung und Bekenntnis auftut, ruft nach der Interpretation als Vermittlung. Andererseits sind Zeugnis und Interpretation deutlich zu unterscheiden: Das Zeugnis *gibt* zu interpretieren, insofern es die Quelle der Interpretation ist, hinter die nicht zurückgegangen werden kann. Und es *fordert* Interpretation als Vermittlung seiner zerbrochenen Unmittelbarkeit; aber es *ist* selbst keine Interpretation. Wiederum kann der Blick auf das Gerichtsverfahren den Sachverhalt verdeutlichen: Die definitive Einbindung des Zeugnisses in die Beweislage geschieht in seiner Interpretation durch den Anwalt, ebenso wie die Urteilsfindung des Richters in nicht unerheblichem Maß auf der Interpretation des Zeugnisses beruht: nicht nur hinsichtlich der Frage, wie glaubwürdig der Zeuge ist, sondern auch hinsichtlich derjenigen, was das Zeugnis selbst im Zusammenhang des verhandelten Falles tatsächlich bedeutet.

Die grundlegende Bedeutung einer solchen Strukturierung des Zeugnisbegriffes für die Offenbarungstheologie ist jetzt im Folgenden zu zeigen.

IV.

Das Zeugnis der Offenbarung

Zunächst legt sich ein doppelter Einwand nahe: Zum einen kann es merkwürdig erscheinen, den in »Hermeneutik der Idee der Offenbarung« entwickelten Offenbarungsbegriff ausgerechnet mit Hilfe des Zeugnisses zu kritisieren – kommt dieser doch im zweiten Teil von »Hermeneutik der Idee der Offenbarung« selbst vor. Zum anderen lässt sich einwenden, dass das heuristische Potential von Ricœurs Theorie gerade an dieser Stelle eher gering zu sein scheint, denn im-

---

[39] Für Jesus Christus bilden beispielsweise die neutestamentlichen Hoheitstitel ein erstes solches Interpretament. Vgl. ebd., S. 33.

merhin kann der Zeugnisbegriff offenbarungstheologisch als ein eingeführter Begriff gelten. In der Antwort auf diese beiden Einwände soll die Relevanz der soeben skizzierten Überlegungen für die Offenbarungstheologie noch etwas deutlicher herausgestellt werden.

Der erste Vorwurf lautet also, die Kritik »mit Ricœur an Ricœur« (mit »Die Hermeneutik des Zeugnisses« an »Hermeneutik der Idee der Offenbarung«) sei nicht treffend. Tatsächlich findet sich zwar in »Hermeneutik der Idee der Offenbarung« der Begriff des Zeugnisses, sogar mit ausdrücklichem Rückbezug auf »Die Hermeneutik des Zeugnisses«. Aber die Verortung der Zeugniskategorie ist hier zu beachten. Ricœur befasst sich mit der Idee der Offenbarung nämlich unter dem Vorzeichen einer doppelten Kritik, im Durchgang durch die ihm zufolge erst ein angemessener Begriff von Offenbarung möglich wird. Erstens entwickelt er, wie oben nachgezeichnet wurde, eine Alternative zu einem doktrinär verengten Offenbarungsbegriff. In einem zweiten Schritt übt Ricœur aber auch Kritik gewissermaßen am »Gegenstück« zu einem solchen autoritären Offenbarungskonzept, nämlich an einem Konzept von Vernunft, in dem sich diese als autonom und ihrer selbst gewiss versteht. Hier nimmt dann das Zeugnis eine Funktion parallel derjenigen des dichterischen Wortes auf der »objektiven« Seite ein, d. h. mit seiner Hilfe werden wiederum die Vermittlungsstrukturen hervorgehoben und eine gewisse »Entmächtigung« des Subjekts konzipiert. Das bedeutet aber, dass in »Hermeneutik der Idee der Offenbarung« der Zeugnisbegriff auf der »objektiven« Seite, der Seite der Offenbarung, gerade nicht vorkommt. Er strukturiert ausschließlich die Seite des Subjekts.

Hier deutet sich eine Verengung an, die sich in späteren Texten noch deutlicher beobachten lässt: Denn in ansonsten ähnlich gelagerten Überlegungen zur Polyphonie der biblischen Offenbarung (zum Beispiel in »Gott nennen«)[40] bleibt diese zweite Seite vollständig abgeblendet; und Ähnliches lässt sich dann für die Rezeption von Ricœurs Offenbarungsbegriff beobachten.[41] Damit fällt aber auch der Zeugnisbegriff in dem Sinn, wie »Die Hermeneutik des Zeugnisses« ihn skizzierte, vollständig aus.

---

[40] Vgl. auch P. Ricœur, »Die Verflechtung von Stimme und Schrift im biblischen Diskurs«, in: *An den Grenzen der Hermeneutik*, S. 95–115.
[41] Vgl. etwa F.-X. Amherdt, *L'herméneutique philosophique de Paul Ricœur et son importance pour l'exégèse biblique. En débat avec la New Yale Theology School*, Paris 2004; C. M. Gschwandtner, »Ricœur's hermeneutic of God. A Symbol that Gives Rise to Thought«, in: *Philosophy and theology* 13 (2001) S. 287–309.

Bleibt die zweite Frage: Kann die Theologie an dieser Stelle wirklich so viel von Ricœur lernen, gehört die Zeugniskategorie doch von Anfang an in ihr ureigenstes begriffliches Repertoire? Wiederum lohnt es sich aber, genauer zuzuschauen. Denn dies gilt, insofern das Zeugnis im Sinn einer Zeugnisgabe *von* der Offenbarung verstanden wird. Das Zeugnis bildet dann gewissermaßen den zweiten – und vom ersten, der »Offenbarung selbst« deutlich unterscheidbaren – Schritt. Ricœurs Zeugnisbegriff kann uns aber auf eine andere Spur führen, wenn man ihn als Leitmetapher *für den Vorgang der Offenbarung selbst* gebraucht. Die Folgen dieser Umorientierung sind erheblich und lassen sich anhand der soeben skizzierten drei Dimensionen des Zeugnisbegriffes aufzeigen.

1. Zunächst zur martyrologischen Dimension: Die vorangegangenen Ausführungen zu Ricœurs Zeugnisbegriff haben bereits deutlich gemacht, dass es unmöglich ist, den Zeugen gewissermaßen aus dem Zeugnis »herauszurechnen«: Es könnte nicht einfach ein anderer an seiner Stelle bezeugen – oder er gar durch ein nichtpersonales Medium ersetzt werden. Er ist als Person, und als *diese* konkrete Person, im Zeugnis zwingend impliziert. Deshalb spielt seine Wahrhaftigkeit auch eine wesentliche Rolle bei der Beurteilung der Wahrheit des Zeugnisses. Die von Ricœur so scharf herausgestellte Untrennbarkeit von Ereignis und Bedeutung im Bezeugten, von Bericht und Bekenntnis im Zeugnis verhindert damit offenbarungstheologisch jede allzu schnelle Unterscheidung zwischen ewigen Wahrheiten und ihrer zeitbedingten Einkleidung.

2. Von entscheidender Bedeutung ist zweitens die zwingende Kontextualität des Zeugnisses, markiert über die juridische Dimension. Das Zeugnis gehört in den Bereich des Gerichtsverfahrens – freilich in dem weiten Sinn, den Ricœur diesem Kontext gibt. Es greift in einen Streit ein, in dem mehr auf dem Spiel steht als Erkenntnisfortschritt aus einer wissenschaftlichen Debatte: vorrangig eine richterliche Entscheidung, indirekt steht jedoch zugleich auch die Glaubwürdigkeit des Zeugen auf dem Spiel. Im Sinn einer Gegenprobe zeigt sich die Kontextualität des Zeugnisbegriffs daran, dass die Sprachform des Zeugnisgebens beispielsweise in wissenschaftlichen Zusammenhängen zu Recht als unangebracht empfunden wird. (Signifikanterweise kann es dort eine verkappte Form des Autoritätsarguments annehmen – wobei es die *eigene* Autorität ist, die der Zeuge ins Feld führt.)

Das hat Folgen für die Frage nach der Wahrheits- und Begrün-

Veronika Hoffmann

dungsfähigkeit der solcherart konzipierten Offenbarung. Auf den ersten Blick scheinen diese Folgen allerdings eher fragwürdiger Natur zu sein: Verlangt der wissenschaftliche Diskurs nicht, dass unter Absehung von Person und Umständen argumentiert wird, und insbesondere, dass Entdeckungs- und Begründungszusammenhang unterschieden werden? Liegt nicht der Verdacht nahe, die Verwendung des Zeugnisbegriffes diene hier als Immunisierungsstrategie, durch die man Offenbarung existenziell auflädt, so dass man sie dann rationalen Begründungsdiskursen entziehen und statt dessen eine »Logik des Herzens« proklamieren könnte? Dann reduzierte sich das Zeugnis auf eine Wahrheit »für mich«, die zwar kommunikabel wäre, aber ihre Grenze bereits am schulterzuckenden »für mich nicht« des Gegenübers erführe.

Dass dies nicht der Fall ist, dass das Zeugnis uns hier im Gegenteil auf »wissenschaftstheoretisch noch kaum hinreichend kartographierte[s] Gelände«[42] führt, ist eine der aufregendsten Implikationen des Ricœurschen Zeugnisbegriffs.[43] Denn schaut man genauer auf den forensischen Kontext des Zeugnisses, so zeigt sich: Einerseits versteht das Zeugnis selbst sich zwingend als wahrheitsfähig. Sonst könnte es nicht einen Teil eines Entscheidungsprozesses bilden, der der Wahrheitsfindung dient. Zu diesem Entscheidungsprozess verhält sich das Zeugnis aber andererseits nicht neutral. Es liefert nicht nur eine Information, sondern es bezeugt »für« oder »gegen«. Und schließlich kann als typisch für den Status des Zeugen gelten, dass er nicht die Macht hat, das Bezeugte seinerseits im strengen Sinn zu beweisen oder durchzusetzen. Der Einspruch bleibt immer möglich, und er kann sich sowohl gegen die sachliche Richtigkeit des Zeugnisses als auch gegen die Wahrhaftigkeit des Zeugen richten. Die Vermittlungsposition des Zeugnisses ist also nicht nur eine zwischen der bezeugten Situation und dem Empfänger des Zeugnisses, sondern auch zwischen einem (Rechts-)Streit und seiner Entscheidung. Auf diese Weise kann die Zeugnismetapher hinsichtlich der Frage nach der Wahrheits- und Begründungsfähigkeit des Glaubens Aspekte integrieren, die sonst allzu häufig als propositionale Dimension einer-

---

[42] J. Werbick, *Gott kann etwas mit uns anfangen. Wider-Worte gegen eine mutlose Verkündigung*, Donauwörth 2006, S. 38.
[43] Diese Implikation liegt zwar auf der Linie Ricœurschen Denkens, sie ist aber von Ricœur selbst nicht ausgearbeitet worden, sondern findet sich bei Jürgen Werbick. Vgl. ebd. S. 38–43.

seits, als biographische und Erfahrungskomponente andererseits unverbunden nebeneinander stehen.

3. Das eben Gesagte wird noch deutlicher, wenn wir die dritte Dimension des Zeugnisses, seine Rückbindung an ein Geschehen, genauer betrachten. Zum einen bezeugt das Zeugnis so die Manifestation des Absoluten als Ineinsfall eines Ereignisses mit seiner Bedeutung – exemplarisch in den biblischen Erzählungen vom Handeln Gottes in der Geschichte. Zum anderen ist aber auch der Zeuge selbst nicht nur an den Sinn, sondern auch an das Geschehen gebunden, indem er *beides in seiner ungetrennten Einheit* bezeugt. Die Einheit von Sinn und Ereignis im Objekt des Zeugnisses transponiert sich in die unauflösbare Einheit von Bericht und Bekenntnis.[44] Das Zeugnis ist so in doppelter Weise an konkrete Geschichte gebunden, weshalb es sich nicht auf die Refiguration einer Textwelt reduzieren lässt, wie sie auch Symbol und Metapher eigen ist.[45] Ein Gedicht kann im strengen Sinn nicht bezeugen. Und diese Rückbindung an ein Geschehen bleibt auch dann bestehen (wie Ricœur in seinen Überlegungen zum neutestamentlichen Zeugnisbegriff herausgearbeitet hat), wenn das Zeugnis nicht mehr vorrangig ein Augenzeugnis ist, sondern einen umfassenden Sinn bezeugt. Wird Offenbarung also mit Hilfe der Zeugniskategorie beschrieben, so stellt die geschichtliche Verankerung ein absolut unverzichtbares Moment dar.

Diese zentrale Stellung der Geschichte hat ihrerseits weitere offenbarungstheologische Folgen, die sichtbar werden, wenn man das Verhältnis von »historischem Haftpunkt« und Sinnbezeugung einerseits und Unmittelbarkeit und Vermittlung im Zeugnisbegriff andererseits noch genauer in den Blick nimmt:

Zum einen beseitigt diese Fundamentalstruktur des Zeugnisses – dass es zu interpretieren gibt und Interpretation fordert, aber selbst keine Interpretation ist – die letzten Reste eines geheimen Unmittelbarkeitsideals im Blick auf die Offenbarung: Was bezeugt wird, ist auch *nur im Zeugnis zugänglich und von ihm nicht abtrennbar.* Zum anderen erklärt die Schlüsselrolle, die der Interpretation hierbei zukommt, warum die »Hermeneutik des Verdachts«[46] niemals

---

[44] Vgl. P. Ricœur, »Die Hermeneutik des Zeugnisses«, S. 31 ff.
[45] Vgl. P. Ricœur, »Hermeneutik der Offenbarung«, S. 75 f., sowie »Reply to Lewis S. Mudge«, in: *Essays on Biblical Interpretation,* S. 41–45.
[46] Vgl. hierzu grundlegend P. Ricœur, *Die Interpretation. Ein Versuch über Freud,* 4. Aufl., Frankfurt 1999.

Veronika Hoffmann

grundsätzlich ausgeschlossen werden kann: Der Verdacht ist ja geradezu der natürliche Gegner der Bezeugung, deren Struktur die Überführung in endgültig sicheres Wissen verhindert: »Verglichen mit dem Ideal der Wissenschaftlichkeit [...] scheint die Hermeneutik des Zeugnisses mit Relativität befleckt. Es gibt keine apodiktische Antwort auf die ununterbrochen neu erstehende Frage: Wie kann man sich dessen versichern, dass die Bejahung nicht willkürlich, dass Gott nicht konstruiert, geradezu gewählt ist ausgehend von bestimmten Zeugnissen, die andere bezweifeln könnten, weil es eben kein Ereignis gibt, das von der Idee getrennt werden könnte, die ihm seinen Sinn gibt, und einen Sinn, der das Ereignis selbst überschreitet?«[47]

Der Zeugnisbegriff fasst damit präzise, dass es auf der einen Seite keine Möglichkeit eines streng wissenschaftlichen Nachweises gibt, sondern sich das Zeugnis in der Spannung von Bezeugung und Bestreitung bewegt, auf der anderen Seite damit an der prinzipiellen Wahrheitsfähigkeit dessen, was der Zeuge bezeugt, nicht gerüttelt wird.

V.

Schluss: Vermittelte Offenbarung im Nach-Denken Paul Ricœurs

Im Durchgang durch diesen vergleichsweise kleinen, aber für Theologen außerordentlich bedeutsamen Ausschnitt aus dem Ricœurschen Werk sollte zweierlei sichtbar werden:

1. Ricœurs Überlegungen zur Polyphonie der biblischen Offenbarung und ihrer systematischen Bedeutung bieten eine Denk- und Darstellungsmöglichkeit für die grundlegende Vermitteltheit von Offenbarung. Insofern man diese Bewegung der Vermittlung nicht von ihrem Inhalt ablösen kann, müssen alle Denkformen, die eine saubere Scheidung zwischen »Kern« und »Schale«, dem »Wesentlichen« und seiner »Einkleidung« versuchen, fragwürdig erscheinen. Und mit dem Ideal eines unmittelbaren Zugangs verabschiedet Ricœur zugleich auch dasjenige einer begrifflichen Eindeutigkeit,

---

[47] P. Ricœur, »Die Hermeneutik des Zeugnisses«, S. 37.

Offenbarung denken?

die den Konflikt der Interpretation endgültig auflösen könnte. In einem Ausgriff auf größere Zusammenhänge seines Werkes ließe sich zeigen, dass Ricœur unseren Zugang zur Welt, zum anderen, zu uns selbst und zum Göttlichen *immer* als einen vermittelten versteht und so nicht nur dieser kleine Ausschnitt, sondern die Grundstruktur seines gesamten Werkes in dieser Hinsicht offenbarungstheologische Relevanz besitzt.[48]

2. In einer Argumentation »mit Ricœur gegen Ricœur« ist gegen die Gefahr einer Verkürzung von Offenbarung auf eine »bewohnbare Welt« das Konzept des Zeugnisses in Anschlag zu bringen – als Leitmetapher nicht für die so genannte »Weitergabe« der Offenbarung, sondern für diese selbst. Mit ihrer Hilfe lässt sich nicht nur die fundamentale Bindung der Offenbarung an ein geschichtliches Ereignis neu konzipieren, wobei das Zeugnis in seiner berichtend-bekennenden Doppelstruktur die Gestalt der Offenbarung als Ineinsfall von Ereignis und Bedeutung abbildet und der aufgrund der Flüchtigkeit beider Verbindungen notwendige Ort der Interpretation sichtbar wird. Die Zugehörigkeit des Zeugnisses zum Kontext des Gerichtsverfahrens macht es auch möglich, propositionale und biographisch-erfahrungsorientierte Aspekte hinsichtlich der Frage der Glaubensbegründung zu integrieren.

---

[48] Vgl. hierzu V. Hoffmann, *Vermittelte Offenbarung. Paul Ricœurs Philosophie als Herausforderung der Theologie*, Ostfildern 2007.

»Größe und Grenze einer ethischen Weltanschauung«
Die denkerische Herausforderung des Bösen bei Paul Ricœur

Bernd J. Claret

Im Gedenken an Helmut Riedlinger (1923–2007)

»Wenn ›das Symbol zu denken gibt‹, so bezeichnet das, was die Symbolik des Bösen zu denken gibt, die Größe und Grenze jeder ethischen Weltanschauung, denn der Mensch, den diese Symbolik enthüllt, ist nicht nur schuldiger Urheber, sondern ebenso sehr ein Opfer des Bösen.«[1]

Offen zu Tage liegt heute ein denkwürdiges Faktum, »nämlich die Tatsache, dass wir uns selbst nicht mehr in der Situation des Bösen sehen können«[2]. Auf »eine Freiheit« zu treffen, »die sich das Böse zur Last legt«[3], die eigene Schuld offen und ehrlich eingesteht und ohne Wenn und Aber bekennt, ist heute schon der krasse Ausnahmefall – ein selten zu beobachtender Glücksfall.[4] Das war nicht immer so.

---

[1] P. Ricœur, *Die Fehlbarkeit des Menschen*, Freiburg 1971, S. 16.
[2] T. Buchheim, »Schelling und die metaphysische Zelebration des Bösen«, in: *Philosophisches Jahrbuch* 107 (2000) S. 47–60, hier S. 47. – Dieser Beitrag ist im Internet unter www.thomas-buchheim.de zugänglich.
[3] P. Ricœur, *Die Fehlbarkeit des Menschen*, S. 13.
[4] Selten geworden ist zudem das grundsätzliche Bekenntnis vor Gott, ein Sünder zu sein. Es ist »davon auszugehen […], dass der Mensch unserer Tage, auch zahllose Christen, sich nicht mehr in einer allem anderen vorausgehenden Weise bewusst sind, ›allzumal Sünder‹ zu sein. Mit einer bloßen liturgischen Rezitation dieser Formel ist es ja nicht getan.« O. H. Pesch, *Gerechtfertigt aus Glauben. Luthers Frage an die Kirche*, Freiburg 1982, S. 51.

Bernd J. Claret

I.

Die Gretchenfrage: »Wie hast du's mit dem Bösen?«

Wir Menschen, die zumindest in unserem Kulturkreis geradewegs in einen »Sog der Trivialisierung«[5] geraten sind, haben uns in einem schleichenden Prozess zunehmender Vergleichgültigung merkwürdig leicht daran gewöhnt (oder soll man sagen: dafür entschieden?), auf das Bekenntnis, selbst böse gehandelt zu haben, fast vollständig zu verzichten. Stattdessen treffen wir lieber mehr oder weniger raffinierte »Exkulpationsarrangements«[6], selbst auf die Gefahr hin, damit einen verhängnisvollen Anklagemechanismus (der den anderen, oft gerade den Unschuldigen, nicht schont, sondern belastet) auch von uns aus in Gang zu setzen und weiter am Leben zu halten.

Diese Situation, mit der man sich heute weitgehend arrangiert hat, ist vor allem deshalb fatal, weil »das [eigene] Schuldbekenntnis [und insofern ist ein solches durchaus als ein Glücksfall zu bezeichnen] gleichzeitig Entdeckung der Freiheit ist«[7] und mit dem gänzlichen Ausfall eines solchen Bekenntnisses das Vordringen »zu einem ungewöhnlich sinngeladenen Selbstverständnis«[8] geradezu verwehrt bleibt. Bei einem Schuldbekenntnis gesteht der Mensch freimütig und schonungslos im Blick auf sich selbst ein, mit dem Bösen *angefangen*, es also selbst in Gang gesetzt zu haben. Mit einem solchen Schuldbekenntnis kommt, und zwar gleich in mehrfacher Hinsicht,

---

[5] R. Schönberger, »Gott denken«, in: R. Spaemann, *Der letzte Gottesbeweis. Mit einer Einführung in die großen Gottesbeweise und einem Kommentar zum Gottesbeweis Robert Spaemanns von Rolf Schönberger*, München 2007, S. 33–127, hier S. 103 (im Kontext seiner Ausführungen über Nietzsche).
[6] O. Marquard, »Exkulpationsarrangements. Bemerkungen im Anschluß an René Girards soziologische Theologie des Sündenbocks«, in: W. Oelmüller (Hg.), *Worüber man nicht schweigen kann. Neue Diskussionen zur Theodizeefrage*, München 1992, S. 24–29, hier S. 25.
[7] P. Ricœur, *Die Fehlbarkeit des Menschen*, S. 13 (im Anschluss an Jean Nabert). – Vgl. P. Ricœur, »Schuld, Ethik und Religion«, in: *Concilium* 6 (1970) S. 384–393, hier S. 390: »Dieses Eingeständnis [von Schuld im Akt des Bekennens] ist [...] Zugang zu einem Punkt, an dem alles neu beginnen kann. Die Rückkehr zum Ursprung ist eine Rückkehr zu der Stelle, an der die Freiheit sich selbst entdeckt als etwas, das befreit werden muss – kurzum: zu der Stelle, an der ich *hoffen* kann, befreit zu werden.«
[8] P. Ricœur, *Die Fehlbarkeit des Menschen*, S. 13.

»Größe und Grenze einer ethischen Weltanschauung«

die Humanität des Menschen ins Spiel. Die Voraussetzung für ein solches Schuldbekenntnis, mit dem etwas Neues in Gang gesetzt wird, ist die gelungene Unterbrechung einer »einseitigen Erinnerung«: Es wird jetzt eben nicht mehr nur – wie ansonsten unter Menschen üblich – dasjenige Böse erinnert, das *mir* in der Vergangenheit *zugefügt* wurde.[9]

Aber nicht nur der Umgang mit dem Bösen, das wir selbst getan haben und für das wir, wie man umgangssprachlich durchaus präzise sagt, *etwas können* und insofern auch verantwortlich zeichnen müssen, liegt heute im Argen. Dasselbe gilt für den Umgang mit dem Bösen, das uns angetan wurde und für das wir schlechterdings *nichts können* und das wir dementsprechend auch nicht in Verantwortung übernehmen müssen. Der Umgang auch mit diesem Bösen (getan von anderen) ist meist von der Art, dass – »auf Teufel komm raus« – ein Anklagemechanismus in Gang gehalten wird, so dass sich wieder einmal mehr bestätigt: Böses gebiert unerbittlich Böses; eine Unterbrechung des wohl verhängnisvollsten Teufelskreises findet einfach nicht, zu selten oder zu unentschlossen statt.

Machen wir die Gegenprobe: Wer macht in der Tat Ernst damit, *dass die Güte*, wie Paul Ricœur sagt,[10] *die Antwort auf das Böse ist*?

Wer allen Ernstes davon ausgeht, dass die Güte die *letztgültige* Antwort auf das Böse ist, und gemäß einer solchen Wegweisung (die letzten Endes auf Schonung des anderen zielt) zu leben versucht und damit die durch das Böse faktisch gegebene Herausforderung *auf der Ebene der Lebenspraxis* annimmt, der schürt die Hoffnung, dass es anders werden kann. Am Grunde solcher Akte der Barmherzigkeit steht letztlich die Grund-Überzeugung: »So radikal das Böse ist – es

---

[9] Formuliert in direkter Anlehnung an: S. Orth, »Zwischen Philosophie und Theologie. Das Verzeihen«, in: A. Breitling und S. Orth (Hg.), *Erinnerungsarbeit. Zu Paul Ricœurs Philosophie von Gedächtnis, Geschichte und Vergessen*, Berlin 2004, S. 223–236, hier S. 223. – Stefan Orth spricht in diesem Zusammenhang von einem »von Anfang an ethisch akzentuierten Erinnerungsbegriff« Ricœurs (S. 224): »Grundsätzlich weist Ricœur in *La mémoire, l'histoire, l'oubli* in Fortführung seiner Besinnung auf den Menschen in *Das Selbst als ein Anderer* mehrfach darauf hin, dass das Erinnern einem nicht einfach nur widerfährt, sondern *auch* eine Handlung, ein Tun ist, und dass deshalb das Erinnern-können zu den ›Fähigkeiten‹ hinzuzurechnen ist, die den Menschen als Menschen auszeichnen« (S. 225).

[10] So P. Ricœur in einem Gespräch in der Karwoche 2000 in Taizé. Vgl. im Internet unter *www.taize.fr/de_article1118.html*: »Die Güte bricht sich Bahn«.

ist nicht so tief wie die Güte.«[11] Mit dieser Einstellung ist der Mensch bereits unterwegs zu dem »befreienden Wort«, das den anderen

---

[11] Ebd. – Frère Roger (1915–2005) erinnert in seinem Brief an Ricœurs Familie, den er am 21. Mai 2005, am Tag nach Ricœurs Tod, geschrieben hat, an diese gerade für das christliche Bewusstsein bedeutungsschweren Worte. Er schreibt damals, aus der Erinnerung (an ein Gespräch im Jahr 2000) zitierend: »In den letzten fünfzig Jahren ist er [sc. Paul Ricœur] oftmals nach Taizé gekommen. [...] Er hat uns oft angestiftet, tiefer nachzudenken. [...] Eines Tages sagte er zu uns die Worte: ›Wie radikal das Böse auch sein mag, es reicht nicht an die Tiefe der Güte.‹« Diese zentrale Aussage findet sich zeitgleich und auch schon früher in Ricœurs Schrifttum. Orth weist darauf hin und deutet zugleich an, was diese Aussage in anthropologischer Perspektive bedeutet: »Am Ende des Gedankengangs von *La mémoire, l'histoire, l'oubli* steht [...] – wie schon innerhalb der Phänomenologie der Schuld – die Behauptung, dass bei aller ›Radikalität‹ des Bösen [im Kantischen Sinne] mit den entsprechenden Konsequenzen die Bestimmung zum Guten im Kantischen Sinne ursprünglicher sei. Genau diese Bestimmung zum Guten ermöglicht es, dass zu den in *Das Selbst als ein Anderer* profilierten Fähigkeiten des Menschen, sprechen, handeln, erzählen und moralische Bewertungen vornehmen zu können, nicht nur die Fähigkeit zur Erinnerung als eine Art Existenzial des Menschen tritt, sondern eben auch die Möglichkeit zu verzeihen – ohne dabei die Schuld zu verdrängen, der sich Ricœur in seinem anthropologischen Frühwerk so gewissenhaft gewidmet hat. Woher die Kraft dazu kommt? Dies ist eine andere Frage, die Ricœur in den fast sechs Jahrzehnten professioneller philosophischer Reflexion bis zuletzt immer wieder auch an die Grenzen der Philosophie geführt hat.« S. Orth, »Von der Anthropologie der Fehlbarkeit zur Hermeneutik des Selbst. Stationen auf dem Denkweg von Paul Ricœur«, in: S. Orth und P. Reifenberg (Hg.), *Facettenreiche Anthropologie. Paul Ricœurs Reflexionen auf den Menschen*, Freiburg 2004, S. 15–36, hier S. 36. Vgl. vor allem den Epilog »Schwierige Vergebung«, in: P. Ricœur, *Gedächtnis, Geschichte, Vergessen*, München 2004, S. 697–776. Vgl. die beiden Beiträge hierzu von: M. A. Villaverde, »Schuld und Vergebung bei Paul Ricœur«, in: A. Breitling und S. Orth (Hg.), *Erinnerungsarbeit*, S. 207–222; S. Orth, »Zwischen Philosophie und Theologie«. In diesem zuletzt genannten Beitrag wartet Orth mit einer für die Ricœur-Forschung ganz bemerkenswerten These auf, die er auch eingehend begründet. Er vertritt die Auffassung, »dass man diesen letzten Teil von *La mémoire, l'histoire, l'oubli* [...] vor dem Hintergrund des Frühwerks lesen und verstehen muss« (S. 232). Seine These lautet näherhin: »dass Ricœur im Epilog über das Verzeihen angesichts von Schuld und Leid abermals seine ursprünglichen, bisher nicht ausgeführten Pläne für eine ›Poetik des Willens‹ wieder aufgreift und jetzt deutlicher als je zuvor offenlegt. Er knüpft hier wieder an seine Skizzen der ›Poetik‹ einer von Schuld befreiten Freiheit an, die die ›Philosophie des Willens‹ hätte beschließen sollen – auch wenn es natürlich nicht genau die ›Poetik des Willens‹ ist, die Ricœur vor fünfzig Jahren geplant hat. Damals hatte der bekennende Protestant diese vertagt und seine bereits auf drei Bände angewachsene ›Philosophie des Willens‹ unvollendet gelassen, weil er – im auf strenge Trennung zwischen Philosophie und Theologie bedachten Geistesleben Frankreichs – Sorge hatte, zu sehr in den Be-

(auf)atmen lässt: »Du bist besser als deine Taten.«[12] Vor dem Hintergrund solcher alternativer Handlungsmöglichkeiten könnte jeder selbst sich fragen, ja *die* »Gretchenfrage« selbst sich stellen: »Nun sag', wie hast du's mit dem Bösen?«

II.

Ein erster Blick auf die Grenze einer ethischen (Welt-)Anschauung

Allerdings darf man, das lehrt schon die Erfahrung, den Menschen ethisch auch nicht überfordern mit gut gemeinten Ratschlägen in der Form von steilen Imperativen – als wären sie in jeder Situation gleich gültig und als wären »die Hindernisse, die den Maximalforderungen entgegenstehen«[13], aus eigener Kraft locker zu bewältigen. Man darf ihm auch bei aller *Zurechenbarkeit* nicht einseitig und kompromisslos, ganz ohne gravierende Einschränkungen zu machen, das Böse, das er getan hat, umfassend anlasten – als hätte das Böse, das er tut, so gut wie gar keine Vorgeschichte und nur mit ihm allein zu tun. Und man darf ihm auch nicht seinen unproduktiven Umgang mit dem erlittenen Bösen gänzlich verübeln – als wäre er so ganz und gar nicht negativ vorbelastet und gezeichnet, ja empfindlich verwundet, als wäre er in seinen Reaktionen so ganz unbeschwert, jedenfalls in keiner Weise gehemmt. Man würde damit der Illusion erliegen,

---

reich der Logik des Religiösen zu geraten, auf diese Weise jedoch seine Glaubwürdigkeit als Philosoph zu verlieren. […] Es spricht jedoch vieles für die Vermutung, dass der fehlende dritte Band der Willensphilosophie so etwas wie eine *Philosophie der Rechtfertigung* geworden wäre« (S. 226, 228).

[12] P. Ricœur, *Gedächtnis, Geschichte, Vergessen*, München 2004, S. 759. – Ricœur spricht in diesem Zusammenhang von einem »Akt der Entbindung« (S. 756), was bedeutet, dass »der Schuldige […] in die Lage versetzt wird, noch einmal neu zu beginnen« (S. 754). Vergebung bedeutet soviel wie »den Handelnden von seiner Handlung entbinden« (S. 753 [Zwischenüberschrift]).

[13] H. R. Schlette, »›Geben – nicht Hassen‹. Zur Friedensformel von Albert Camus«, in: *Orientierung* 48 (1984) S. 266–268, hier S. 268. Diese Hindernisse sieht Camus sehr deutlich. Vgl. B. J. Claret, »Theologie im Kontext einer ›zerbrochenen‹ Welt‹. Zum derzeitigen lebensweltlichen Erfahrungshorizont und seiner Bedeutung für die Theologie«, in: *Theologie der Gegenwart* 38 (1995) S. 256–271, bes. S. 268–270.

Bernd J. Claret

der Mensch sei uneingeschränkt frei und von sich aus – wenn er nur will, was er soll – zu jeder Zeit zum guten Handeln »fähig«.

Aus philosophischer wie theologischer Sicht, insbesondere aus (jüdisch-)christlicher Perspektive, ist richtig, dass der Mensch dort in die Verantwortung zu nehmen ist, wo er nach menschlichem Ermessen tatsächlich verantwortlich ist. Das kann und muss bisweilen auch in einer für den Einzelnen sehr unbequemen Weise geschehen. Er ist auf seine Verantwortung hin ansprechbar, und man darf nicht zu gering vom Menschen und dessen Fähigkeiten – seinem *Können* – denken, dementsprechend ihm auch in ethischer Hinsicht einiges zutrauen.[14] Aber genauso richtig und wichtig ist der Hinweis, dass in dieser Perspektive kein Mensch sein Leben am Nullpunkt beginnt; keiner beginnt in seinem Handeln absolut, d. h. völlig losgelöst und frei von allen Vorgegebenheiten. Der Mensch vollzieht seine Freiheit in einem schon geprägten Raum und Kontext, der diesem das Sündigen offenbar nur in der Form zugesteht, dass sündigen soviel heißt wie nachgeben.

So jedenfalls sieht es Paul Ricœur, in dessen philosophischer Anthropologie der wirkungsgeschichtlich hochbrisante Adamsmythos der Bibel eine ganz zentrale Rolle spielt. Es ist gerade die Auseinandersetzung mit dem »Sündenfalldrama«[15] in Gen 3,1–7, die das in seinen Konsequenzen sehr weitreichende Diktum Ricœurs hervorbringt: »Sündigen heißt nachgeben.«[16] Und das bedeutet: Wenn der einzelne Mensch das Böse setzt, kann er dies nur tun, indem er das Böse, das in gewisser Weise (immer) »schon da«[17] ist – vor ihm! – »fortsetzt«[18]. Und das wiederum bedeutet: An dem Bösen, das durch einen Menschen geschieht, ist immer auch ein nicht unerheblicher, signifikant rätselhafter Anteil vorhanden, für den der einzelne

---

[14] In genuin (jüdisch-)christlicher Perspektive – so lässt sich mit Ludwig Wenzler formulieren – traut zunächst Gott, der »will, dass ich sein Sprechen mitspreche«, und der »uns sein Wort nur *in* unserer Antwort geben will«, dem einzelnen Menschen Ungeheueres zu und *erwartet* dementsprechend auch *einiges von ihm, aber nicht ohne dass er ihn zuvor zur »Stellvertretung« befähigt*. L. Wenzler, »Erfahrungen mit Gott«, in: L. Wenzler (Hg.), *Die Stimme in den Stimmen. Zum Wesen der Gotteserfahrung*, Düsseldorf 1992, S. 7–29, hier S. 23.
[15] P. Ricœur, *Symbolik des Bösen*, Freiburg 1971, S. 274.
[16] Ebd., S. 296.
[17] Vgl. etwa: ebd., S. 179 f., 296, 355.
[18] Vgl. etwa: ebd., S. 180, 296 u. ö.

»Größe und Grenze einer ethischen Weltanschauung«

Mensch, der »das Böse wahrmacht«[19], nicht mehr die Verantwortung übernehmen kann und auch nicht übernehmen muss. Und eben dieser Anteil, der nicht mehr in die Verantwortlichkeit des einzelnen Menschen fällt, der das Böse setzt, jene andere Seite des Bösen, die es eben auch gibt und die sich, weil den Verantwortungsbereich des Menschen übersteigend, anthropologisch nicht restlos reduzieren lässt, muss einer philosophischen Anthropologie enorm zu schaffen machen, wenn sie das Phänomen des Bösen bedenkt – freilich nur nachdem der oder die Philosophierende auf dieses »Andere des menschlichen Bösen«[20] aufmerksam geworden ist.

Ricœur hat – wie kein zweiter Philosoph der Gegenwart – die Herausforderung, die dieser nicht vom Menschen in Verantwortung zu übernehmende Anteil am Bösen für das philosophische Denken bedeutet, gesehen und in der philosophischen Reflexion entsprechend darauf reagiert. Und zwar vor allem durch seinen Rückgriff auf Mythen, die vom Anfang und Ende des Bösen erzählen und davon, dass es am Bösen, dort wo es in der Wirklichkeit auftaucht, offenbar immer etwas gibt, das dem Menschen nicht mehr vollauf zurechenbar ist. Erst wo dieser rätselhafte, vom Menschen nicht gesetzte Anteil mit ins Blickfeld rückt und versucht wird, das Böse eben nicht nur als eine ausschließlich vom Menschen und seiner Freiheit abhängige Größe zu begreifen, sondern auch als eine ihm gegenüber in gewisser Weise vorgängige Wirklichkeit, ist die mit dem Bösen gegebene Herausforderung *auf der Ebene des Denkens* wirklich (vollumfänglich) angenommen: Jetzt wird deutlich, dass die ethische (Welt-)Anschauung bei all ihrer Größe eben doch auch ihre Grenze hat.

Unter einer »ethischen Anschauung«[21] versteht Paul Ricœur »das Bemühen [...], die Freiheit und das Böse immer enger wechselseitig zu erklären«[22]. Er denkt dabei vor allem an Kant und dessen »Annahme der Freiheit zum Bösen«[23] (und an Hegel, der in Bezug

---

[19] So die gelungene Formulierung von: J. Bründl, *Masken des Bösen. Eine Theologie des Teufels*, Würzburg 2002, S. 389.
[20] P. Ricœur, »Hermeneutik der Symbole und philosophische Reflexion (I) [1961]«, in: *Hermeneutik und Psychoanalyse. Der Konflikt der Interpretationen II*, München 1974, S. 162–195, hier S. 172.
[21] P. Ricœur, *Die Fehlbarkeit des Menschen*, S. 15.
[22] Ebd., S. 11.
[23] H.-J. Ehni, *Das moralisch Böse. Überlegungen nach Kant und Ricœur*, Freiburg 2006, S. 221. – »Mit Kant und seiner Abhandlung *Vom radikalen Bösen* hat diese

auf Kant von einer ethischen Weltanschauung spricht). Aber gerade dieses Bemühen, das voll und ganz getragen ist von der Überzeugung, dass »das Böse der Freiheit zuzurechnen«[24] ist, stößt empfindlich an eine Grenze, sobald dem Denken aufgeht, dass das Böse zwar in den Bereich der menschlichen Verantwortung fällt, aber »keine nur anthropologische Größe« ist.[25] Erst wenn klar erkannt worden ist, dass es auch über dieses »Andere des menschlichen Bösen« philosophisch nachzudenken gilt, kann die enorme denkerische Herausforderung, die mit dem Phänomen des Bösen gegeben ist, überhaupt erst so richtig zu Bewusstsein kommen.

Die Grenze einer »ethischen Weltanschauung«[26] kommt vielleicht am nachdrücklichsten in den Blick, wenn man über ein Phänomen nachdenkt, das der Hirnforscher Gerhard Roth einmal als »Schuldparadoxon« bezeichnet hat.

Völlig unabhängig davon, ob jemand dem derzeit im Aufwind befindlichen Naturalismus anhängt und glaubt, einen Freiheitsursprung des Bösen nicht annehmen zu können, oder sich als Vertreter einer »ethischen Weltanschauung« sieht – die von der Wirklichkeit menschlicher Freiheit ausgeht: Das Phänomen, das hier beschrieben wird, ist hochinteressant. Je schlimmer sich das Böse zuträgt und »je stärker die Schuld« (Roth[27]) zu sein scheint, je dring-

---

Betrachtungsweise ihre erste Reife erlangt; indem der moralische Formalismus eine einzige Maxime des guten Willens herausstellt, räumt er auch dem schlechten Willen eine einzige Maxime ein; der Formalismus drängt das Böse in eine Maxime der Willensfreiheit zurück; und eben das ist der Kern der ethischen Auffassung vom Bösen.« P. Ricœur, Die Fehlbarkeit des Menschen, S. 13.

[24] H.-J. Ehni, Das moralisch Böse, S. 221.
[25] Formuliert in direktem Anschluss an: W. Pannenberg, »Das Böse«, in: Evangelisches Kirchenlexikon, Band 1, Göttingen 1956, S. 559–561, hier S. 561. – Wolfhart Pannenberg ist im Übrigen einer der ersten Theologen im deutschsprachigen Raum, der in regelmäßigem persönlichem Kontakt mit Ricœur gestanden und dessen zweibändige »Phänomenologie der Verfehlung« schon früh rezipiert hat.
[26] P. Ricœur, Die Fehlbarkeit des Menschen, S. 11, 15 f.
[27] Roth, das legen jedenfalls die meisten seiner diesbezüglichen Äußerungen nahe (auch wenn bei seinen Stellungnahmen aus der jüngsten Zeit leichte Akzentverschiebungen und eine gewisse Zurückhaltung im Urteil zu beobachten sind), verwendet zwar noch den Begriff der Schuld, so wie er umgangssprachlich eben eingesetzt wird, aber das Phänomen Schuld (d. h. philosophisch: der dem Menschen zurechenbaren Verfehlung) existiert für ihn überhaupt nicht. Er kennt jedenfalls keinen »[schuld]fähigen Menschen« im Sinne Ricœurs. Einer ethischen Anschauung ist hier ganz grundsätzlich der Abschied gegeben: Freiheit und damit auch ethisch bewertbare Zurechenbarkeit von Handlungen sind seiner Auffassung

licher stellt sich die Frage: »Ist der [sc. Täter des Bösen] von allen guten Geistern verlassen?« »Was ist denn in ihn gefahren, dass er so etwas tut?« »Ist der denn überhaupt noch (voll) zurechnungsfähig, wenn er so etwas tut?«

D. h. je schlimmer sich das Böse zuträgt und »je stärker die Schuld« des Einzelnen zu sein scheint, desto dringlicher stellt sich die Frage nach dem »Anderen des menschlichen Bösen«, zumindest aber, ob der Täter des Bösen nicht zugleich auch Opfer des Bösen, also selbst, vorgängig zu seiner Tat, vom Bösen »affiziert«[28] und damit – wenigstens ein Stück weit – auch zu ent-schuldigen ist. Ein äußerst merkwürdiges Phänomen: Der Täter des Bösen, d. h. der im Bösen Aktive, wird unter der Hand zum Opfer des Bösen, d. h. zum Passiven, und zwar in dem Maße, als dessen Schuld zuzunehmen scheint – als sei der Mensch »je stärker die Schuld« je mehr in eine Gefangenschaft hineingeraten, die ihn »je stärker die Schuld« je mehr zum Opfer des Bösen werden lässt.

Die Reflexionen, die Ricœur im größeren Rahmen seiner »Phänomenologie der Verfehlung« zum »Paradox eines gefangenen freien Willens«[29] bietet, sind gleichsam der Schlüssel zu einem angemessenen Verständnis dieses geradezu absurd anmutenden Phänomens. Sie lassen zudem über das bereits Angedeutete hinaus tiefer erkennen, worin die denkerische Herausforderung des Bösen bei Paul Ricœur besteht, und besser verstehen, dass Ricœur – gerade weil er diese Herausforderung vollumfänglich angenommen hat – in seiner philosophischen Anthropologie sowohl Größe als auch Grenze einer ethischen Weltanschauung zugleich akzentuiert. Mit dieser doppelten Akzentsetzung, die eine gewisse Korrektur an Kant bedeutet[30], steht Ricœur einer christlichen Theologie sehr nahe. Er vermag durch seine gründliche philosophische Reflexion einen ganz wesentlichen Beitrag dazu zu leisten, dass insbesondere die katho-

---

nach eine Illusion; der Begriff des Bösen und damit auch der Begriff der Verantwortung für etwas Böses ist dementsprechend aufzugeben.
[28] P. Ricœur, Die Fehlbarkeit des Menschen, S. 12.
[29] P. Ricœur, Symbolik des Bösen, S. 176.
[30] Mit der Formel »Größe und Grenze einer ethischen Weltanschauung«, P. Ricœur, Die Fehlbarkeit des Menschen, S. 11, stellt Ricœur einen »expliziten Bezug« her zu Kant. Vgl. H.-J. Ehni, Das moralisch Böse, bes. S. 220–224 (Zitat: S. 221). Es ist das Verdienst von Hans-Jörg Ehni, diesen sehr engen »Bezug der Auffassung Ricœurs vom Bösen zu derjenigen Kants« (S. 173), der im Titel meines Beitrages angedeutet ist, detailliert aufgewiesen zu haben.

Bernd J. Claret

lische Theologie die von ihr vertretene Weltanschauung besser und tiefer versteht.

Meines Erachtens tut die Theologie, will sie eines ihrer ganz großen Kernanliegen in seiner ungeheueren Tragweite verstehen, gut daran, Ricœurs »Phänomenologie der Verfehlung« noch intensiver zu rezipieren, als dies bislang geschehen ist. Dann wird sich ganz klar und deutlich zeigen: Eine theologische Anthropologie heute kann auf gar keinen Fall diese »Phänomenologie der Verfehlung«, ja überhaupt die ganze »facettenreiche Anthropologie«[31] Ricœurs bis hin zu *Gedächtnis, Geschichte, Vergessen*, gänzlich außer Acht lassen oder mit ein paar wenigen Hinweisen im Anmerkungsapparat übergehen, wie dies in der Theologie immer noch geschieht. Vielmehr sollte es ihr darum gehen, den anthropologisch wirklich brisanten Phänomenen bis in ihre Tiefe nachzudenken, um den »fähigen Menschen« *(homme capable)* – um den geht es in der Theologie ganz zentral – in seinem »Handeln-Können« *(pouvoir-faire)* besser zu verstehen.

Wollte man eine Liste von theologischen Autorinnen und Autoren anfertigen, die speziell im Rahmen ihrer anthropologischen Reflexion auf Ricœur zu sprechen kommen und wenigstens kurz und prägnant auf ihn verweisen, dann wäre diese zwar recht lang. Aber es würde sich dann auch zeigen, wie wenig Ricœur, gemessen an dem, was er zu sagen hat, theologisch rezipiert worden ist. Das gilt im Grunde genommen bis heute. Immerhin: Die hier namentlich zu nennen wären, haben Ricœur, im Unterschied zu vielen, wenigstens zur Kenntnis genommen und geben durch ihre Hinweise zu verstehen, dass Ricœur ein für die Theologie wertvoller Gesprächspartner ist.[32] Eine intensivere Auseinandersetzung mit und eine wirkliche

---

[31] So der Titel des für die theologische Ricœur-Rezeption im Bereich der Anthropologie wichtigen Buches: S. Orth und P. Reifenberg (Hg.), *Facettenreiche Anthropologie*.

[32] Allen voran, um eine recht frühe (religionsphilosophische) Publikation zu nennen: L. Wenzler, *Die Freiheit und das Böse nach Vladimir Solov'ev*, Freiburg 1978 (Index). Vgl. aber etwa auch: J. Sudbrack, *Religiöse Erfahrung und menschliche Psyche. Zu Grenzfragen von Religion und Psychologie, von Heiligkeit und Krankheit, von Gott und Satan*, Mainz 1998. – Im Verlauf seiner Ausführungen macht Josef Sudbrack immer wieder sehr deutlich, dass »die kluge Hermeneutik Ricœurs [...] aufzugreifen [ist]« (S. 114): »Man sollte auf den Spuren der Hermeneutik weitergehen, die Ricœur für das ›Verstehen‹ des Bösen entworfen hat« (S. 118). Die damit verbundene »Mühe«, die Ricœur der Theologie »aufträgt« (S. 119), darf man nicht scheuen.

»Größe und Grenze einer ethischen Weltanschauung«

Rezeption von Ricœurs »Phänomenologie der Verfehlung« im Speziellen findet man in der deutschsprachigen Theologie vor allem bei: Michael Böhnke[33], Wolfhart Pannenberg[34], Hermann Häring[35], Siegfried Wiedenhofer[36], Jürgen Werbick[37], Helmut Riedlinger[38], Stefan Orth[39] und Jürgen Bründl[40].

---

[33] Vgl. M. Böhnke, *Konkrete Reflexion. Philosophische und theologische Hermeneutik. Ein Interpretationsversuch über Paul Ricœur*, Frankfurt 1983, bes. S. 18–54.

[34] Vgl. vor allem: W. Pannenberg, *Anthropologie in theologischer Perspektive. Religiöse Implikationen anthropologischer Theorie*, Göttingen 1983, bes. S. 101–118, 281–285, 294.

[35] Vgl. H. Häring, *Das Problem des Bösen in der Theologie*, Darmstadt 1985, bes. S. 18, 88, 121 f., 124 f., 154. Zuvor schon (im Kontext der Erbsündenproblematik): *Die Macht des Bösen. Das Erbe Augustins*, Gütersloh 1979 (Index). Zuletzt: *Das Böse in der Welt. Gottes Macht oder Ohnmacht?*, Darmstadt 1999 (Index).

[36] Für Siegfried Wiedenhofer liefert Ricœur (neben Eugen Drewermann) einen der »beiden wichtigsten Beiträge zur Erbsündentheologie der Gegenwart«; er verweist dabei auf: P. Ricœur, *Die Fehlbarkeit des Menschen; Symbolik des Bösen;* »Die ›Erbsünde‹. Eine Bedeutungsstudie [1960]«, in: *Hermeneutik und Psychoanalyse. Der Konflikt der Interpretationen II*, München 1974, S. 140–161. – So in: S. Wiedenhofer, »Zum gegenwärtigen Stand der Erbsündentheologie«, in: *Theologische Revue* 83 (1987) S. 353–370, hier S. 355. Vgl. aber vor allem den Aufsatz: S. Wiedenhofer, »›Erbsünde‹ – eine universale Erbschuld? Zum theologischen Sinn des Erbsündendogmas«, in: *Theologische Quartalschrift* 162 (1982) S. 30–44, hier S. 37–44 (Ein neuer Vorschlag zur Erbsündentheologie). Wiedenhofer sieht sich fehlinterpretiert, wenn Kritiker anmerken, dass sein eigener, von Ricœur herkommender Versuch eines Neuverständnisses des Begriffs der »Erbsünde« eine »Auflösung des Gegenstandes des Erbsündendogmas« bedeute. S. Wiedenhofer, »Hauptformen gegenwärtiger Erbsündentheologie«, in: *Internationale Katholische Zeitschrift Communio* 20 (1991) S. 315–328, hier S. 328. Kritik in diese Richtung äußert z. B.: H. Hoping, *Freiheit im Widerspruch. Eine Untersuchung zur Erbsündenlehre im Ausgang von Immanuel Kant*, Innsbruck 1990, S. 28.

[37] Vgl. vor allem: J. Werbick, *Schulderfahrung und Bußsakrament*, Mainz 1985. Zuvor schon: *Glaube im Kontext. Prolegomena und Skizzen zu einer elementaren Theologie*, St. Ottilien 1982.

[38] Vgl. H. Riedlinger, »Der Übergang von der Unschuld zur Sünde. Zur geschichtlichen und geistlichen Auslegung des Mythos von Adam, Eva und der Schlange«, in: W. Strolz (Hg.), *Vom alten zum neuen Adam. Urzeitmythos und Heilsgeschichte*, Freiburg 1986, S. 11–42, bes. S. 25–32.

[39] Vgl. bislang vor allem: S. Orth, *Das verwundete Cogito und die Offenbarung. Von Paul Ricœur und Jean Nabert zu einem Modell fundamentaler Theologie*, Freiburg 1999; »Von der Anthropologie der Fehlbarkeit zur Hermeneutik des Selbst«; »Das Böse gibt zu denken. Der Ausgangspunkt philosophischer Reflexion bei Paul Ricœur und Jean Nabert«, in: S. Grätzel und P. Reifenberg (Hg.), *Ausgangspunkt und Ziel des Philosophierens. Akademietagung zum 100-jährigen Gedenken an*

Bernd J. Claret

Gerade Ricœurs Hermeneutik der Symbole des Bösen fordert das systematisch-theologische Denken auf ein Höchstmaß heraus, vor allem dort, wo der Gedanke zentral wird, dass diese Symbole gleichsam durch einen Begriff zusammengebunden werden können, der das durch die Symbole des Bösen immer wieder je neu angezeigte Paradox auf den Punkt – oder besser: auf den Begriff – zu bringen vermag. Es ist die Rede vom so genannten *servum arbitrium*, vom Begriff des »gefangenen freien Willens«. Die Sache, die hier auf den Begriff gebracht ist und die ich im Folgenden wenigstens ansatzweise erläutern will, ist wesentlich komplizierter, als dies zunächst scheinen mag, weil sie im Grunde genommen außerhalb einer Hermeneutik der Symbole des Bösen nicht erreichbar ist und ohne den langen (Um-)Weg durch die Welt der Symbole überhaupt nicht recht verstanden werden kann. Aber die Sache, um die es hier geht, ist für eine theologische Anthropologie (aber auch für die Soteriologie und die Eschatologie) derart wichtig, dass es sich die Theologie nicht leisten kann, auf einen Gesprächspartner wie Paul Ricœur zu verzichten, wenn dieser schon derart intensiv und ausführlich über das mit dem Begriff des *servum arbitrium* angezeigte Phänomen einer »tragischen ›Selbstantastung der Freiheit‹«[41] philosophisch reflektiert hat.

Ricœur zeichnet sich unter den herausragenden Philosophen der Gegenwart nicht nur dadurch aus, dass er ein »umfangreiches systematisches Werk zum Bösen«[42] vorgelegt hat, sondern auch dadurch, dass ihn der zu Recht »gegen die Philosophie« immer wieder erhobene »Vorwurf, die Problematik des Bösen unzulässig zu vereinfachen und zu verharmlosen«[43], ganz sicherlich nicht treffen kann. Stefan Orth, der wohl beste Kenner des Ricœurschen Gesamtwerkes in der jüngeren Theologengeneration, stellt in seinem Beitrag mit dem bezeichnenden Titel »Das Böse gibt zu denken« (2007) fest: »Paul Ricœur war zweifelsohne ein Philosoph, der sich nicht nur mit besonderer Hartnäckigkeit mit dem Problem des Bösen auseinandergesetzt hat. Für ihn war es sogar immer wieder, so meine These, ein

---

»*Le Point de départ de la recherche philosophique*« (1906) von Maurice Blondel, London 2007, S. 129–151. Aber auch: »Zwischen Philosophie und Theologie«.
[40] Vgl. J. Bründl, *Masken des Bösen* (Index).
[41] So J. Bründl, ebd., S. 210 (Ricœur zitierend und zugleich interpretierend).
[42] H.-J. Ehni, *Das moralisch Böse*, S. 14.
[43] Ebd., S. 25. – Vgl. ebd., S. 13–28 (Neuere Veröffentlichungen zum Thema und Schwierigkeiten mit dem moralisch Bösen in der philosophischen Literatur).

»Größe und Grenze einer ethischen Weltanschauung«

wichtiger, wenn nicht sogar der wichtigste Ausgangspunkt für sein Philosophieren.«[44]

III.

Der Begriff des servum arbitrium

Inzwischen gibt es eine ganze Reihe von guten Beiträgen, die das Anliegen von Ricœurs »Phänomenologie der Verfehlung« im Rahmen seiner großangelegten »Philosophie des Willens« erhellen und auch in den Inhalt einführen.[45] Gemeint sind mit dieser »Phänomenologie der Verfehlung« in erster Linie die beiden 1960 im französischen Original erschienenen, aber erst 1971 ins Deutsche übersetzten Werke *Die Fehlbarkeit des Menschen* (der erste Band) und *Symbolik des*

---

[44] S. Orth, »Das Böse gibt zu denken«, S. 129. – Das heißt aber nicht, »dass der Ausgangspunkt des Denkens […] am Anfang der Reflexion stehen […] muss« (S. 130). »Der im Nachhinein aus einer systematischen Perspektive erkannte Ausgangspunkt des Denkens muss nicht dessen Anfang sein.« (S. 130). Auf jeden Fall gilt: »Zum *cantus firmus* der Philosophie Ricœurs gehört die Beschäftigung mit dem Bösen, wenn sie auch unterschiedlich intensiv war.« (S. Orth, »Zwischen Philosophie und Theologie«, S. 223).
Im Anschluss an das obige Zitat im Haupttext schreibt S. Orth weiter: »Und besonders angesichts dieser Frage zeigt sich dabei die Nähe zu seinem hierzulande so gut wie unbekannten Lehrer, dem französischen Reflexionsphilosophen Jean Nabert.« Es ist das besondere Verdienst von Orth, die recht starke Beeinflussung Ricœurs durch seinen philosophischen Lehrer Nabert, insbesondere in den fünfziger Jahren, eingehend untersucht zu haben. Vgl. neben diesem eben genannten Aufsatz »Das Böse gibt zu denken« vor allem auch: S. Orth, *Das verwundete Cogito und die Offenbarung;* »Spuren des Denkens von Jean Nabert in Paul Ricœurs ›kleiner Ethik‹«, in: A. Breitling, S. Orth und B. Schaaff (Hg.), *Das herausgeforderte Selbst. Perspektiven auf Paul Ricœurs Ethik*, Würzburg 1999, S. 59–73; »Vernachlässigte Ressourcen. Das reflexionsphilosophische Fundament der Hermeneutik Paul Ricœurs«, in: S. Orth und A. Breitling (Hg.), *Vor dem Text. Hermeneutik und Phänomenologie im Denken Paul Ricœurs*, Berlin 2002, S. 189–207.
[45] Vgl. vor allem die genannte Studie von Michael Böhnke und die oben genannten Arbeiten von Orth. Zudem die bereits mehrfach zitierte Studie von Hans-Jörg Ehni: *Das moralisch Böse* (bes. das 3. Kapitel). In den folgenden Abschnitten erlaube ich mir, auf einige Passagen meiner eigenen Arbeit zurückzugreifen. Vgl. B. J. Claret, *Geheimnis des Bösen. Zur Diskussion um den Teufel*, Innsbruck 1997, 2. Aufl.: 2000, bes. S. 252–304 (Paul Ricœurs Beitrag zur Diskussion um den Teufel).

Bösen (der zweite Band).[46] Darüber hinaus gibt es noch einige weitere Beiträge Ricœurs im Umkreis dieser beiden Bände, die zum besseren Verständnis dessen beitragen können, was hier grundgelegt ist.[47] Weil dies so ist, kann ich mich an dieser Stelle darauf beschränken, den Begriff zu erläutern, auf den »die ganze Kette« der Symbole des Bösen »zuhält«, die Ricœur in seiner zweiten Studie interpretierend »durchläuft«[48], nämlich den Begriff des »gefangenen freien Willens«: *servum arbitrium*[49].

Zum besseren Verständnis vorab noch Folgendes: Nachdem Ricœur im ersten Teil seiner *Symbolik des Bösen* (»Die Ursymbole: Makel, Sünde, Schuld«) ausführlich über die »Primärsymbolik« und die »Dynamik der Primärsymbole« gehandelt und eine höchst interessante Interpretation der Ursymbole des Bösen vorgestellt hat, legt er in einem kurzen, aber überaus wichtigen Schlusskapitel des ersten Teils dar, wie die Ursymbole des Bösen gleichsam durch einen Begriff zusammengebunden, oder wie Ricœur sagt, in einen Begriff »eingesammelt« werden können, und zwar in den Begriff des »gefangenen

---

[46] Ricœur ist übrigens unter den wenigen Philosophen, die eine eigene Symboltheorie entworfen haben, meines Wissens der Einzige, der diese von einer Untersuchung der Symbole und Mythen (= in Erzählform entwickelte Symbole; Symbole zweiter Ordnung) des Bösen her entwickelt hat. Zur Frage, wie es bei ihm zu dieser intensiven Beschäftigung mit den Symbolen (und Mythen) des Bösen gekommen ist, also vor allem zur Ausarbeitung des Werkes *Symbolik des Bösen*, vgl. etwa: B. J. Claret, *Geheimnis des Bösen*, S. 257–259; S. Orth, »Von der Anthropologie der Fehlbarkeit zur Hermeneutik des Selbst«, S. 17–25.

[47] Lediglich auf fünf davon sei nachdrücklich verwiesen. Vgl. vor allem die folgenden Aufsätze in: P. Ricœur, *Hermeneutik und Psychoanalyse*: »Die ›Erbsünde‹ – eine Bedeutungsstudie [1960]«, S. 140–161; »Hermeneutik der Symbole und philosophische Reflexion (I) [1961]«, S. 162–195; »Hermeneutik der Symbole und philosophische Reflexion (II) [1962]«, S. 196–216; »Die Anklage entmythisieren [1965]«, S. 217–238. Zudem: »Schuld, Ethik und Religion«, in: *Concilium* 6 (1970) S. 384–393 (nicht völlig identisch mit dem in *Hermeneutik und Psychoanalyse*, S. 266–283, abgedruckten gleichnamigen Aufsatz von 1969).

[48] P. Ricœur, *Symbolik des Bösen*, S. 175.

[49] Man tut gut daran, den lateinischen Begriff »servum arbitrium« beziehungsweise das französische Äquivalent »serf arbitre« mit dem Wort »gefangener freier Wille« (P. Ricœur, *Symbolik des Bösen*, S. 176) wiederzugeben und nicht mit dem Ausdruck »unfreier Wille«, da diese Umschreibung die Aussageabsicht Ricœurs deutlicher hervortreten lässt und den mit diesem Begriff angezeigten Sachverhalt in seiner Paradoxie und Anstößigkeit für das Denken besser zur Sprache bringt. Zudem bietet diese Wiedergabe die Möglichkeit, darauf hinzuweisen, dass die Chiffre »Gefangenschaft« in Ricœurs »Symbolik des Bösen« eine herausragende Rolle spielt.

freien Willens« *(servum arbitrium)*. Diese Passage dient Ricœur dazu, wie mit einer Klammer die Interpretation der Symbole erster Ordnung (Ursymbole des Bösen) mit der der Symbole zweiter Ordnung (Mythen des Bösen) zusammenzufügen. Sie ist gleichsam das Herzstück seiner *Symbolik des Bösen*, denn hier wird das eigentliche Thema, das die Symbolik des Bösen zu bedenken gibt, fokussiert.

Mit diesem in der Theologie vor allem durch Luther konturierten Begriff des *servum arbitrium*, den Luther von Augustinus her gewinnt[50], kann also »das letzte Thema, das das Symbol zu bedenken gibt«[51] zur Sprache – und tatsächlich prägnant auf den Begriff – gebracht werden: »Wenn ›das Symbol zu denken gibt‹, so bezeichnet das, was die Symbolik des Bösen zu denken gibt, die Größe und Grenze jeder ethischen Weltanschauung, denn der Mensch, den diese Symbolik enthüllt, ist nicht nur schuldiger Urheber, sondern ebenso sehr ein Opfer des Bösen.«[52]

Das bedeutet aber nicht, dass mit dem Begriff des *servum arbitrium* dieses »letzte Thema« in den Griff zu bekommen ist. Vielmehr gilt: Dieser Begriff bildet gleichsam den »Horizont«[53]. Er dient Ricœur dazu, »das Paradox eines gefangenen freien Willens«[54] zu beschreiben, das Phänomen also, dass sich »eine Freiheit [...] selbst

---

[50] Zu Luther vgl. nach wie vor immer noch und vor allem die Untersuchung von: H. J. McSorley, *Luthers Lehre vom unfreien Willen nach seiner Hauptschrift De Servo Arbitrio im Lichte der biblischen und kirchlichen Tradition*, München 1967. Zudem: F. Hermanni, »Luther oder Erasmus? Der Streit um die Freiheit des menschlichen Willens«, in: F. Hermanni und P. Koslowski (Hg.), *Der freie und der unfreie Wille. Philosophische und theologische Perspektiven*, München 2004, S. 165–187; J. Werbick, »›Zur Freiheit hat uns Christus befreit‹ (Gal 5,1). Was Luthers Widerspruch gegen Erasmus einer theologischen Theorie der Freiheit heute zu denken gibt«, in: M. Böhnke u. a. (Hg.), *Freiheit Gottes und der Menschen. Festschrift für Thomas Pröpper*, Regensburg 2006, S. 41–69.

[51] P. Ricœur, *Die Fehlbarkeit des Menschen*, S. 11.

[52] Ebd., S. 16. – »Das Symbol gibt zu denken« – so lautet die Überschrift des Schlusskapitels von Paul Ricœurs *Symbolik des Bösen*, S. 395–406. Mit diesem griffigen Aphorismus ist ein ganzes Programm auf den Punkt gebracht. »Diesen Ausdruck prägt Ricœur in Anlehnung an Kants Definition der ›ästhetischen Idee‹, die im § 49 der *Kritik der Urteilskraft* als eine ›Vorstellung der Einbildungskraft, die viel zu denken veranlasst, ohne daß ihr doch irgend ein bestimmter Gedanke, d. i. Begriff adäquat sein kann‹, bestimmt wird.« A. Breitling, *Möglichkeitsdichtung – Wirklichkeitssinn. Paul Ricœurs hermeneutisches Denken der Geschichte*, München 2007, S. 63 Anm. 85.

[53] P. Ricœur, *Symbolik des Bösen*, S. 175.

[54] Ebd., S. 176.

knechtet«[55]. Ricœur weist in diesem Zusammenhang auf die paulinische Rede vom »Leib der Sünde« (Röm 6,6) hin und erläutert, inwiefern Paulus »symbolisch vom Leib der Sünde als von einer Figur des unfreien Willens«[56] spricht. Er weist des Weiteren darauf hin, dass selbst bei Platon die Gefangenschaft der Seele im Leib als ihrem Grab als eine »Selbstgefangenschaft«[57] verstanden wird, »dass der ›Kerker‹ des Leibes ›durch die Begierde besteht‹ und ›der Gebundene selbst am meisten immer mit angreift, gebunden zu werden‹ (Phaidon, 82 de)«[58]. Die hier ausgesagte *Gefangenschaft* ist – so die Interpretation Ricœurs – »das Symbol für *die Antastung der Freiheit durch sie selbst*«[59].

Jürgen Werbick, ein guter Kenner des Werkes von Ricœur, der sich speziell auch mit dessen »Phänomenologie der Verfehlung« auseinandergesetzt hat, erläutert das von Ricœur eindringlich beschriebene Phänomen der tragischen Selbstauslieferung an eine Gefangenschaft im Rückgriff auf die »Symbolik des Sogs« wie folgt: »Meine Freiheit wird von einer Macht aufgesaugt, die ›vor‹ mir dagewesen ist, aber ihre Macht über mich von mir hat.«[60]

Was das konkret heißt, ist im Rückgriff auf Augustinus kurz zu erläutern. In seinen »Confessiones«, die hier in der Übersetzung von Joseph Bernhart zitiert werden[61], beschreibt Augustinus sein »ganzes Elend« (Conf. VIII 12,28) gerade auch mit dem Bild der *Gefangenschaft*. Sich an die Zeit, da er in die Sünde verfangen, ja versunken war, zurückerinnernd, schreibt Augustinus: »Gebunden von der Sucht des Fleisches, schleppte ich meine Kette todeswonnetrunken, ja ich fürchtete, daraus befreit zu werden, und wies das gute Zureden des Freundes zurück, als hätte mir die Hand, die mich befreien wollte, an die Wunde gestoßen.« (Conf. VI 12,21).

Ricœur hält nun in seiner Theorie des Bösen Folgendes fest: »Das Böse ist das, was ich hätte nicht-tun können; [...] das bleibt wahr. Zugleich aber behaupte ich: Das Böse ist diese vorgegebene Gefangenheit, die es so richtet, dass ich Böses tun muss. Dieser Widerspruch

---

[55] Ebd.
[56] Ebd., S. 178.
[57] Ebd., S. 179.
[58] Ebd., S. 178.
[59] Ebd., S. 178 f. (Hervorhebung B. C.).
[60] J. Werbick, *Schulderfahrung und Bußsakrament*, S. 78. Vgl. zudem: *Glaube im Kontext*, bes. S. 247–249, 259–264, 271.
[61] Augustinus, *Bekenntnisse*, Frankfurt 1987.

»Größe und Grenze einer ethischen Weltanschauung«

liegt im Innersten meiner Freiheit; er kennzeichnet die Unfähigkeit der Fähigkeit, die Unfreiheit der Freiheit.«[62] Das bedeutet: Der Mensch, der das Böse setzt, ist »nicht nur schuldiger Urheber«, d. h. Täter des Bösen, sondern – immer auch – »ebenso sehr ein Opfer des Bösen«[63]. Er ist quasi hineinverfangen ins Böse, während dessen, ja noch ehe *er* sich hineinverfängt ins Böse. Um was es hier also geht, ist die durchaus *tragisch* zu nennende »Antastung der Freiheit durch sie selbst«. Dabei ist wichtig zu sehen, worauf Werbick hinweist: »Die Knechtschaft, die von ihm Besitz ergreift und die Zustimmung zum Beherrschtwerden – *beides* bestimmt die Situation des Sünders.«[64]

Dieses Paradox – »das Rätsel« des gefangenen freien Willens, »d. h. eines *freien Entscheidungsvermögens, das sich bindet und sich immer schon gebunden findet*«[65] – ist aber »dem Denken unerträglich« und »lässt sich nicht in direkter Redeweise sagen«[66], sondern nur unter Zuhilfenahme der Symbolsprache. Das bedeutet: Ein Bedenken und Durchdenken des mit dem Begriff des *servum arbitrium* angezeigten Paradoxons »eines verantwortlichen *und* gefangenen Menschen, eines für sein Gefangensein verantwortlichen Menschen«[67], ist aber nur möglich über die Interpretation der Symbole, die in diesem Begriff quasi »eingesammelt«[68] sind. Der Begriff, »der seine ganze Bedeutung aus der Symbolik gewinnt«[69] (insofern handelt es sich hier um einen bleibend »indirekten Begriff«[70]), ist gleichsam über eine Interpretation der einzelnen Symbole des Bösen zu entziffern, in seinem Gehalt zu entschlüsseln; und nur so *gibt* er wirklich *zu denken*.

Auf der Ebene der Primärsymbole nennt Ricœur drei Symbolkomplexe: die Symbolik der Befleckung (Makel), der Sünde und der Schuld. Auf der Ebene der Sekundärsymbole unterscheidet er vier Grundtypen von Mythen, den des Schöpfungsdramas, der Tragik,

---

[62] P. Ricœur, »Schuld, Ethik und Religion«, S. 390.
[63] P. Ricœur, *Die Fehlbarkeit des Menschen*, S. 16.
[64] J. Werbick, *Schulderfahrung und Bußsakrament*, S. 63 (Hervorhebung B. C.).
[65] P. Ricœur, *Die Fehlbarkeit des Menschen*, S. 11.
[66] P. Ricœur, *Symbolik des Bösen*, S. 176.
[67] Ebd., S. 118.
[68] Das Schlusskapitel des ersten Teils der »Symbolik des Bösen« ist überschrieben mit: »Einsammlung der Symbolik des Bösen in den Begriff des unfreien Willens« (ebd., S. 175).
[69] Ebd.
[70] Ebd.

des Sündenfalls und den Mythos von der verbannten Seele.[71] Alle diese Symbole – Erst- und Zweitsymbole (hinzu kommen später noch die spekulativen Symbole, die so genannten Symbole dritter Ordnung) – bilden zusammen eine »Symbolik des Bösen«, ein dynamisches Gebilde.[72] Denn jedes Symbol lebt vom anderen. So lebt ein Symbol im anderen weiter, wird sozusagen aufgenommen beziehungsweise »aufgehoben«. Dies ist aber nur möglich, weil das »frühere« Symbol bereits eine Affinität zu einem »späteren« Symbol aufweist. Für die Interpretation heißt dies dann, dass ein Symbol nur im Kontext des gesamten Symbolkomplexes »entziffert« werden kann. Aber selbst die »Symbolik des Bösen« als Ganze bildet noch nicht den angemessenen Rahmen, in dem das einzelne Symbol des Bösen ausgelegt und verstanden werden kann. Erst wenn die »Symbolik der Erlösung«[73] hinzugenommen wird, ist ein angemessenes Verstehen möglich.

Für den »gefangenen freien Willen« gibt es demnach kein Objekt, das ihm entspricht. Man kann nicht direkt aussagen, was das *servum arbitrium* ist. Mit diesem Ausdruck ist zwar eine Wirklichkeit angezeigt und bezeichnet, aber »eine Wirklichkeit, die begrifflich [allein] nicht aufzuzeigen ist«[74]. »Dieser Begriff« – das betont Ricœur nachdrücklich – »kann also nur als die Idee, als das intentionale *telos* der ganzen Symbolik des Bösen [gemeint sind hier die Symbole erster Ordnung] angesteuert werden«, und »selbst dann noch kommt man ihm nur durch Vermittlung von Symbolen zweiter Ordnung bei, von solchen nämlich, die durch die Mythen des Bösen erbracht wurden«[75].

In jedem einzelnen Symbol des Bösen wird – bei näherem Hinsehen – dieser »Grenzbegriff«[76] angezielt. Selbst bei den »archaischsten dieser Symbole« (Befleckungssymbolik) kann dies festgestellt

---

[71] Zu den vier Grundtypen von Mythen, speziell auch zu Ricœurs beeindruckender Interpretation des Sündenfallmythos (Gen 3), vgl. H. Riedlinger, »Der Übergang von der Unschuld zur Sünde«, S. 25–32; B. J. Claret, *Geheimnis des Bösen*, S. 280–301.

[72] Ricœur spricht von der »Dynamik der Primärsymbole«. P. Ricœur, »Hermeneutik der Symbole und philosophische Reflexion (I)«, S. 166. Ebenso von der »Dynamik der Mythen«. P. Ricœur, *Symbolik des Bösen*, S. 352.

[73] Ebd., S. 84.

[74] J. Sudbrack, *Religiöse Erfahrung und menschliche Psyche*, S. 115 (in Bezug auf »die übermächtige Wirklichkeit des Bösen, die den Menschen bedrängt«).

[75] P. Ricœur, *Symbolik des Bösen*, S. 175.

[76] Ebd., S. 176.

werden; und nur weil dies so ist, ist es auch möglich, dass diese Symbole »in den fortgeschrittensten bewahrt und wiederbestätigt werden«[77]. »So kommt eine *Kreis*bewegung zwischen allen Symbolen zustande: Die letzten legen den Sinn von denen frei, die ihnen vorangehen, aber die ersten verleihen den letzten ihre ganze Symbolmacht.«[78]

Dass gerade die ersten Symbole den letzten ihre ganze Symbolmacht verleihen, die letzten Symbole also die ersten »beerben«, zeigt Ricœur eindrucksvoll, indem er aufweist, dass die Befleckung zum »reinen Symbol« werden kann, »wann [sic!] sie in keiner Weise mehr einen wirklichen Flecken meint, sondern nur den unfreien Willen bedeutet«[79]. Sobald dies der Fall ist, können in diesem Symbol drei »Intentionen« aufgedeckt werden, die den so genannten »dreifachen ›Schematismus‹ des unfreien Willens aufbauen«[80]:

(1) *das Schema der »Positivität«*, was bedeutet: »das Böse ist nicht nichts; es ist nicht bloßer Mangel, nicht bloße Abwesenheit von Ordnung; es ist die Macht der Finsternis; es ist ›gesetzt‹«;

(2) *das Schema der »Äußerlichkeit« oder der »Versuchung«*, was bedeutet: »das Böse kommt zum Menschen als das ›draußen‹ seiner Freiheit, das andere als er selbst, in welchem er sich verfängt; [...] es bedeutet, dass das Böse, wiewohl gesetzt, bereits da ist und anzieht«;

(3) *das Schema der »Ansteckung«*, was bedeutet: »dass die Verführung *durch das Draußen* letztlich eine *Selbst*antastung ist, eine Selbstansteckung«, eine »Bindung meiner selbst durch mich selbst«, wodurch der Akt des Sichbindens in den Zustand des Gebundenwerdens überwechselt«.

Gerade mit dieser Vorstellung einer »Ansteckung« ist »das letzte Symbol des unfreien Willens, des schlechten Wählens, das sich selbst bindet«, erreicht. Ricœur denkt »die Hingabe meiner selbst an die Knechtschaft identisch [...] mit der Gewaltherrschaft des Bösen über mich« und entdeckt im Zuge dessen »die tiefe Bedeutung einer Trübung der Freiheit«, was ganz und gar nicht dasselbe ist wie ein Zugrunderichten oder eine Zerstörung der Freiheit: »Anstecken ist

---

[77] Ebd., S. 175.
[78] Ebd., S. 176.
[79] Ebd., S. 179.
[80] Auch die folgenden Zitate sind, soweit nicht anders vermerkt, entnommen aus: ebd., S. 179–181.

Bernd J. Claret

nicht zerstören, trüben ist nicht zugrunde richten.« Das Symbol der Ansteckung gibt so etwas ungeheuer Wichtiges über »das Verhältnis des radikalen Bösen zum Sein des Menschen, zur Urbestimmung des Menschen« zu denken: »Es besagt, dass das Böse, so positiv [im Sinne von: mächtig], so verführend, so affizierend und infizierend es auch ist, niemals aus dem Menschen etwas anderes als einen Menschen machen kann; die Infektion kann keine Zersetzung sein in dem Sinn, dass die Anlagen und Funktionen, die das Menschentum des Menschen ausmachen, zersetzt, abgebaut würden, bis sie eine andere Realität als die menschliche Realität ergäben.«

Damit ist »die letzte Intention des Befleckungssymbols« erreicht. »Alle Implikationen des Ansteckungsschemas« können aber »nur im Durchgang durch die [nächsten] Symbolschichten«, sprich auf dem Weg über eine Interpretation der Symbole zweiter (Mythen) und dritter Ordnung (spekulative Symbole, wie zum Beispiel die »Erbsünde«) »freigelegt« werden.

Bereits zum »zweiten Schema des unfreien Willens« bemerkt Ricœur Zentrales für die Ricœur-Rezeption im Rahmen der theologischen Anthropologie, aber auch im Rahmen der Soteriologie und Eschatologie: »Diese Äußerlichkeit ist dem menschlichen Bösen so wesentlich, dass der Mensch, wie Kant sagt, nicht der absolute Boshafte, nicht die Bosheit sein kann; er ist immer nur der nachfolgende Böse, der durch Verführung Bösgewordene; das Böse ist zugleich jetzt ›gesetzt‹ und immer schon da: beginnen heißt hier fortsetzen; dieses Verführtsein wird in der Äußerlichkeit einer unreinen Berührung symbolisiert; es ist wesentlich, dass das Böse in gewisser Weise erlitten wird; das ist, zwischen Irrtümern, der Wahrheitsgrund jeder Identifikation des menschlichen Bösen mit einem *pathos*, einer ›Passion‹.«[81]

In Ricœurs Theorie des Bösen, bei der sich die Philosophie von den Symbolen zu denken geben lässt, spielt damit der Gedanke, »dass

---

[81] Im Zusammenhang der Interpretation des Symbols der Schlange in Gen 3 (das später im Teufelssymbol weiterlebt) schreibt Ricœur: »Wenn man der Intention des Schlangenthemas bis auf den Grund geht, muss man schließen, dass der Mensch nicht der absolut Böse ist; er ist nur der Böse an zweiter Stelle, der Böse durch Verführung; er ist nicht *das* Böse, der Böse sozusagen im Substantiv, sondern schlecht, boshaft im Adjektiv; er macht sich böse durch eine Art Rück-teilnahme, Rück-nachahmung, durch Einwilligung in eine Quelle des Bösen, die der naive Autor des biblischen Berichts als tierische List schildert. Sündigen heißt nachgeben.« Ebd., S. 295 f.

»Größe und Grenze einer ethischen Weltanschauung«

das Böse nicht mit dem Guten symmetrisch ist« und »der fehlgehende Mensch nicht vollständig verderbt ist«[82] und dass es also »im Selbst eine ›Unschuld‹ gibt, ›die nicht vollständig zerstört werden kann‹«[83], eine tragende Rolle: »Wie *radikal* auch immer das Böse sein mag, es kann doch nicht so *urgründig* sein wie das Gute.«

Was diese Aussage in ihrem Sinngehalt bedeutet, erschließt Ricœur vor allem durch eine faszinierende Interpretation des Sündenfallmythos in Gen 3. Hier wird dann auch vollends deutlich, »dass das Böse offenkundig nicht allein von der menschlichen Freiheit verstanden werden kann, sondern eine Art Affektion offenbart, mit der es Macht über den Menschen hat. Ob man diese – wie in der christlichen Tradition hier und da geschehen – personifizieren muss, ist eine andere Frage: In jedem Fall aber ist diese Macht aus der Sicht des Phänomenologen beschreibbar. Gerade dieser Stachel des Bösen im menschlichen Handeln ist für Ricœur die große Herausforderung, an der sich das Denken stößt, weil sie das Phänomen des Fehlgehens der Freiheit, das schließlich per definitionem nicht vorherzusagen ist, nicht recht zu fassen bekommt. Das Eingeständnis einer ursprünglichen Affektion durch das Böse, die die moralische Integrität bedroht und innerhalb der Freiheit des Menschen einen Riss, eine Verletzlichkeit aufdeckt, gehört zu den schmerzlichen Erfahrungen des Philosophen, der sich dem Freiheitsdenken verpflichtet weiß. Und genau diese Erfahrungen des Bösen werden für Ricœur dann vor allem im Frühwerk, aber auch nach dem Durchschreiten seiner hermeneutischen Phase von den sechziger Jahren bis in die achtziger Jahre des vergangenen Jahrhunderts, immer wieder zum Ausgangspunkt philosophischer Reflexion.«[84]

Werfen wir jetzt also abschließend einen Blick auf Ricœurs philosophische Auslegung des Sündenfallmythos. Hier erweist er sich als ein wahrhafter »Meister der Interpretation«[85]. Das, was seine »Symbolik des Bösen« zu denken gibt, nämlich die Größe *und* die Grenze jeder ethischen Weltanschauung, wird jetzt vollends deutlich.

---

[82] S. Orth, »Zwischen Philosophie und Theologie«, S. 234.
[83] Ebd. mit Verweis auf: P. Ricœur, *La mémoire, l'histoire, l'oubli*, Seuil, Paris 2000, S. 602.
[84] S. Orth, »Das Böse gibt zu denken«, S. 132. Vgl. auch: »Von der Anthropologie der Fehlbarkeit zur Hermeneutik des Selbst«, S. 21 f.
[85] So H. Riedlinger, »Der Übergang von der Unschuld zur Sünde«, S. 25.

Bernd J. Claret

IV.

Die »Aufhebung« des tragischen Mythos im anthropologischen Mythos

Unter den »zahllosen Mythen, die die Verfasstheit der Welt zu erklären suchen«[86] und die durch eine »›Typologie‹ der Mythen vom Ursprung und Ende des Bösen«[87] gleichsam geordnet werden können, spielt für Ricœur ein Typus eine ganz herausragende Rolle, weil man von ihm her »die Weisung der Mythen in ihrer Gesamtheit am besten hören, vernehmen und verstehen kann«[88]. Es ist der Mythos vom Sündenfall des Menschen, wie er sich in Gen 3 ausgeprägt findet.

Unter den vier Grundtypen – da sind zunächst einmal die drei Grundtypen des »Schöpfungsdramas«, des »Sündenfalls« und der »Tragik«, schließlich der »Mythos von der verbannten Seele« – gibt es zwar diesen »beherrschenden Mythos«[89], aber alle vier haben etwas sehr Wichtiges über den Ursprung und das Ende des Bösen zu erzählen. Ricœur, der von einer offenbarenden Kraft all dieser Mythen(-typen) ausgeht, ist davon überzeugt, dass uns jeder einzelne Mythos »etwas zu sagen hat«, also nicht einfach abgeschüttelt werden darf, und »sich […] noch immer an uns richten«[90] kann. »Durch den bevorzugten Mythos« nun gelingt es, so Ricœur, die Anliegen der anderen Mythentypen zu vernehmen. Durch ihn werden sie gleichsam »aufgerufen und wiederaufgeweckt; die Aneignung des Adamsmythos zieht die Aneignung einer Kette von anderen Mythen [unterschiedlichster Völker] nach sich, die von dem Ort aus zu sprechen anfangen, von wo aus der beherrschende Mythos [zentriert in Gen 3] sich an uns wendet«[91].

So kommt es nach Ricœur auch zu einer »Aufhebung« des tragischen Mythos im anthropologischen Mythos. Was den Adamsmythos (Gen 3) vor allen anderen Mythentypen auszeichnet und grundlegend von ihnen unterscheidet, ist, dass er allein davon aus-

---

[86] M. Greiner, »Ererbte Schuld – ererbte Sehnsucht. Statt eines Editorials«, in: *Internationale katholische Zeitschrift »Communio«* 20 (1991) S. 291–293, hier S. 291.
[87] P. Ricœur, *Symbolik des Bösen*, S. 196.
[88] Ebd., S. 349.
[89] Ebd., S. 352.
[90] Ebd., S. 349.
[91] Ebd., S. 352.

geht, dass der Mensch einen »*eigenen* Ursprung des Bösen«[92] darstellt. Es ist der Versuch, das Böse vom Menschen und seiner Freiheit her zu begreifen, d. h. seine Option für eine ethische Weltanschauung, die ihn ganz entscheidend charakterisiert. Eben diese Eigenart hat Ricœur im Blick, wenn er feststellt: »Der Adamsmythos ist der anthropologische Mythos schlechthin«[93]; er »ist der extremste Versuch, den Ursprung des Bösen und des Guten auseinanderzuhalten; die Absicht dieses Mythos ist, einen *radikalen* Ursprung des Bösen zu begründen, abgehoben vom *urgründigeren* Ursprung des Gutseins der Dinge; [...] diese Unterscheidung des Radikalen und des Originären ist für den anthropologischen Charakter des Adamsmythos wesentlich; sie macht den Menschen zum *Anfang* des Bösen drinnen in einer Schöpfung, die bereits ihren absoluten *Anfang* im Schöpfungsakt Gottes hat«[94].

Obwohl in Gen 3 sozusagen eine »Vervielfältigung der Quellzentren des Bösen«[95] dadurch entsteht, dass der Mythos neben Adam noch zwei weitere Figuren kennt, nämlich Eva und die Schlange, erfolgt eine bemerkenswerte Gewichtsverteilung in der Weise einer *Unterordnung*.[96] Weil dies so ist, spricht Ricœur pointiert vom Adamsmythos.

Aber trotz der Intention des Sündenfallmythos, der Adamsfigur einen »Vorrang« vor allen anderen Figuren einzuräumen, kommt es eben doch zu dieser denkwürdigen »Vervielfältigung der Quellzentren des Bösen«: »In der Tat ist es merkwürdig, *dass es dem Adamsmythos nicht gelingt, den Ursprung des Bösen allein in der Figur eines Urmenschen zu konzentrieren;* er spricht auch vom Widersacher, von der Schlange, die der Teufel wird; er spricht auch von einer anderen Person, Eva, die das Gegenüber dieses Anderen, der Schlange oder des Teufels, darstellt; so treibt der Adamsmythos einen oder mehrere Gegenpole zur Hauptfigur des Urmenschen hervor; von diesen Gegenpolen empfängt er eine rätselhafte Tiefe, durch die er *unterbödig mit den anderen Mythen des Bösen in Verbindung steht*«.

Im anthropologischen Mythos wird vor allem auch das, was der tragische Mythos uns zu sagen hat, aufbewahrt und eingespielt. Und das bedeutet, dass Gen 3 zu verstehen gibt: Sündigen hat – aus-

---

[92] Ebd., S. 265.
[93] Ebd.
[94] Ebd., S. 266.
[95] Ebd., S. 268.
[96] Vgl. ebd., S. 267 f. – Dort auch die folgenden Zitate (Hervorhebung B. C.).

Bernd J. Claret

nahmslos immer – »auch mit tragischer Verstrickung zu tun«[97], »Sündersein ist immer auch – manchmal offenkundig, manchmal verborgen – ein Mithandeln, Zusammenwirken, ein Hineinziehen und Hineingezogenwerden«[98].

Sicherlich, der Mensch stellt den Erfahrungs- und Wahrnehmungsort des Bösen in der Welt dar, doch diese Auskunft bedeutet »keineswegs [...] eine Entscheidung über den radikalen Ursprung des Bösen, sondern nur die Beschreibung des Ortes, wo das Böse auftritt und wo es wahrgenommen werden kann; möglich ist es wohl, dass der Mensch nicht der radikale Ursprung des Bösen ist, dass er nicht der Böse aus sich selbst ist«[99]. Im Schuldbekenntnis, wenn der Mensch eingesteht, mit dem Bösen angefangen, also es selbst in Gang gesetzt zu haben, macht der geständige Täter die Entdeckung, dass das Böse »im selben Augenblick, in dem ich gestehe, dass ich es setze, schon da ist«[100]. Er entdeckt »die Kehrseite dieses Bekenntnisses [...] das *Nicht-Gesetzte* in der Setzung des Bösen, das *Immer-schon-da* des Bösen, den *anderen* der Versuchung«[101]. Was der geständige Täter demnach entdeckt, ist: Das Böse, das er gesetzt hat und für das er sich verantwortlich weiß, kommt nicht von ungefähr. Wenn es aber nicht allein nur seiner Freiheit entsprungen, sondern in gewisser Weise auch auf ihn zugekommen ist und er vom Bösen vor und während seiner Tat »affiziert«[102] wurde, woher kommt dann das Böse ursprünglich, das er beginnt und in die Welt setzt, aber nur, indem er das, was schon da ist, seinerseits fortsetzt? Kommt es ursprünglich vielleicht doch von Adam her? Oder anders gefragt: Lässt sich das Böse bis an den Anfang der Menschheitsgeschichte zurückverfolgen? Stichwort: Sündenfall, Stichwort »Ur-Sünde«. Aber ist nach Auskunft von Gen 3 nicht auch das Sündigen des ersten Menschen (Adam) ganz wesentlich ein »Nachgeben« und kommt ganz und gar nicht von ungefähr? Das Symbol der Schlange, das später in das Satanssymbol hinein aufgehoben wird, »gibt zu denken«. So

---

[97] S. Wiedenhofer, »Hauptformen gegenwärtiger Erbsündentheologie«, S. 320 – Wiedenhofer verweist an dieser Stelle auf zwei für unser Thema unentbehrliche Beiträge von P. Ricœur: »Die ›Erbsünde‹ – eine Bedeutungsstudie«, S. 156 f.; *Le mal. Un défi à la philosophie et à la théologie*, Genf 1986.
[98] S. Wiedenhofer, »Hauptformen gegenwärtiger Erbsündentheologie«, S. 320.
[99] P. Ricœur, *Die Fehlbarkeit des Menschen*, S. 12.
[100] P. Ricœur, *Symbolik des Bösen*, S. 355.
[101] Ebd., S. 368.
[102] P. Ricœur, *Die Fehlbarkeit des Menschen*, S. 12.

»Größe und Grenze einer ethischen Weltanschauung«

symbolisiert die Schlange *unter anderem* »jenes Böse [...], das ich fortsetze, wenn ich, auch ich es beginne und in die Welt bringe«[103]. Sie »stellt das ›Immer-schon-da‹ des Bösen dar, das nichtsdestoweniger Anfang, Akt, Selbstbestimmung der Freiheit ist«[104]. Springt das Böse also vielleicht nicht doch auf das Menschengeschlecht über? – freilich nicht ohne dass der Mensch daran signifikant beteiligt wäre![105]

Gen 3 legt folgenden Verdacht nahe: Es gibt ein ganz merkwürdiges *Ausgeliefertsein* des einzelnen Menschen an das Böse, noch vor jeder Einzeltat, und zwar von Anfang an. Und es gibt die ebenfalls von Beginn der Menschheitsgeschichte an immer wiederkehrende Erfahrung, »dass das Teuflische uns ganz nahe ist«[106]. Das bedeutet pointiert formuliert: »Unsere Freiheit war und ist nie frei, sondern eben gefangen.«[107] Das gilt jedenfalls für unser Tun des Bösen: Im Akt des Sündigens ist unsere Freiheit nie ganz frei, sondern eben immer auch gefangen: »Sündigen heißt nachgeben.«[108]

Eine solche Sicht der Dinge, die radikal ernst nimmt, dass der einzelne Mensch zwar die Fähigkeit besitzt, das Böse frei zu setzen, aber *immer nur im Modus des Nachgebens,* so dass er nur »böse im Nachhinein« zu sein vermag, muss sich jedoch so manchem Einwand

---

[103] P. Ricœur, *Symbolik des Bösen,* S. 296.

[104] P. Ricœur, »Hermeneutik der Symbole und philosophisches Denken«, in: *Kerygma und Mythos* VI/1 (1963) S. 44–68, hier S. 63.

[105] Wenn Rüdiger Safranski sein lesenswertes philosophisches Buch über das Böse gleich schon im Vorwort damit beginnt, dass er erklärt: »Man muss nicht den Teufel bemühen, um das Böse zu verstehen.« (R. Safranski, *Das Böse oder Das Drama der Freiheit,* München 1997, S. 13), stößt das bei jedem, der Ricœurs Phänomenologie der Verfehlung kennt, auf Befremden. Von Ricœur her könnte man sogar dagegenhalten und sagen: Nur solange sich die Philosophie und Theologie auch und gerade vom Teufelssymbol zu denken »geben« lässt – d. h. auch und gerade *von* diesem Symbol *aus* denkt –, wird es ihr gelingen, das Phänomen des Bösen angemessen zu deuten.

[106] H. Häring, »Zwischen Theorie, Praxis und Imagination«, in: *Concilium* 34 (1998) S. 21–37, hier S. 28.

[107] Ebd., S. 28 (mit Verweis auf das vierte Kapitel von Ricœurs *Die Fehlbarkeit des Menschen* [S. 110–172], das überschrieben ist mit: »Die Zerbrechlichkeit des Affektiven«). – Hermann Häring will hier allerdings nicht sagen, Freiheit sei damit passé – er spricht ja von einer *Freiheit,* die gefangen ist –, sondern lediglich deutlich markieren, dass es keine Freiheit gibt, die so gänzlich frei ist in ihrem Vollzug, dass nicht auch zugleich bzw. schon zuvor über sie verfügt wird. D. h. menschliche Freiheit ist immer auch ganz wesentlich ausgelieferte Freiheit, »eben gefangen« – »nie [absolut] frei« in ihrem (Anfangen-)*Können.*

[108] P. Ricœur, *Symbolik des Bösen,* S. 296.

von theologischer Seite stellen. Denn: »Hier stellt sich freilich die Frage, ob das Böse nicht in einer Weise zur Sprache kommt, die dem Menschen doch einen Entschuldigungsmechanismus erlaubt, weil er ja nur nachgibt und später kommt.«[109]

Ricœur will jedenfalls nicht so verstanden werden, als sei das Sündigen des Menschen keine echte Setzung des Bösen mehr und der Täter damit weitgehend ent-schuldigt. Dadurch dass diese Setzung des Bösen *nur im Modus des Nachgebens* geschehen kann, ist zwar die Verantwortlichkeit des einzelnen Menschen empfindlich eingeschränkt und insofern auch tangiert, aber es bleibt bei einer Verantwortlichkeit im Vollsinn, wenn auch nicht in vollem Umfang. Der Einzelne bleibt also nach Ricœur sehr wohl für seine Tat, mit der er das Böse setzt, verantwortlich. Gerade im Hinblick auf das von Gerhard Roth so genannte »Schuldparadoxon« wäre zu betonen, dass auch hier gilt: »*Hervorgehen* kann das Böse aus dieser Schwäche nur, weil es *gesetzt wird*«[110]; »aber der Mensch setzt es nur, weil er der Umgarnung des Feindes *nachgibt*«[111]; »das Böse setzend, fällt die Freiheit einem Anderen anheim«[112]; »das Immerschon-da des Bösen ist die *andere* Sicht jenes Bösen, für das *ich* gleichwohl verantwortlich bin«[113].

Auch wenn es abwegig anmutet und nicht nur paradox klingt, sondern paradox ist, es gibt ein *Zugleich* von Freiheit (selbstursprüngliche Setzung des Bösen) und Knechtschaft (Affektion durch das Böse), wobei die Passivität des Menschen beim Zustandekommen und Aufrechterhalten der Knechtschaft als eine »Passivität der Freiheit«[114] verstanden werden muss: »Für die Frage nach der Freiheit des Menschen ist dabei […] auf alle Fälle festzuhalten: Schuld, die mannigfaltig bedingt wie auch durch die Macht des Bösen provoziert sein mag und deshalb in jedem Fall differenziert zu betrachten ist, entspringt letztlich doch einem freien Akt, der die böse Tat erst hervorbringt.«[115]

---

[109] So Erwin Dirscherl sicherlich stellvertretend für viele: E. Dirscherl, *Grundriss Theologischer Anthropologie. Die Entschiedenheit des Menschen angesichts des Anderen*, Regensburg 2006, S. 169.
[110] P. Ricœur, *Die Fehlbarkeit des Menschen*, S. 189.
[111] Ebd., S. 15.
[112] Ebd.
[113] P. Ricœur, *Symbolik des Bösen*, S. 296.
[114] H.-J. Ehni, *Das moralisch Böse*, S. 221.
[115] S. Orth, »Das Böse gibt zu denken«, S. 131.

»Größe und Grenze einer ethischen Weltanschauung«

Ganz gravierend ist dann aber – aus systematisch-theologischer Perspektive – vor allem die folgende recht unbequeme Rückfrage: »Ist das Böse schon in der Welt, so wie die Gnade in der Welt ist? Wenn es den Menschen schon gibt, dann kommt das Böse in die Welt, das fortan jedem Menschen vorgegeben ist. Erst wenn das Böse zwischen Gott und den Menschen passiert, dann ist es in der Zeit da.[116] Aber ist es vorher schon da?«[117]

Ricœurs Denkansatz, das signalisiert diese berechtigte Rückfrage sehr deutlich, läuft auf eine Weltanschauung hinaus, die gefährlich nahe heranrückt an eine tragische Weltanschauung. Aber eben *nur* gefährlich nahe. Denn Ricœur ist ein entschiedener Vertreter einer »ethischen Weltanschauung«, der – belehrt durch den tragischen Mythos – zwar »dieses in die Ausübung der Freiheit einbegriffene Unausweichliche« sieht und »hellsichtig« geworden ist »für diese Schicksalsaspekte, die wir immerfort hervorrufen und entdecken, je weiter wir fortschreiten in der Reife, der Autonomie und dem sozialen Einsatz unserer Freiheit«[118], der aber die Hoffnung auf Erlösung unbedingt aufrechterhalten will, die ja bei einer »tragischen Weltanschauung« unmöglich ist: »Ich glaube, dass die tragische Anschauung als reiner ›Typus‹ jede Befreiung ausschließt außer der ›Sympathie‹, dem tragischen ›Mitleid‹, d. h. einem ohnmächtigen Gefühl der Teilnahme am Unglück des Helden«.[119]

Was Ricœur – im Unterschied zu vielen anderen Denkern – klar zu sehen vermag, ist, dass »die tragische Anschauung« auch in einer »ethischen Weltanschauung« prinzipiell unüberwindbar bleibt, ja ihr

---

[116] Eben genau diese Position und keine andere scheint heute die genuin christliche zu sein; und dabei vergisst man sehr schnell (Dirscherl allerdings nicht), dass es im Christentum mit dieser Auskunft nicht getan ist. Vgl. B. J. Claret, »Die der Struktur unserer Lebenswelt von Haus aus inhärenten Irritationen und das Böse«, in: B. J. Claret (Hg.), *Theodizee. Das Böse in der Welt*, 2. Aufl., Darmstadt 2008, S. 67–116, hier S. 104–108 (Das Böse als das Nicht-zu-Rechtfertigende), 109 (»Ihr nennt euch Christen? Christen, obwohl ihr keinen Teufel kennt?« [L. Kolakowski]); Art. »Teufel. III. Theologie- u. dogmengeschichtlich, IV. Systematisch-theologisch«, in: *Lexikon für Theologie und Kirche* Band 9, 3. Aufl., Freiburg 2000, S. 1365–1368; Art. »Übel. III. Systematisch-theologisch«, in: *Lexikon für Theologie und Kirche* Band 10, 3. Aufl., Freiburg 2001, S. 332–334.

[117] Dirscherl selbst lässt die Frage offen, wenn er sogleich hinzufügt: »Diese Frage bleibt ein Rätsel, *mysterium iniquitatis* (Rätsel des Bösen).« E. Dirscherl, *Grundriss Theologischer Anthropologie*, S. 169.

[118] Vgl. P. Ricœur, *Symbolik des Bösen*, S. 355.

[119] Ebd., S. 259.

Kernanliegen geradezu einen Platz darin finden muss. Sie hat das Recht, innerhalb einer »ethischen Weltanschauung« im dreifachen Hegelschen Sinne »aufgehoben« zu sein.

Das hier angeschlagene Thema darf innerhalb der Theologie jedenfalls nicht derart zurückgedrängt oder gar verdrängt werden, dass es zu einer *überzogen* anti-tragischen Theologie kommt, die partout nicht gewillt ist, der Wahrheit des tragischen Mythos Rechnung zu tragen, weil sie befürchtet, dass es dadurch zu einer *Gebrochenheit des Denkens* kommt. Nach Ricœur kann sich »nur eine ›gebrochene‹ Theologie, das heißt eine Theologie, die auf die systematische Totalität verzichtet hat, auf den gefährlichen Weg des *Denkens* über das Böse begeben«[120]. Und dann wird sich immer deutlicher auch zeigen: »Die tragische Anschauung« lässt sich – angesichts der denkerischen Herausforderung des Bösen – nicht gänzlich ausmerzen.

---

[120] P. Ricœur, *Das Böse. Eine Herausforderung für Philosophie und Theologie*, Zürich 2006, S. 45 f. – »*Gebrochen* ist in der Tat eine Theologie, die dem Bösen eine mit der Güte Gottes und der Güte der Schöpfung unvereinbare Realität zuerkennt.« Ricœur erinnert hier an Karl Barth, dessen Ansicht von der (notwendigen) *Gebrochenheit* des theologischen Denkens und Redens er vollauf teilt, auch wenn er daran zweifelt, ob Barth »diesem anfänglichen Bekenntnis bis zum Schluss treu geblieben ist«. Vgl. K. Barth, *Die kirchliche Dogmatik*, Band III/3. *Die Lehre von der Schöpfung*, Zollikon 1950, S. 332.

Paul Ricœurs Beitrag zur theologischen Ethik
Bausteine einer Rezeptionsgeschichte und systematische Überlegungen

Christof Mandry

Das Ziel der folgenden Ausführungen besteht darin, die Bedeutung von Ricœurs Philosophie für die theologische Ethik zu untersuchen, und zwar einerseits im Sinne des faktischen Einflusses durch die Rezeption im Denken und in den Werken von Moraltheologen und theologischen Ethikern, sowie andererseits in sachlicher Hinsicht. Was leistet Ricœurs Denken für die Entwicklung der theologischen Ethik, wo würde es noch weitere Beschäftigung lohnen? Meiner Wahrnehmung nach lassen sich zwei Wellen der Ricœur-Rezeption in der theologischen Ethik ausmachen, die unterschiedlich umfangreich sind.[1]

I.
Zu ersten Phase der Ricœur-Rezeption in der theologischen Ethik

Die erste Welle der Ricœur-Rezeption fand in der zweiten Hälfte der siebziger Jahre statt. Sie interessierte sich vor allem für Ricœurs Arbeiten zur »Symbolik des Bösen«, seinen Symbolbegriff und seinen

---

[1] Ich beschränke mich auf die deutschsprachige theologische Ethik, wohl wissend, dass es beispielsweise in Frankreich (zum Beispiel A. Thomasset, *Paul Ricœur, une poétique de la morale. Aux fondements d'une éthique herméneutique et narrative dans une perspective chrétienne,* Leuven 1996) und in den USA (vgl. etwa J. Wall [Hg.], *Paul Ricœur and contemporary moral thought,* New York 2002), aber auch in Italien, eine theologisch-ethische Ricœur-Rezeption mit anderem Verlauf und anderen Schwerpunkten gibt. Außerdem gehe ich nur auf die katholische theologische Ethik ein. Dabei bin ich mir bewusst, dass vor allem die nordamerikanische Reaktion auf Ricœurs Denken interkonfessionell anders verlief. Hier läge eine lohnende Aufgabe für eine vergleichende Studie. Vgl. auch den Beitrag von Maureen Junker-Kenny in diesem Band.

hermeneutischen Ansatz, den er seinerzeit in Auseinandersetzung mit dem damals in den Humanwissenschaften tonangebenden Strukturalismus entwickelte. Die Situation der theologischen Ethik dieses Zeitraums war durchaus selbst vom »Konflikt der Interpretationen« geprägt: Die Euphorie nach dem Zweiten Vatikanischen Konzil ließ nach und der Streit über seine Auslegung hatte begonnen. Auseinandersetzungen mit dem Lehramt über ethische Fragen – etwa in Fragen der Sexualethik, der Medizinethik und der politischen Ethik – wirkten sich nachhaltig auf das Selbstverständnis vieler Moraltheologen aus. Neue, nicht-europäische Theologien – allen voran die lateinamerikanische Theologie der Befreiung – sorgten für produktive Unruhe. Theologisch-ethische Neuansätze bemühten sich, die eingefahrenen Gleise einer überkommenen Handbuch-Morallehre zu verlassen und insgesamt die Enge des naturrechtlich-neuthomistischen Normdenkens zu überwinden. In diesem theoretischen und atmosphärischen Zusammenhang ist auch die Entwicklung der »autonomen Moral im christlichen Kontext« zu sehen, der es sowohl um die Eigenständigkeit und Eigengesetzlichkeit des Sittlichen ging als auch um eine neue theologische Würdigung der menschlichen Freiheit als Ansatzpunkt ethischer Theorie.[2]

Für diese erste Rezeptionsphase gehe ich exemplarisch auf Dietmar Mieths Theorie einer »narrativen Ethik«[3] und auf Franz Böckles einflussreiches Buch *Fundamentalmoral*[4] ein. Beide wurden nahezu zeitgleich veröffentlicht (nämlich 1976 und 1977), beide sind um die Profilierung einer autonomen Moral im christlichen Kontext bemüht, und beide greifen explizit und konstruktiv Gedanken von Ricœur auf. Allerdings, wie zu zeigen ist, stellt sein Denken für sie nicht die zentrale Referenz dar.

---

[2] Zur Charakterisierung der Zeit vgl. D. Mieth, »Eine Situationsanalyse aus theologischer Sicht«, in: A. Hertz (Hg.), *Moral*, Mainz 1972, S. 13–33; F. Furger, »Zur Begründung eines christlichen Ethos – Forschungstendenzen in der katholischen Moraltheologie«, in: *Theologische Berichte* 4 (1974) S. 11–87, hier S. 11–24.

[3] D. Mieth, *Dichtung, Glaube und Moral. Studien zur Begründung einer narrativen Ethik*, Mainz 1976; zitiert nach der 2. Aufl., Mainz 1983.

[4] F. Böckle, *Fundamentalmoral*, 6. Aufl., München 1994.

a) Dietmar Mieth: Strukturethik als Modellethik

In seiner 1976 veröffentlichen Studie zur Begründung einer narrativen Ethik mit dem Titel *Dichtung, Glaube und Moral* geht es Mieth einerseits um die methodisch reflektierte theologische und ethische Interpretation von literarischen Werken. Auf einer grundsätzlicheren Ebene besteht sein Anliegen darin, als Alternative zu einer dominanten, aber problematisch gewordenen naturrechtlichen Normethik eine Modellethik als Strukturethik zu etablieren.[5] Diese Strukturethik soll sich zum einen dadurch auszeichnen, dass sie die Geschichtlichkeit des Sittlichen angemessener einbeziehen kann als eine Naturrechtsethik. Letztere denkt geschichtlichen Wandel im Verständnis des Sittlichen nach dem Substanz-Akzidenz-Schema, demzufolge an einem unveränderten und unveränderlichen Wesenskern bloß akzidentelle Veränderungen vorgehen. Strukturethik hingegen denkt in Relationen. Zum anderen richtet sie die Aufmerksamkeit auf das Kreative sittlicher Lösungen: Das Modell macht nicht die Lösung zur Regel, sondern hebt auf das Schöpferische der Lösungsfindung ab. Modellethik will also Ideen für das Finden neuer moralischer Möglichkeiten an die Hand geben. Mieth bezeichnet dies als »strukturalisieren«. Damit ist gemeint, dass ethische Systeme auf ihren sittlichen Ursprungsimpuls hin betrachtet und darauf hin überprüft werden, ob der gegenwärtige Zustand als »Verfall« zu sehen ist.[6] Der springende Punkt ist dabei nicht, dass in einem nachahmenden Sinne zum »Ursprung« zurückzukehren ist. Vielmehr wird der ursprüngliche Impuls im Modus des »Modells« interpretiert, dessen kreative Leistung aufgenommen wird.

Das Modell bedeutet aber nicht, dass sich theologische Ethik auf eine formale Anleitung zum Finden innovativer sittlicher Lösungen beschränkt. Ganz im Gegenteil steht ihr das Modell als »dichtes« und

---

[5] Vgl. W. Nethöfel, *Moraltheologie nach dem Konzil. Personen, Programme, Positionen*, Göttingen 1987, S. 190–209.

[6] »Das Ethos der Interpretation ist ein mäeutisches Ethos: die Dinge zu sich selbst kommen lassen, die Menschen sich selbst finden lassen, die Gesellschaftssysteme sich strukturalisieren lassen usw. Der ›Ethiker‹ unterstellt sich dabei diesem strukturalen Selbstwirkungsprozess. Darüber hinaus ist die Strukturethik eine Ethik der Kritik und der Analyse. [...] Daher muss der Punkt gesucht werden, aus dem das System entsteht und dessen Verfall es ist. Sollte etwa das System einer katholischen Moraltheologie ›strukturalisiert‹ werden, dann müsste es kritisch auf seinen schöpferischen Ursprung reduziert werden und von diesem aus unter die Lupe genommen werden.« D. Mieth, *Dichtung, Glaube und Moral*, S. 58f.

unausschöpfliches – weil nicht auf eine Regel zu reduzierendes – Bild vor Augen, nämlich in der Gestalt Jesu Christi. Mieth verweist auf die Gleichnisse des biblischen Jesus, deren sowohl kritische wie innovative Stoßrichtung sich der Vereindeutigung durch ein normatives System entziehen, und zwar aus mehreren Gründen: Die sittliche Intention der jesuanischen Botschaft geht auf die konkrete Veränderung (nicht auf eine allgemeine Ordnungsgestalt), sie zielt auf die Konversion der sittlichen Haltung und auf Betroffenheit (nicht auf eine kognitive Belehrung) und sie stellt die einengenden und festlegenden Rahmenbedingungen des Handelns in Frage. Damit wendet sie sich sowohl den Selbstverständlichkeiten auf der individuellen Ebene des sittlichen Bewusstseins als auch sozial vorhandenen Einstellungen und Erwartungen kritisch zu. Dieser komplexen Gestalt der biblischen Ethik versuchen die narrative Form und das sowohl anschauliche wie interpretationsbedürftige Modell der Strukturethik zu entsprechen.

Mieths Überlegungen greifen auf Ricœurs Philosophie an zwei Stellen zurück. Zunächst geht es ihm darum, das skizzierte genetische »Strukturdenken« von einem ahistorischen Strukturalismus zu unterscheiden.[7] Dafür ist Ricœur ein geeigneter Gewährsmann, klagt dieser doch gegenüber dem »Strukturalismus der ersten Phase«, den er von der Priorisierung der *langue* und ihrer internen Verknüpfungen geprägt sieht, unter Hinweis unter anderem auf die genetische Linguistik Noam Chomskys eine stärkere Beachtung des Übergangs zwischen der Ordnung des sprachlichen Systems *(langue)* und der Ordnung der Rede *(parole)* ein.[8] Für eine Philosophie der Sprache ist es nicht ausreichend, die Möglichkeitsbedingungen der Semiologie zu erforschen, und die Möglichkeitsbedingungen des sprachlichen Verweisens auf die Dinge im Akt der Rede auszublenden. Das sprachliche Zeichensystem und der Akt der Rede, so Ricœurs Argument, stehen in einem Wechselverhältnis, das von den ständigen Versuchen in Gang gehalten wird, im Redeakt das Denkbare und das Sagbare der Erfahrung zum Ausdruck zu bringen. Mieth macht sich Ricœurs Formulierung zu eigen, mit der dieser die richtungweisende Bedeutung der genetischen Weiterentwicklung strukturalistischen Denkens zu-

---

[7] Vgl. ebd., S. 54.
[8] Vgl. P. Ricœur, »Die Struktur, das Wort und das Ereignis«, in: *Hermeneutik und Strukturalismus. Der Konflikt der Interpretationen I*, München 1973, S. 101–122, hier S. 114–116.

sammenfasst: »Man ist hier dabei, zwischen Struktur und Ereignis, zwischen Regel und Neuerung, zwischen Zwang und Wahl eine neue Beziehung herzustellen – auf der Grundlage von dynamischen Vorstellungen, welche die Begriffe des *strukturierten Inventars* durch solche der *strukturierenden Operation* ersetzen wollen.«[9]

Der zweite Punkt, an dem Mieth Ricœurs Denken explizit aufgreift, betrifft den Umgang mit der »Tradition«, genauer: die Rechtfertigung des Rückgriffs auf ein literarisches Kunstwerk des Mittelalters (den Tristan-Roman Gottfrieds von Straßburg), um die Konzeption einer theologischen Modellethik zu entfalten. Es geht Mieth dabei um eine »strukturale Entsprechung« zwischen Ethik und Literatur, die der Eigengesetzlichkeit beider gerecht wird, indem sie nicht das literarische Kunstwerk als ethisches Modell interpretiert, sondern das Modell aus den *Problemen* gewinnt, die erst die ethische *Interpretation* des Kunstwerks hervorbringt. Der Bezug auf den mittelalterlichen Text erfolgt also nicht mit einem historischen Erkenntnisinteresse, sondern mit der Absicht, dessen Auslegung in die Gegenwart hineinzustellen. »Der Fortschritt der Theologie«, so Mieth, »beruht auf ihrem geschichtlichen Rückgriff, in dem freilich nicht einfach ›deposita‹ der Vergangenheit bewahrt werden, sondern in dem verschüttete Antriebskräfte aus den Höhen theologischen Denkens wieder zur dynamischen Wirkung befreit werden.«[10] Er verbindet dies mit Ricœurs Überlegungen zum theologischen Ursprung der Hermeneutik, deren Nachvollzug der »geistigen Arbeit«, die sie in den Traditionen findet, sich nicht in der Rekonstruktion erschöpft, sondern kerygmatisch gegenwarts- und zukunftsbezogene Kräfte freizusetzen intendiert. In dieser Zuordnung von Synchronie und Diachronie erkennt Ricœur die Überlegenheit des hermeneutischen Zugangs gegenüber der strukturalistischen Bevorzugung der Synchronie. Der ursprüngliche »Sinnüberschuss« motiviert die Tradition *und* ihre Interpretation, die als Interpretations*geschichte* selbst Bestandteil der Tradition wird und insofern immer neue Vergegenwärtigungen hervorbringt.[11] Symbole und Mythen sind durchaus, konzediert Ricœur, der strukturalen Analyse zugänglich. Diese

---

[9] Ebd. Hervorhebung im Original; vgl. D. Mieth, *Dichtung, Glaube und Moral*, S. 54.
[10] Ebd., S. 118.
[11] P. Ricœur, »Struktur und Hermeneutik«, in: *Hermeneutik und Strukturalismus*, S. 37–79, hier S. 60 f.

vermag jedoch die innovative interpretatorische Dynamik nicht zu verstehen, die von diesen ausgeht, da sie den Sinnüberschuss, der auf dem semantischen Reichtum der Symbole und Mythen beruht, nicht angemessen zu erfassen vermag. Ricœur folgert daraus, dass »eine Tradition, die zukunftsträchtig ist und sich in verschiedene Strukturen eingliedern lässt, mehr von der Überdeterminierung der Inhalte als von der Remanenz der Strukturen getragen und genährt wird«.[12]

b) Franz Böckle: Anthropologie des fehlbaren Menschen in der Fundamentalmoral

Böckles grundlegendes Werk versucht eine Erneuerung der Moraltheologie als Wissenschaft im Dialog mit Philosophie und Humanwissenschaften. Anders als Mieth versteht er theologische Ethik in erster Linie und überwiegend als Normwissenschaft. Die Frage nach der nachvollziehbaren und allgemein vermittelbaren Begründung moralischer Normen stellt für ihn die zentrale Aufgabe der theologischen Ethik dar. Die Fundamentalmoral setzt jedoch noch tiefer an. Sie fragt nach dem schlechthin letzten Grund der sittlichen Beanspruchung des Menschen. Böckles epochale Leistung besteht darin, dass er diese Frage als Frage nach »dem Grund und den Grenzen sittlicher Autonomie des Menschen« rekonstruiert und sich damit programmatisch die Verbindung der moraltheologischen Grundlegung mit dem neuzeitlichen Autonomiedenken zur Aufgabe macht.[13] Es geht ihm darum, die sittliche Beanspruchung des Menschen durch Gott im Horizont neuzeitlichen Freiheitsdenkens zu situieren – sein einflussreiches Werk gründet die »autonome Moral im christlichen Kontext« in der menschlicher Freiheit, die selbst ihren Grund in Gott findet. Dafür prägt Böckle den Ausdruck der »theonomen Autonomie«.

Im Rahmen der Entfaltung der conditio humana, wie sie sich als sittliche Wirklichkeit erfahrbar macht, geht Böckle auch auf Ricœurs Symbolbegriff ein. Der Kontext besteht in der theologisch-ethischen Aufarbeitung anthropologischer und moral-phänomenologischer Aspekte des Phänomens der Schuld. Denn nachdem Böckle die sittliche Autonomie auf Gott als ihren letzten Garanten zurückgeführt

---

[12] Ebd., S. 64.
[13] F. Böckle, *Fundamentalmoral*, S. 19.

hat, muss er sich dem Phänomen des sittlichen Versagens stellen. Er interpretiert es als eine der Autonomie inhärente Gefahr: die »verabsolutierte« Autonomie führt zum »Widerspruch« gegen Gott, also zur Sünde. Die Rezeption Ricœurschen Denken dient dazu, einen entscheidenden Übergang zu bearbeiten, nämlich von den verschiedenen Gestalten des Widerspruchs unter dem Phänomen der Schuld zur theologischen Deutung unter dem Begriff der Sünde. Hinführend zeigt Böckle anhand literarischer Thematisierung von Schuld, dass moderne Schulderfahrung weniger in Gestalt von Einzelübertretungen moralischer Gebote reflektiert wird, sondern sich am Rätsel menschlicher Freiheit und Freiheitsverstrickung abarbeitet. Der Blick auf die Reflexionsgestalten der Schulderfahrung führt ihn zur Frage nach dem Verhältnis von Symbolen und Mythen, in denen diese Erfahrungen artikuliert und bekannt werden, auf der einen, und ethischen Begriffen auf der anderen Seite.

An dieser Stelle geht er auf Ricœurs Arbeiten zur »Symbolik des Bösen« ein. Ricœur untersucht Mythen und Symbole der Schuld, um einen Umschlagpunkt zu verstehen, der sich dem unmittelbaren begrifflichen Erfassen entzieht: Das Rätsel des Übergangs von der Fehlbarkeit des Menschen zur bösen Tat soll eine Untersuchung der sprachlichen Bilder erhellen, die genau dies bekennen.[14] In der diachronischen Abfolge dieser Symbole wird deutlich, dass sich die symbolischen Ausdrucksformen, derer sich das Bekenntnis bedient, mit dem religiösen Erfahrungshorizont verändern. Es findet, kurz gesagt, eine Verinnerlichung der Schulderfahrung statt. Ricœur bringt diese Entwicklung mit dem Ausdruck »von der Exteriorität zur Interiorität« auf einen Nenner. Die quasi-physikalischen Bilder des Makels oder des Schmutzes werden von anderen Bildern abgelöst, die sich immer mehr auf eine »Innenseite« beziehen und damit ein zunehmend verinnerlichtes und subjektiviertes religiöses Verhältnis zu Gott widerspiegeln. Das Gewissen erscheint als ein internes Forum, in dem Verfehlen als Sünde gegenüber Gott erfahren wird, gleichzeitig erscheint die Sünde als überpersonale, zwingende Macht; unter dem Titel ethischer Schuld löst sich die Erfahrung sittlichen Verfehlens stärker von kollektiven und überpersonalen Bezügen. Diese Entwicklung der symbolischen Artikulationsgestalten ist jedoch nicht als

---

[14] Vgl. ebd., S. 108–113 mit Bezug auf P. Ricœur, *Symbolik des Bösen*, Freiburg 1971, und P. Ricœur, »Schuld, Ethik und Religion« in: *Concilium* 6 (1970) S. 384–393.

ein-sinnige Ablösungsfolge zu verstehen. Ricœur arbeitet heraus, dass das jeweils jüngere Symbol das vorhergehende zerstört, weil es dessen Erfahrungshorizont auflöst. Insofern sind die Symbole »bilderstürmerisch«. Allerdings werden Sinngehalte der abgelösten Symbole in den späteren, verinnerlichten bewahrt (»aufgehoben«). So kann die religiöse Sündensprache die ältere Semantik des Makels und von Reinheit und Unreinheit aufnehmen, und selbst das interiorisierte moralische Gewissen wird in seiner Ohnmacht als »gefangen« und »geknechtet« erlebt und ruft damit den überindividuellen Verstrickungsaspekt der »Sündenmacht« in Erinnerung.[15]

Für Böckles Argumentation in der *Fundamentalmoral* sind diese Überlegungen insofern von Bedeutung, als sie ihm in zweifacher Hinsicht erlauben, die Geschichtlichkeit des Sittlichen zu denken. Zum einen kann er mit Ricœur die Sündenbegriffe in Bibel und kirchlicher Tradition in einen geschichtlichen Zusammenhang setzen, der der Bewegung »vom Mythos zum Logos« folgt. Zum anderen eröffnet ihm Ricœurs Argument von der Verknüpfung von Erfahrungshorizont und symbolischer Artikulation einen Raum für weitere begriffliche Entwicklung, d. h. legitimiert seinen eigenen Ansatz, der dem modernen Freiheitsbewusstsein angemessen zu sein und zugleich die Aspekte der Tradition »aufhebend« zu bewahren beansprucht. Dies ist Böckles fundamentalethische Zielsetzung insgesamt und Anlass für seine Rezeption des modernen Autonomiedenkens, und in diese Konzeption versucht er auch die Begriffe Schuld und Sünde einzupassen. Es kann hier nicht im Einzelnen dargestellt werden, wie Böckle dies im Anschluss an Karl Rahners »übernatürliches Existential« unternimmt. Er versteht die menschliche Freiheit als eine ursprüngliche Anlage der Offenheit auf Freiheit und auf Gottesbeziehung hin, die in einer den Einzelhandlungen vorausliegenden »Grundoption« ergriffen wird, und zwar als »*unsere* Antwort auf *gegebene* Freiheit«. Das Böse zeugt dann von einer Verkehrung dieser Grundoption, die einerseits den Einzelsünden vorausliegt, zugleich aber eine Konsequenz aus diesen ist und wiederum sündige Handlungen ausprägt.[16]

---

[15] Vgl. ebd., S. 385–387.
[16] Vgl. F. Böckle, *Fundamentalmoral*, S. 142–145, Zitat auf S. 145.

c) Die erste Phase der Ricœur-Rezeption im Rückblick

Die erste Welle der Ricœur-Rezeption in der theologischen Ethik, für die hier Mieth und Böckle herausgegriffen wurden, war dem Umfang nach eher bescheiden. Dennoch darf sie nicht unterschätzt werden. Ricœurs Denken stellt für beide Theologen eine philosophische Unterstützung des Anliegens bereit, die Geschichtlichkeit des Sittlichen zu denken. Während Böckle es vor allem darum zu tun ist, moralische Normen theologisch zu gründen und zugleich ihre Geschichtlichkeit zu denken, ergänzt und dynamisiert Mieth die reine Normethik durch seine Strukturethik. Der springende Punkt der Geschichtlichkeit des Sittlichen liegt für ihn in der Dynamik, aus der heraus der ethische Sinn einer Norm oder eines ethisches Modells konstituiert wird. Ricœurs Denken musste für beide attraktiv erscheinen, weil es ethisch grundiert ist, sich (im Falle Böckles) mit biblischen und christlichen Vorstellungen und ihrer geschichtlichen Entwicklung beschäftigt, und weil es (in Mieths Fall) den strukturalistischen Totalitätsanspruch überwindet und sprachinterne Bezüge mit Weltbezügen wieder zu verbinden erlaubt. Für beide spielte sicherlich im Hintergrund außerdem eine Rolle, dass Ricœurs Philosophie ein Modell bereitstellte, wie humanwissenschaftliche Erkenntnisse theologisch-ethisch rezipiert werden konnten.

Gleichwohl muss festgehalten werden, dass von Ricœur weder für Mieths Strukturethik[17] noch für Böckles fundamentalethischen Ansatz[18] die entscheidenden Anregungen ausgehen, oder er ein zentraler Gesprächspartner ist. Beide setzen Überlegungen von Ricœur

---

[17] Die wichtigste philosophische Referenz für Mieth stellt Heinrich Rombach dar. Über Günther Schiwy läuft die Vermittlung des französischen Strukturalismus. Schiwy weist auch auf dessen ethische Potentiale hin; vgl. z. B. G. Schiwy, *Der französische Strukturalismus. Mode – Methode – Ideologie*. Mit einem Anhang mit Texten von de Saussure, Lévi-Strauss, Barthes, Goldmann, Sebag, Lacan, Althusser, Foucault, Sartre, Ricœur, Hugo Friedrich, Reinbek 1969; »Sittliche Normierungen im Strukturalismus«, in: A. Hertz (Hg.), *Moral*, S. 152–167.

[18] Böckle ist vor allem inspiriert von transzendental-theologischem Denken und einer erneuerten, nicht-thomistischen Thomas-Lektüre, insbesondere des Lex-Traktates der *Summa theologiae*. Vgl. dazu die für Böckle wichtige Arbeit von K.-W. Merks, *Theologische Grundlegung der sittlichen Autonomie. Strukturmomente eines »autonomen« Normbegründungsverständnisses im lex-Traktat der Summa theologiae des Thomas von Aquin*, Düsseldorf 1978. Der Nachweis der Vereinbarkeit des Autonomiedenkens mit Thomas' Moraltheologie ist Böckles zentrales Argument für die theologische Legitimation, die Autonomie als Fundament der Sittlichkeit anzusehen.

ein, um ihre Anliegen zu unterstützen und ihre Argumentation zu verbreitern, treten aber nicht eigentlich in eine Auseinandersetzung mit Ricœurs Philosophie ein. Die weitere Rezeption von Ricœurs Denken in der theologischen Ethik blieb zunächst punktuell und eher marginal. Die Ursachen, die dafür anzunehmen sind, liegen sowohl auf Ricœurs Seite als auch auf der der theologischen Ethik. Zum einen wandte sich Ricœurs philosophisches Interesse zunächst nicht explizit ethischen Fragen zu. Von kleineren Veröffentlichungen abgesehen, bearbeitete er vor allem grundsätzliche sprach-, text- und subjektphilosophische Fragestellungen und entwickelte seine eigenständige phänomenologisch-hermeneutische Philosophie. Zum anderen setzte sich die deutschsprachige theologische Ethik im selben Zeitraum weithin mit der Begründung moralischer Normen auseinander und rezipierte in diesem Zusammenhang Jürgen Habermas' Theorie des kommunikativen Handelns und die Diskursethik von Karl-Otto Apel und Habermas. Auch anwendungsorientierte Fragen, vor allem in der Medizin-, der Bio- und der Medienethik, standen und stehen im Brennpunkt der ethischen Aufmerksamkeit. Weitere stark rezipierte Philosophen sind John Rawls und seine Gerechtigkeitstheorie sowie die Teilnehmer der daran anschließenden Kommunitarismus-Liberalismus-Debatte. So gesehen haben Ricœur und die theologische Ethik seit den späten siebziger Jahren bis in die neunziger Jahre unterschiedliche Wege eingeschlagen, die sich nur wenig berührt haben.

Zweifellos ist Ricœurs Philosophie auch in dieser Epoche von großer Relevanz für die Theologie; auch hat sein Interesse an biblischen und religiösen beziehungsweise religionsphilosophischen Themen und Traditionen nie nachgelassen – wenn er sie auch zeitweise eher »nebenbei« veröffentlicht hat.[19] Die intensive theologi-

---

[19] Es muss präzisiert werden, dass Ricœur sich zwar stets für die religiöse Sprache und ihre Poetik interessiert hat, aber kaum für die Theologie und ihre Begrifflichkeit, vgl. dazu C. Mandry, »The relationship between philosophy and theology in the recent work of Paul Ricœur«, in: M. Junker-Kenny und P. Kenny (Hg.), *Memory, narrativity, self and the challenge to think God. The reception within theology of the recent work of Paul Ricœur*, Münster 2004, S. 63–77. Bekanntlich war Ricœur lange Zeit sehr darum bemüht, den »agnostischen« Abstand seiner Philosophie zum christlichen Glauben zu betonen; so zuletzt noch P. Ricœur, *Das Selbst als ein Anderer*, München 1996, S. 35–38. Vgl. zu diesem Problem der Ricœur-Interpretation auch D. Müller, »Paul Ricœur (1913–2005). Un philosophe aux prises avec la théologie«, in: *Revue théologique de Louvain* 37 (2006) S. 161–178.

sche Beschäftigung mit moderner Hermeneutik, für die etwa David Tracy oder Edward Schillebeeckx zu nennen sind, ist auch in Rezeption von und in Auseinandersetzung mit Ricœur vor sich gegangen, hat aber die theologische Ethik zunächst nicht ähnlich intensiv erfasst. Selbst der an der Gregoriana lehrende deutsche Moraltheologe Klaus Demmer, der als einer der einflussreichsten Vertreter einer hermeneutisch ausgerichteten Moraltheologie gelten muss, und der die Wirkungsgeschichte des Glaubens auf die sittliche Vernunft ins Zentrum seines Denkens stellt, rezipiert Ricœur nicht.[20]

II.

Ein thematischer Blick auf die weitere Ricœur-Rezeption

Es dauert bis in die späten achtziger und neunziger Jahre, ehe eine weitere Phase der Ricœur-Rezeption in der theologischen Ethik einsetzt. Sie wird dadurch begünstigt, dass Ricœur nun in *Zeit und Erzählung*[21] und *Das Selbst als ein Anderer* philosophische Themen bearbeitet, die auch in der theologischen Ethik Interesse finden: Er legt eine elaborierte Theorie des Narrativen vor, die auch die Rezeption der Erzählung und die Veränderung des Lesers durch die Lektüre bedenkt, er trägt mit seiner Theorie der narrativen Identität zu einer aktuellen Diskussion über personale Identität bei, an der sich auch die theologische Ethik beteiligt, und er formuliert erstmals seine »Ethik« zusammenhängend aus und greift damit zugleich in die Debatte über das Gute und das Richtige ein. Alle genannten Themen stehen zudem im Kontext einer komplexen Philosophie des geschichtlichen Selbst und seiner Selbst-Vergewisserung, einer Philosophie die grundiert ist vom Thema der Freiheit, ihren Bedingungen und ihrer Verletz-

---

[20] Demmer steht vielmehr in der Tradition einer Transzendentalphilosophie und -theologie, die im 20. Jahrhundert von neuscholastischem Denken ausgegangen ist; vgl. K. Demmer, *Sein und Gebot. Die Bedeutsamkeit des transzendentalphilosophischen Denkansatzes in der Scholastik der Gegenwart für den formalen Aufriß der Fundamentalmoral*, München 1971, sowie die Selbstcharakterisierung in K. Demmer, *Sittlich handeln aus Verstehen. Strukturen hermeneutisch orientierter Fundamentalmoral*, Düsseldorf 1980, S. 12.

[21] P. Ricœur, Zeit und Erzählung, 3 Bde., München 1988–1991.

lichkeit.²² Diese Fragestellungen beschäftigen auch die theologische Ethik und stoßen damit auf erhöhte Rezeptionsbereitschaft. Mit dem Interesse am Narrativen knüpft diese Rezeption außerdem an Motive an, die bereits für die erste Aufnahme Ricœurschen Denkens bedeutsam waren.

Als begünstigender Faktor kommt hinzu, dass Ricœurs zuvor eher verstreut publizierte religionsphilosophische Studien nun zunehmend in Sammelbänden zugänglich gemacht werden und damit in ihrem Zusammenhang viel deutlicher wahrgenommen werden können.²³

Der Beitrag von Ricœurs Philosophie ist für die theologische Ethik mit Blick auf fünf Themenkreise wichtig.²⁴

a) Ethische Identität

Im Zusammenhang mit einer post-cartesianischen Subjektphilosophie des *cogito brisé*, die Ricœurs Denkweg insgesamt prägt, entwickelt Ricœur in *Das Selbst als ein Anderer* einen Begriff des ethischen Subjekts oder der ethischen Identität. Die Frage »Wer bin ich?« kann das Selbst nicht beantworten, ohne sich seine Akte des Sprechens, des Handelns und des Verantwortens reflexiv wiederanzueig-

---

[22] Vgl. C. Mandry, *Ethische Identität und christlicher Glaube. Theologische Ethik im Spannungsfeld von Theologie und Philosophie*, Mainz 2002, S. 176 f., 218 f.; M. Junker-Kenny, »Capabilities«, convictions, and public theology«, in: M. Junker-Kenny und P. Kenny (Hg.), *Memory, narrativity, self and the challenge to think God*, S. 153–201, hier S. 154–157; S. Orth, »Von der Anthropologie der Fehlbarkeit zur Hermeneutik des Selbst. Stationen auf dem Denkweg von Paul Ricœur«, in: S. Orth und P. Reifenberg (Hg.), *Facettenreiche Anthropologie. Paul Ricœurs Reflexionen auf den Menschen*, Freiburg 2004, S. 15–36.

[23] Vgl. etwa die Sammelbände P. Ricœur, *Lectures 3. Aux frontières de la philosophie*, Paris 1994; *Figuring the sacred. Religion, narrative, and imagination*, Minneapolis 1995. Das schmale, aber wichtige Bändchen *Liebe und Gerechtigkeit*, Tübingen 1990, hat wegen der zweisprachigen Veröffentlichung vermutlich die deutsche Rezeption positiv beeinflusst.

[24] Ich greife im Folgenden auf Überlegungen zurück, die ich in C. Mandry, *Ethische Identität und christlicher Glaube*, S. 141–279, ausführlich entfaltet habe. Im Rahmen dieses Aufsatzes kann es natürlich nur darum gehen, einen knappen und in der Akzentsetzung notwendigerweise subjektiven Einblick zu geben. Eine gründliche Auseinandersetzung mit Ricœurs komplexem Werk und der Vielzahl der darin enthaltenen ethischen Überlegungen und theologischen Anknüpfungspunkte würde den hier zur Verfügung stehenden Raum bei weitem sprengen.

nen[25] – es hat wesentlich eine geschichtlich vermittelte Identität. Diese damit auch grundlegend praktisch verfasste Identität des Selbst hat nach Ricœur ihren »Schlussstein« in der ethischen Identität: Das Selbst bezeugt, wer es ist, indem es nach einem »guten Leben mit und für den anderen in gerechten Institutionen« strebt, *und* darin, dass es sich als moralisch verantwortlich ansprechen lässt. Ricœurs Überlegungen finden ihr Gegenstück in einer Theorie der Praxis, die ebenfalls in *Das Selbst als ein Anderer* enthalten ist. Ricœur zeigt die unausweichlich ethische Qualität von Praxis, die mit ihrer intersubjektiven und sozialen Natur zusammenhängt. Betrachtet man nämlich nicht isolierte Einzelakte, sondern deren Zusammenhänge in größeren, gestaffelten Praktiken, dann wird sowohl deutlich, dass ihnen sozial-kulturell vermittelte Gütestandards innewohnen, als auch dass sie in die Lebenspläne und Lebensprojekte von Menschen integriert sind und von daher unter deren Zielsetzung stehen, ein insgesamt »gutes Leben« zu führen, das sich gerade in diesen Praktiken und ihren intersubjektiven Verstrebungen realisiert.

Diese Gedanken sind für die theologische Ethik insofern von großer Bedeutung, als damit die Fixierung auf die sittliche Qualität von Einzelhandlungen überwunden werden kann, insofern die ethische Qualität der Lebensführung und die ethische Bedeutung von Identität genauer erfasst werden können, und schließlich auch insofern, als deren zeitliche Dimension neu in den Blick rückt. Darüber hinaus macht Ricœur einsichtig, dass das Streben nach dem guten Leben etwas Subjektiv-Persönliches ist, das mit der individuellen Identität zutiefst verbunden, aber seiner Anlage nach gerade nicht ich-fixiert ist, sondern sich in gelingenden Beziehungen zu anderen realisiert und den Wunsch nach dem Guten des anderen einschließt. Das Streben nach dem guten Leben beschränkt sich schließlich nicht einmal auf interpersonale Beziehungen, sondern hat auch eine soziale und politische Dimension. Mögen die Vorstellungen des »Guten« in diesem Bereich auch vage und in der Moderne normativ überformt sein, so legt Ricœur doch einen Gerechtigkeitssinn frei, der ein fundamentaler Sinn für Gleichheit ist und im Phänomen der Sozialität selbst wurzelt, welches er mit Hannah Arendt auf ein Zusammenhandeln-wollen als Basis des »Politischen« zurückführt.[26]

---

[25] Diese Überlegungen hatte Ricœur in einer Reihe von wichtigen Studien vorbereitet, die im Band *Du texte à l'action. Essais d'herméneutique II*, Paris 1986, zusammengestellt wurden.

[26] Vgl. P. Ricœur, *Das Selbst als ein Anderer*, S. 236–241.

Christof Mandry

Ricœur bleibt bei der Entfaltung des ethischen Strebens nicht stehen, sondern setzt ihm unter der Bezeichnung »Moral« die Dimension der sollensethischen Begrenzung entgegen. Aufgrund der Verletzbarkeit menschlicher Identität und menschlicher Existenz und aufgrund der tatsächlichen Verletzungen treten dem Streben moralische Normen in Form eines unbedingten Einspruchs »Du sollst nicht!« entgegen. Was zunächst wie ein radikaler Bruch zwischen Wollen und Sollen erscheint, wird von Ricœur auf einer zweiten Ebene in vorsichtiger Weise auch als eine Beziehung der Kontinuität gedeutet. Denn worauf zielt der sollensethische Einspruch, wenn nicht darauf, verzerrte und verletzte Gleichheit zwischen Menschen zu beklagen und zu berichtigen? Die Beschränkung von Freiheit soll Freiheit sichern. Bei näherem Hinsehen lässt sich bei Ricœur eine Ethik des Könnens freilegen, die in mehrfacher Weise um die Handlungsfähigkeit des Menschen kreist.

Ricœurs Begriff des ethischen Subjekts wird damit sehr komplex: *Wer* ist es eigentlich, der nach einem guten Leben strebt, der zu moralisch verantwortlichem Handeln aufgerufen ist, und der das Risiko moralisch verantwortlicher Entscheidungen in diffizilen Situationen zu fällen und zu ertragen auf sich nimmt? Aus welchen Ressourcen heraus kann das Selbst es auf sich nehmen, ein Lebensprojekt zu entwerfen und zu verfolgen? Welche Haltung zu sich selbst ist Voraussetzung, um moralische Verpflichtung verspüren und ihr entsprechen zu können? Welche praktische Zuversicht muss gegeben sein, um in moralisch unklaren, ja tragischen Situationen eine dennoch verantwortliche Entscheidung zu riskieren? Ricœur entfaltet eine ebenso breite wie tiefe Sicht auf das ethische Selbst, weil er der Problematik der zeitlichen Ausdehnung des Lebens und damit des Aufrechterhaltens der Identität unter wandelnden Umständen nicht ausweicht, sondern sie in den Mittelpunkt seiner Überlegungen stellt. Damit können auch die reflexiven Bezugsweisen des Subjekts auf sich selbst berücksichtigt werden, wie es sich als ethisch Strebendes und moralisch Verantwortliches erfährt und – vermittelt über den Anderen – zu schätzen und zu achten befähigt wird.

Ricœur hat die vielfältige Verschränkung zwischen individuellem und sozialem Leben theoretisch aufgezeigt und damit einen konzeptionellen Rahmen bereitgestellt, innerhalb dessen darzustellen wäre, in welchen historischen und kulturellen Formen Selbstschätzung tatsächlich praktisch ausgeprägt wird. Der Zusammenhang mit Praktiken und Lebensstilen, Lebensformen und -idealen muss konkret ausgefüllt werden, damit über die Formalität des Zusammenhängens hinaus der Wert der kulturellen Einstellungen plastisch werden kann, durch die er je verwirklicht wird. Die theologische Ethik nimmt sich dieser Aufgabe an, wenn sie auf Modelle des individuellen wie sozialen Lebensgelingens hinweist. Dazu muss sie reflektiert und selbstkritisch die christliche Tradition aufarbeiten und vor diesem Hintergrund Alternativen zu gegenwärtigen Lebensformen profilieren.

b) Narrative und ethische Identität

Es lohnt sich, noch weiter auf Ricœurs Überlegungen zur Identität einzugehen, denn gerade seine Überlegungen zur narrativen Identität sind einerseits fruchtbar für theologische Ethik, stehen andererseits jedoch in der Gefahr, zu schnell und zu undialektisch für eine »narrative Theologie« vereinnahmt zu werden. Es wird leicht übersehen, dass Ricœurs Konzeption der narrativen Identität im Laufe seines Werkes einer nicht unbeträchtlichen Entwicklung unterliegt, und er sie schließlich kritisch an die ethische Identität koppelt. Festzuhalten ist, dass es ihm mit der Unterscheidung zwischen zwei Modi der Identität – *idem* und *ipse* – um zwei verschiedene Modi der zeitlichen Beständigkeit geht. Steht für idem-Identität modellhaft der Charakter einer Person, an dessen Gleichbleiben (»Selbigkeit«) sich ein Wiedererkennen über zeitliche Abstände hinweg festmacht, so steht das Modell des gehaltenen Versprechens für die »Selbst-Ständigkeit« der ipse-Identität: Dass ich verlässlich zum gegebenen Wort stehe, also in Zukunft affirmiere, was ich in Vergangenheit zugesagt habe, kann ich nur praktisch *bezeugen*. Damit legt Ricœur jenen Aspekt von Identität frei, der nicht auf ein *Was* reduzierbar, sondern nur als *Wer* zu beantworten ist. Das Versprechen, das jeder von uns ist, insofern er anderen gegenüber zusagt, auch in Zukunft er selbst zu sein, auf den der andere sich verlassen kann, hat einen anderen epistemischen Status als die Wiedererkennbarkeit an Merkmalen der Selbigkeit. Zugleich wird der fundamental ethische Charakter der Selbstheit (»Ipseität«) deutlich, denn sie impliziert einen anderen, der Selbst-Ständigkeit erwartet und dem sie versprochen wird. Ja, Ricœur geht so weit zu sagen, ich könne diese Selbst-Ständigkeit mir nur zutrauen, weil sie mir vom Anderen zuge*mutet* wird.

Im Licht dieser Überlegungen wird ersichtlich, dass narrative Identität notwendig auf ethische Identität bezogen sein muss. Unter

Christof Mandry

narrativer Identität versteht Ricœur die Konstruktion eines Lebenszusammenhangs, der mit den Mitteln der Erzählung nach dem Modell der literarischen Figur von uns vorgenommen wird, um unserer Biographie eine nachvollziehbare Gestalt zu geben. Die Erzählung bringt die heterogenen sozialen Rollen, Lebenszusammenhänge, Lebensabschnitte, Lebensentwürfe, Handlungen und Widerfahrnisse in eine biographische Ordnung, mit der eine Person von sich aussagt, wie sie wurde, wer sie ist und als wer sie sich für die Zukunft verstehen will. Die narrative Identität blickt also sowohl zurück als auch voraus, und sie ist bereits deshalb ethisch keinesfalls neutral, weil sie gerade auch die Identifikationen mit Lebensprojekten, mit Überzeugungen, Werten und Umwertungen erzählt. Identität kann nur narrativ artikuliert und expliziert werden.

Aber, und mit dieser Frage geht Ricœur in *Das Selbst als ein Anderer* über *Zeit und Erzählung* hinaus, gibt es nicht viele mögliche Erzählungen meines Lebens und kann ich nicht viele narrative Identitäten entwerfen? Aus dem leichtfertigen, aber auch betrügerischen Spiel der Identitäten führt nur die Bezeugung heraus, nämlich die tätige Antwort auf die Frage »Wo bist du?«, die nur in einem »Hier bin ich!« bestehen kann, also in einem Engagement, das die Bezeugung der Selbst-Ständigkeit vollzieht. Das Problem der narrativen Identität – das Flüchten in die unendlich mögliche Varianz des Erzählens – wird nicht erzählerisch gelöst, sondern ihm kann nur praktisch begegnet werden. Dabei darf nicht unterschlagen werden, dass die Bezeugung riskant ist: sie kann auch ausbleiben. Der Verrat ist immer möglich.[27] So mündet auch die narrative Identität in die ethische Frage, aus welchen Ressourcen des Zutrauens und des Vertrauens die Treue (zum anderen, zu mir selbst), die die Bezeugung wesentlich ist, eigentlich ihre Motivation, ihre Kraft, auch ihre Wahrhaftigkeit schöpft. Dies wird dadurch verschärft, dass die Bezeugung jedes Mal neu die Selbst-Ständigkeit erweisen muss und erst mit dem Ende des Lebens zu einem Abschluss kommen kann. Die theologische Ethik kann sich dieser Problematik stellen, indem sie mehrere Überlegungsstränge miteinander verbindet, nämlich zur vielfältigen Dialogizität der menschlichen Existenz, die erst von anderen her und

---

[27] Für eine weitergehende Analyse der Problematik vgl. B. Liebsch, »Das Selbst im Missverhältnis zwischen Erzählung und Bezeugung. Versprechen – Vertrauen – Verrat«, in: S. Orth und P. Reifenberg (Hg.), *Facettenreiche Anthropologie. Paul Ricœurs Reflexionen auf den Menschen*, Freiburg 2004, S. 49–77.

durch den Anderen zu sich selbst findet; zur Zeitlichkeit und Endlichkeit menschlichen Lebens, woraus im Horizont des Glaubens sowohl die Ernsthaftigkeit christlichen Lebens als auch seine Zuversichtlichkeit folgen; sowie schließlich – und am anspruchvollsten – zur Notwendigkeit wie zur Grundlosigkeit von Vertrauen, zur Abgründigkeit des Verrats und zu den schmalen Wegen zur Versöhnung, die vielleicht letztlich allein im Modus der Hoffnung erahnt werden können.

c) *Die Freiheit des endlichen, fähigen Menschen*

Die bereits angesprochene Handlungsfähigkeit liegt im Zentrum von Ricœurs anthropologisch-ethischer Bestimmung des Menschen: *l'homme capable* ist einerseits die Grundbestimmung, die Ricœurs Ethik zusammenhält, andererseits schlägt er damit auch den Bogen zu seinen religionsphilosophischen, biblisch-hermeneutischen Studien.[28] Der Mensch erfährt seine Freiheit darin, dass er seine Handlungen sich als seine eigenen aneignet, und darin sich als einen Handlungsfähigen schätzen lernt. Das Tun-können *(pouvoir faire)* ist für Ricœurs Philosophie des Selbst von großer Bedeutung. Es kann nur bezeugt werden und ist gleichzeitig in der reflexiven Vergewisserung die Basis für die Ressource der Selbstschätzung, aus der wiederum ethisches Tun-können und Verantwortungsbereitschaft sich speisen. Ricœur deutet das ethische Streben als Bejahung des unthematisch bewussten eigenen Handlungsvermögens und damit als »ursprüngliche Bejahung« von Selbstsein, das in der Gestalt der ethischen Fürsorge andere Freiheit anerkennt. Mit Arendt erweitert er das individuelle Tun-können zum kollektiven, politischen, indem er das »gemeinsame Können« *(pouvoir en commun)* des koordinierten Handelns in einem öffentlichen Erscheinungsraum als Grundlage des politischen Zusammenhalts, der »Macht« deutet. Weil das Handeln der einen mit dem der anderen interferiert, ist die Handlungsfähigkeit jedoch immer prekär, sie droht in ungleichen, verzerrten Interaktionsbeziehungen eingeschränkt und vermindert zu werden. Im Tun-können wohnt auch immer die Fähigkeit zur Dominanz über andere *(pouvoir-sur)*, die Ricœur als Kern der Gewalt bezeichnet. Ihre eigentliche Zerstörungskraft entfaltet sie dort, wo sie sich auf

---

[28] Vgl. P. Ricœur, »Le destinataire de la religion. L'homme capable«, in: *Archivio di Filosofia* 64 (1996) S. 19–34.

die Selbstschätzung als Grundlage des Handeln-könnens richtet. Damit wird auch einsichtig, dass diese personalen Ressourcen der Handlungsfähigkeit von normativer Bedeutung sind: Sie als Freiheitsgut und als Voraussetzung für Freiheitsvollzug zu schützen, ist gerade die Zielsetzung von moralischen Normen, und in dieser Fluchtlinie sind auch soziale Praktiken und Verhältnisse zu kritisieren.[29]

Mit Ricœur kann die Handlungsfähigkeit als anthropologisch-ethischer Grundbegriff nochmals neu betrachtet werden, nun von der Seite der Erfahrung ihrer Unverfügbarkeit: Mit dem Bekenntnis der Verfehlung und mit der daraus erwachsenden Erkenntnis, fehlbar zu sein, wird die eigene Freiheit als fragil, letztlich als entzogen erfahren. Das Rätsel des Bösen kreist ja darum, dass eigene Freiheit nicht als Freiheit zum Guten, sondern als Zwang zum Bösen erfahren wird, oder kantisch gesprochen, von einem Hang zum Bösen affiziert ist. Es kann hier nur angedeutet werden, dass theologische Ethik mit Ricœur das Skandalon des Bösen und die Verunsicherung der Freiheit durch die Erfahrung der Fehlbarkeit zum Anlass nehmen muss, die *ex post*-Identitätsartikulation des glaubenden Subjekts, zu neuer Freiheit befreit zu sein, als vorsichtige Anknüpfung, als eine Weiterführung der Bezeugung von Freiheit zu verstehen, als eine vom Widerfahrnis der Verfehlung belehrte Bezeugung, die sich die Freiheit zum Guten nur im Modus der Hoffnung zutraut – aber daraus ihren ethischen Handlungsraum gewinnt.

d) Gutes Leben – moralische Norm – kluge Entscheidung

Ricœurs »kleine Ethik« bietet außerdem der meta-ethischen Theoriebildung reichhaltiges Material an. Seine Unterscheidung und Zuordnung von Ethik des guten Lebens und Sollensethik reiht sich ein in eine ganze Reihe von jüngeren ethischen Bemühungen, das Gute und das Richtige miteinander in Beziehung zu setzen. Die Originalität seines Ansatzes besteht nicht zuletzt auch darin, der »Anwendungsebene« zu ihrem eigenen Recht zu verhelfen und die Bedeutung der »praktischen Weisheit« herauszustellen, mit der die Allgemeinheit moralischer Normen mit der Singularität von Situationen und der Individualität von Personen vermittelt wird, und zwar indem der ethische Sinn moralischer Normen für ihre Auslegung in Zweifelsfällen fruchtbar gemacht wird. Ricœur stellt damit die Prio-

---

[29] Vgl. C. Mandry, *Ethische Identität und christlicher Glaube*, S. 176 f.

rität des Guten in der Ordnung der ethischen Grundlegung fest, aber eine Priorität des Sollens in der Erkenntnisordnung der sittlichen Erfahrung. Die Bedeutung der Überzeugung, die die Bezeugung als reflexive Aneignung angemessener moralischer Entscheidungen annimmt, führt ihn schließlich dazu, die Dialektik zwischen Argumentation und Überzeugung auch als Dialektik zwischen Universalität und Kontextualität zu interpretieren.

Ricœurs Theorie der Ethik stellt – auch in Verbindung mit seinen religionsphilosophischen Studien – der theologischen Ethik einen konzeptionellen Rahmen bereit, um jenseits eingefahrener Gleise über ihren theologischen Charakter und die Modi nachzudenken, mit denen sie christliche Traditionen und Glaubensüberzeugungen in die ethische Reflexion fruchtbar einbezieht. Als Theologie ist theologische Ethik Teil des theologischen Unternehmens, den christlichen Glauben zu reflektieren und seinen Sinnanspruch argumentativ zu vertreten – ein Unterfangen, das wie der Glaube selbst über Ethik weit hinausgeht. Theologische Ethik macht die Überzeugung christlichen Glaubens, einer »Ökonomie der Gabe« zuzugehören, für die ethische Lebensorientierung und Lebensreflexion in einem umfassenden Sinne verständlich. Die vielfältigen und reichhaltigen Bilder, Metaphern, Ideale und Konzepte der biblischen Texte und der christlichen Tradition haben praktische Relevanz, weil sie die Sichtweise auf menschliche Existenz, auf den Anderen, auf die Gemeinschaft und auf die Welt in einem spezifischen Sinne prägen, aus dem etwas für die persönliche und gemeinschaftliche Lebensführung folgt. Was das jeweils ist, muss theologische Ethik in einem ebenso interpretatorischen wie kreativen Akt jeweils freilegen, verständlich und diskutabel machen. Aber auch die Bedeutung des Glaubenshorizontes für das Aufstellen moralischer Normen darf nicht unterschätzt werden. Denn moralische Normen müssen zwar »allgemein-vernünftig« begründet werden, aber die moralische Sensibilität für gefährdete Güter der Lebensführung, für Benachteiligung und Verletzung, von der die Suche nach moralischen Normen erst angetrieben und motiviert wird, ist für Christen nicht ohne den Glaubensbezug zu verstehen. Auch die vernünftige Moralbegründung findet in einem geprägten ethischen Aufmerksamkeitsraum statt.

Der theologischen Ethik dienen diese Überlegungen auch als ein Ausgangspunkt, ihren Doppelcharakter als Ethik und als theologisches Unternehmen zu bestimmen, und gleichzeitig ihren Status als glaubensbezogene Reflexion im pluralistischen Umfeld zu reflektieren.[30] Dabei kommt auch der kirchliche Charakter der Theologie zum Tragen; er hat zur Konsequenz, dass theologische Ethik unterschiedliche Aufgaben und Rollen wahrnimmt, je nachdem, ob sie »nach innen« zur Gemeinschaft der Glaubenden, oder »nach außen« in den öffentlichen Raum einer pluralistischen Gesellschaft spricht, und je nachdem, ob sie zu strebensethischen, sollensethischen oder anwendungsorientierten Fragen beiträgt.

Nur auf letztere will ich hier kurz eingehen, weil diese als Probleme der angewandten Ethik seit geraumer Zeit in der gesellschaftlichen Öffentlichkeit besonders aufmerksam wahrgenommen und diskutiert werden. Dabei geht es darum, zu moralischen Regelungen und moralischen Einzelentscheidungen in solchen Bereichen zu gelangen, die etwa aufgrund medizinischer oder wissenschaftlich-technischer Entwicklungen als besonders neuartig und verunsichernd angesehen werden. Theologische Ethik ist in diesem Bereich mit Recht stark engagiert. Hier wird auch der christliche Glaube für die allgemeine Moral deshalb mit am fruchtbarsten, da es darum geht, die Moralität der bestehenden Moral dadurch weiterzuentwickeln, dass vor-moralische Sinnerfahrungen und Sinnpotentiale in das moralisch-normative Erschließen von konkreten Problemstellungen und Konflikten eingebracht werden. Es sind die Erzählungen, Bilder, Metaphern und Denkweisen des christlichen Glaubens, die mit ihren Sensibilisierungen und Hoffnungen dem begrifflichen Moraldiskurs einen kreativen Impuls geben können. Christliche Glaubensüberzeugungen können aber auch aufgrund der ihnen eigenen Realistik ein Mehr an Gerechtigkeit und an Anerkennung zwischen Personen zu denken geben, das als bislang unentdecktes Potential im menschlichen Dasein eingefaltet liegt. Eine Reformulierung des ethischen Sinns von Konzepten der theologischen Tradition auf der begrifflichen Höhe der aktuellen Diskussion kann schließlich das Ethisch-Rationale historischer Einsichten für den gegenwärtigen Kontext verfügbar und fruchtbar machen. Diese Arbeit ist nur im Detail zu leisten, in geduldigem Hören und Nachdenken der christlichen Überzeugungen und der Einsichten der Moralität, und sie erfordert eine

---

[30] Vgl. dazu neben ebd., S. 279–297, auch C. Mandry, »Christliche Sozialethik zwischen Theologie und Philosophie – ein Spagat?«, in: A. Bohmeyer und J. Frühbauer (Hg.), *Profile. Christliche Sozialethik zwischen Theologie und Philosophie*, Münster 2005, S. 87–98.

diskursive Kompetenz sowohl innerhalb der Kirche als auch innerhalb der gesellschaftlichen Öffentlichkeit.

e) Das »aufgeforderte Selbst« des Glaubens und die »Ökonomie der Gabe«

Ricœurs Überlegungen in *Das Selbst als ein Anderer* sowie seine religionsphänomenologischen und religionsphilosophischen Beiträge halten für theologische Ethik überdies Anregungen bereit, um religiöse und ethische Identität im geschichtlichen Selbst begrifflich genauer aufeinander zu beziehen, um den gläubigen Lebensvollzug in seiner ethischen und »supra-ethischen« Verfasstheit zu bestimmen und um die Dialektik zwischen Glauben und Ethik – zwischen Glauben und Vernunft – auszubuchstabieren. Ricœurs Religionsphänomenologie nimmt erneut die Gestalt einer Hermeneutik religiöser, in erster Linie biblischer Texte an. Die Subjektstruktur, die er an mannigfachen biblischen Textsorten festmacht, lässt sich zusammenfassen als *sujet convoqué*. Das Selbst des biblischen Glaubens steht unter der Erfahrung eines Rufes, der unverfügbar und unerwartet ergangen ist und der zu einer Antwort nötigt.[31] Die Antwort besteht, formal gesprochen, darin, sich in der Symbolwelt des »großen Codes« der Bibel selbst zu verstehen. Sowohl innerbiblisch als auch christentumsgeschichtlich gibt es eine Vielzahl von Modellen und Lebensformen, die diese Struktur der »Nachfolge« praktisch ausdeuten, und die in einem literarischen und historischen Verweisungszusammenhang stehen. Für den Glaubenden in der Moderne ist vielleicht die Gestalt des christlichen Gewissens am signifikantesten. Ricœur hat das Gewissen philosophisch als ein herausragendes Phänomen des Anderen im Selbst beschrieben. An dieser Figur ändert das christliche Verständnis nicht die grundlegende Phänomenalität, aber transformiert und intensiviert sie, indem der Gewissensruf zu den eigensten Seinsmöglichkeiten mit dem Modell des Menschensohnes als Abbildes Gottes in Verbindung gebracht wird. So erhält das Gewissen eine spezifische christliche Ausprägung, die für die gesamte Identität des Glaubenden steht.

Notgedrungen etwas abstrakt kann man sagen, dass christliche Identität bedeutet, sich in den symbolischen Koordinaten der bib-

---

[31] Für das Folgende greife ich auf Überlegungen in C. Mandry, *Ethische Identität und christlicher Glaube*, S. 267–271 zurück.

lischen Welt und der lebendigen Tradition der Kirche zu verstehen. Sie drückt sich in lebensgeschichtlich unterschiedlich ausgeprägten Vollzugsformen leiblich aus – in eminenter Weise etwa im Gebet. Für dieses Selbstverstehen hat Ricœur den Ausdruck gefunden, es sei das Bewusstsein der Zugehörigkeit zu einer »Ökonomie der Gabe«. Das meint die biblisch-christlich artikulierten vielfältigen – nicht in erster Linie ethischen – Erfahrungen des Eingebettetseins in das »Gute«: der guten Schöpfung, der Zuwendung Gottes, der Verbindung mit anderen Menschen, der Befreiung von der Sündenmacht – die eine Fähigkeit zum Guten freisetzen. Ethische und religiöse Identität sind voneinander unterschieden, insofern sie unterschiedlichen Dimensionen der Selbstheit angehören. Selbstsein ist grundlegend ethisch verfasst, weil Selbstsein bedeutet, sich als verantwortlich und als verfügbar zu bezeugen; die religiöse Identität umfasst dies nochmals, indem sie das Verantwortlichsein und Verfügbarsein aus dem Anspruch und dem Zuspruch einer gottgegebenen Ökonomie der Gabe heraus ins freie Können hebt. Die Konsequenz daraus ist nicht, dass eine argumentativ vorgehende Ethik überflüssig oder in einem Liebesethos »aufgehoben« würde, sondern wie ausgehend von Ricœurs Essay *Liebe und Gerechtigkeit* gezeigt werden kann, die wechselseitige kritische wie kreative Bezogenheit zwischen christlichem Liebesgebot und Gerechtigkeitsforderung. Der theologische Charakter der theologischen Ethik lässt sich somit entfalten als ethischer Impuls für ein Mehr an Gerechtigkeit, das begründet ausgewiesen werden muss. Dieser Impuls gründet in der »supra-ethischen« Zugehörigkeit zur Ökonomie der Gabe, zusammengefasst in der Überzeugung, geliebt zu sein und daher unter der Aufforderung zu stehen, selbst zu lieben – einer Aufforderung, die nicht moralischer Natur ist, sondern Bestandteil der gläubigen Gottesbeziehung.

III.

Ausblick: Weitere mögliche Beiträge von Ricœurs Philosophie zur theologischen Ethik

Weitere mögliche Beiträge von Ricœurs Philosophie zur theologischen Ethik betreffen zunächst Ricœurs umfangreiches geschichtsphilosophisches Werk *Gedächtnis, Geschichte, Vergessen*[32]. Neben den philosophischen und epistemologischen Reflexionen über individuelles und kollektives Gedächtnis, das Verhältnis von Geschichtsschreibung und Einbildungskraft, das Gründen von Erinnern und Vergessen im Geschichtlichsein des Menschen und vieles mehr werden dort auch ethische Aspekte des Erinnerns und der politischen Gedächtniskultur behandelt. Wie sind beispielsweise »Erinnerungspflicht« und »Recht auf Vergessen« zu verstehen, wenn man sowohl bedenkt, dass jedes Erinnern ein Vergessen voraussetzt und bedingt, als auch dass jede Gedächtniskultur unweigerlich mit kollektiver Identität verbunden ist, und wenn man schließlich nicht vergisst, dass Täter und Opfer von Erinnern und Vergessen in ganz unterschiedlicher Weise *betroffen* sind? Wie ist überhaupt ein erinnernder Bezug auf Geschichte ethisch und moralisch zu sehen? Diese Themen sind für die christliche Theologie von großer Bedeutung, doch werden sie in der theologischen Ethik eher randständig behandelt. Dabei bestünden auf einer fundamentalethischen Ebene vielfältige Anknüpfungspunkte an Überlegungen der narrativen Ethik und der Gedächtniskultur. Eine theologische Ethik des Politischen und eine Friedensethik sollten darüber hinaus beispielsweise prüfen, inwiefern Ricœurs Denken die ethische Reflexion von aktuellen Formen der Vergangenheitsbewältigung bereichern könnte. Institutionen wie die südafrikanischen – aber auch andernorts eingerichteten – *Truth and Reconciliation Commissions* stellen sich der schwierigen Aufgabe, um einer politischen Friedenssicherung und gesellschaftlichen Zukunftsfähigkeit willen die Vorgänge und Verbrechen einer dunklen Vergangenheit aufzuarbeiten, um durch historische »Wahrheit« und mit dem Mittel des Rechts nicht nur Gerechtigkeit, sondern so etwas wie »Versöhnung« zu erlangen. Theologische Ethik könnte und sollte sich einbringen und die Implikationen, die Möglichkeiten und die Grenzen des sowohl politischen wie rechtlichen wie auch moralischen – und letztlich religiösen? – Umgangs mit Geschichte und Vergessen bedenken.

In ganz anderer Weise situiert sich Ricœurs letztes Buch *Wege der Anerkennung* bereits selbst in einer sozialphilosophisch-ethischen Debatte über eine erneuerte und über Hegel hinausgehende

---

[32] P. Ricœur, *Gedächtnis, Geschichte, Vergessen*, München 2004.

Theorie der Anerkennung.[33] Präziser sind es der Begriff der »Anerkennung«, in dem die grundlegende normative Struktur der Gesellschaft erblickt, und der *Kampf* um Anerkennung, in dem in einer gegenüber Hegel modifizierten Weise das Motiv für die Entwicklung sozialer Institutionen erkannt werden.[34] Ricœur zeichnet diese Theorie als Antwort auf Hobbes politische Philosophie nach, konfrontiert aber dann die ganze Denkrichtung mit dem Verdacht, der Kampf um Anerkennung und die damit zusammenhängende Fixierung auf Negativformen der verweigerten Anerkennung und der Missachtung seien nicht so grundlegend, wie sie prätendieren. Führt das Verlangen nach Anerkennung, akzeptiert man es als sozialphilosophisches »Grundgesetz«, nicht dazu, immer und überall nur Defekte der Anerkennung zu sehen, die hinter einer noch volleren Anerkennung zurückbleiben, und damit zu einem »unglücklichen Bewusstsein«?

Ricœur stellt dagegen die Erfüllungszustände, die tatsächlichen Erfahrungen gelungener sozialer Beziehungen (er nennt sie »Friedenszustände«) und versucht sie von einer alternativen Sozialtheorie der *Gabe* her zu profilieren.[35] Das Paradox von Gabe und Gegengabe unterläuft für ihn das Paradigma des Kampfes und weist auf Formen der Anerkennung hin, die gerade nicht als Resultat von Auseinandersetzungen zustande kommen, sondern aus einer ursprünglichen Generosität resultieren, das heißt: aus der Asymmetrie einer unbedingten Anerkennung. Ricœurs Überlegungen stellen die fundamentale Frage, ob Ethik ihren Anfang beim Konflikt nehmen muss oder bei den Friedenszuständen, bei den Modellen von Tausch und Markt oder von Gabe und nicht berechnender Gegengabe. In dieser radikalen Alternative scheinen noch etliche Denkwege abseits gesellschaftsethischer Gewohnheiten angelegt, die auch theologische Ethik kritisch abschreiten sollte.

---

[33] Vgl. P. Ricœur, *Wege der Anerkennung. Erkennen, Wiedererkennen, Anerkanntsein*, Frankfurt 2006, S. 272.

[34] Vgl. A. Honneth, *Kampf um Anerkennung. Zur moralischen Grammatik sozialer Konflikte*, erw. Ausg. Frankfurt 2003.

[35] Vgl. ebd., S. 273f. Die biblische *agape* ist für Ricœur der Paradefall einer großherzigen interpersonalen Wechselseitigkeit, die die tauschförmige Reziprozität unterläuft. – Die außerhalb Deutschlands bereits im Gang befindliche Gabe-Debatte wird nun auch hierzulande aufgenommen; für eine vorsichtige theologisch-ethische Annäherung vgl. C. Mandry, »Logik der Ethik – Logik der Gabe. Theologisch-ethische Überlegungen«, in: M. Gabel und H. Joas (Hg.), *Von der Ursprünglichkeit der Gabe. Jean-Luc Marions Phänomenologie in der Diskussion*, Freiburg 2007, S. 234–251.

Über liberale und kommunitaristische Ethik hinaus

Inchoativer Universalismus, Erinnerungskultur und die Festlichkeit der Gabe bei Paul Ricœur

Maureen Junker-Kenny

Als »philosophe de tous les dialogues« mit Recht gewürdigt, war Paul Ricœur mit den verschiedenen Argumentationstraditionen beiderseits des Atlantik und innerhalb Europas vertraut. Die Rezeption seiner Differenzierungs- und Vermittlungskunst in der theologischen Ethik im englischsprachigen Raum (eine Sammelbezeichnung für so verschiedene Kontexte wie die USA, Kanada, Großbritannien, Irland) ist nur zu erfassen, wenn einige Unterschiede vorab in Rechnung gestellt werden.

Erstens muss man sich von den Annahmen der konfessions- und disziplinspezifischen Organisation der Theologie an deutschsprachigen Fakultäten freimachen: »Christian Ethics« ist zum Beispiel nicht unterteilt in Moraltheologie und Christliche Sozialethik, und ob sie in den theoretischen oder praktischen Fächerkreis gehört, wird kaum debattiert. Wie die Benennung etlicher Lehrstühle zeigt, kann sie als eigenes Fach, zusammen mit einem weit gefassten Begriff der praktischen Theologie oder in der Systematik als Teil einer praktischen Fundamentaltheologie auftauchen oder einfach unter »Religion« subsumiert werden. Die Bemühungen um genaue Bestimmung und Abgrenzung des spezifischen Ortes und der Unableitbarkeit einer Disziplin innerhalb der theologischen Enzyklopädie spielen nicht dieselbe programmatische Rolle.

Zweitens mögen in »Christian Ethics« die gleichen Gegenwartsphilosophien und -theologien diskutiert werden, aber dies geschieht vor unterschiedlichen kulturellen Hintergründen, wie in der Ethik vor allem am Stellenwert deontologischer Argumentationen abzulesen ist. Wenn das Gesprächsfeld von alternativen Ansätzen wie John Rawls, Alasdair MacIntyre und Emmanuel Levinas abgesteckt wird, dann geht es zugleich um das Recht und die genauere Bestimmung der theologisch umstrittenen Moderne. Als Gesprächspartner für philosophische und theologische Ethik kommt Kant oft erst durch

Maureen Junker-Kenny

Ricœur in die Debatte; sein Denken ist als gegenwärtiger Horizont für moralische und politische Argumente, zum Beispiel über Menschenwürde oder die kosmopolitische Reichweite von Gerechtigkeitsgrundsätzen nur dann präsent, wenn es dezidert eingebracht wird. Wie die Cambridger Philosophin Onora O'Neill in ihrer Kritik an Rawls und an bioethischen Schlagworten herausstellt, wird »Autonomie« meist im Sinne von John Stuart Mill als äußere individuelle Unabhängigkeit, nicht als sich unter das Moralgesetz stellende Selbstbestimmung verstanden.[1] Wenn demgegenüber theologisch und feministisch »relationality,« »care« und »civic participation« als alternative Stichworte eingeklagt werden, dann aus der Erfahrung einer individualistisch liberalen Kultur mit einer Vielzahl von »Rechten« ohne tiefere Verankerung in einer Verpflichtungen einschließenden moralischen Verfassung.[2]

Drittens sind die Rezeptionsphasen des Werkes von Ricœur zeitverschoben. Die »höhere Intensität«, die sie »in den achtziger Jahren […] im englisch- sowie französischsprachigen Raum«[3] kennzeichnete, endete mit der Debatte um *Das Selbst als ein Anderer*[4]. Die Thesen, die in *Gedächtnis, Geschichte, Vergessen*[5] ausgearbeitet vorliegen, wurden im europäischen Raum schon in den neunziger Jahren durch Vorträge Ricœurs bekannt und diskutiert, während die englischsprachige Rezeption selbst heute kaum begonnen hat. Die Einbeziehung seiner Werke ab den späten neunziger Jahren war im englischsprachigen Raum zumeist auf Übersetzungen angewiesen, die sie erst jüngst zugänglich machten.[6] Auch in den Schriften zum

---

[1] O. O'Neill, *Autonomy and Trust in Bioethics*, Cambridge 2002.
[2] L. S. Cahill, ›Genetics, Individualism, and the Common Good‹, in: A. Holderegger und J.-P. Wils (Hg.), *Interdisziplinäre Ethik. Grundlagen, Methoden, Bereiche*, Fribourg/Freiburg 2001, S. 378–392; *Theological Bioethics. Participation, Justice, Change*, Washington [D.C.] 2005.
[3] P. Welsen, Vorwort, in: P. Ricœur. *Vom Text zur Person. Hermeneutische Aufsätze (1970–1999)*, Hamburg 2005, S. VII–X, hier S. VIII.
[4] P. Ricœur, *Das Selbst als ein Anderer*, München 1996.
[5] P. Ricœur, *Gedächtnis, Geschichte, Vergessen*, München 2004. *Memory, History, Forgetting*, Chicago 2004.
[6] P. Ricœur, *Parcours de la Reconnaissance*, Paris 2004, wurde 2005 als *The Course of Recognition*, Cambridge 2005 auf Englisch zugänglich, dt.: *Wege der Anerkennung. Erkennen, Wiedererkennen, Anerkanntsein*, Frankfurt 2006; *Le Juste 2*, Paris 2001, wurde als *Reflections on the Just*, Chicago 2007, übersetzt. D. Pellauer behandelt unter dem Titel »Memory, Recognition, Practical Wisdom« im 6. Kapitel seines Bandes in der Reihe »A Guide for the Perplexed« die Themen der letzten Phase des Werks: *Ricœur. A Guide for the Perplexed*, London 2007, S. 109–138.

Verhältnis von Recht und Moral und zur politischen Ethik hat sich so eine Rezeptionslücke ergeben.

I.

Zur Moderne als Horizont des Denkens

In einer theologischen Landschaft, die von Verfechtern einer ausgeprägten Moderne-Kritik bestimmt wird (wie schon die Wiederaufnahme der Tugendethik nicht als Ergänzung, sondern als überlegene Alternative zum deontologischen Regeldenken zeigt[7]), scheinen diejenigen, die Ricœur theologisch rezipieren, von vornherein auf der Seite einer qualifizierten Anerkennung moderner Einsichten zu stehen. Die Grenzen, die der französische Denker zwischen philosophischem und biblischem Zugang markiert hat, finden bei ihnen grundsätzlich Zustimmung. Angesichts des Aufgebens universalistischer Orientierungen unter Berufung auf die Kontrastgesellschaft der Kirche, wie sie der anglikanische Systematiker John Milbank und der methodistische Ethiker Stanley Hauerwas vertreten, ist dies keine Selbstverständlichkeit. Der ekklesiologische Integralismus Milbanks, der die Abwertung säkularer Disziplinen wie der Soziologie als illegitime Abwendungen von der Theologie verficht, interpretiert die augustinische Unterscheidung von civitas terrena und civitas Dei als Auftrag zur Errichtung eines exklusiven Gottesstaates, der einen säkular nicht erreichbaren Frieden schafft. Dieser Deutung mit ihrer Abwertung natürlicher Vernunft entspricht eine Zielsetzung des Zueinanders von Mensch und Gott als eingliedernde »Partizipation« an der Trinität.[8]

---

[7] M. Junker-Kenny, »Virtues and the God Who Makes Everything New«, in: A. Mayes und W. Jeanrond (Hg.), *Recognising the Margins. Essays in Honour of Sean Freyne*, Dublin 2006, S. 298–320.
[8] J. Milbank, *Theology and Social Theory. Beyond Secular Reason*, Oxford 1990. Vgl. Th. Fliethmann, »Radical Orthodoxy. Zu einer neuen Bewegung in der anglo-amerikanischen Theologie«, in: *Herder-Korrespondenz* 56 (2002) S. 407–411. Eine kritische Analyse seines Programms im Blick auf kontextuelle Theologien und interreligiösen Dialog bietet G. de Schrijver, *Recent Theological Debates in Europe. Their Impact on Interreligious Dialogue*, Bangalore 2004, S. 37–122. In »The Politics of Radical Orthodoxy. A Catholic Critique«, in: *Theological Studies* 68 (2007) S. 368–393, hier S. 372, bemerkt Mary Doak, wie Milbanks Programm

Maureen Junker-Kenny

Ebensowenig wie die freiheitsminimierende Vereinigungstheologie der »Radical Orthodoxy« sehen theologische Ethikentwürfe im Gefolge von Alasdair MacIntyre die Notwendigkeit, philosophischautonome und theologische Zugänge in ihrer gleich legitimen, doch unterschiedlichen Logik voneinander abzugrenzen. Betont werden stattdessen die Gesamtausrichtung einer stets partikulär durch ein gemeinschaftliches Ethos geprägten Existenz oder das ganzheitliche Sein, aus dem das Handeln erst folgt: *agere sequitur esse*.[9] Die Notwendigkeit, Genese und Geltung zu unterscheiden, leuchtet nicht ein. Wenn demgegenüber ein Theologe wie Glenn Whitehouse im Gespräch mit Ricœur herausstellt, wie dessen Abgrenzungen auch die Bestimmung der Übergänge zwischen säkularer Philosophie und Theologie ermöglichen, befindet er sich auf dem Boden einer nicht nur als Verfallsgeschichte rekonstruierten, sondern als legitim anerkannten Moderne. Für ihn ist es die Ethik, in der Ricœur am deutlichsten die Korrespondenzen und den Überschritt markiert.[10]

Aufschlussreich ist, wie Ricœurs Aufweis der Grenzen des Prozeduralismus in Rawls' liberaler politischer Ethik aufgegriffen wird. Einerseits wird das Verdienst des Rawlsschen Gerechtigkeitskonzepts anerkannt, dem zuvor weitgehend utilitaristisch verfassten Sozialdenken einerseits und dem libertären Liberalismus andererseits einen Entwurf entgegengesetzt zu haben, der auf die Aufhebung sozialer Ungleichheiten bei gleichzeitiger Wahrung individueller Freiheit verpflichtet ist. Andererseits dient Ricœurs Kritik an der Begründung der Gerechtigkeitsgrundsätze und ihre Verankerung in der Goldenen Regel als ihrer materialen Basis dazu, von dort aus zum Proprium christlicher Ethik zu gelangen. Die Gegenüberstellung von Liebe und Gerechtigkeit wird genutzt, um den Überschuss gläubigen Handelns einzubringen. Dabei kommt die Dialektik, dass Liebe Gerechtigkeit nicht nur überbietet, sondern weiterhin auf sie

---

einer kirchlichen Gegenkultur zur Gewalt weiterhin von der »Logik der Herrschaft« geprägt bleibt, die er der säkularen Welt zuschreibt.

[9] D. Harrington und J. Keenan, *Jesus and Virtue Ethics. Building Bridges between New Testament Studies and Moral Theology*, Lanham [MD] 2002, S. 24. Keenan verbindet seinen tugendethischen Ansatz mit einer dezidiert handlungsorientierten Neukonzeption der Sozialethik am Paradigma des Kampfes gegen Aids.

[10] G. Whitehouse, »Veils and Kingdoms. A Ricœurian Metaphorics of Love and Justice«, in: J. Wall, W. Schweiker und W. D. Hall (Hg.), *P. Ricœur and Contemporary Moral Thought*, New York 2002, S. 164–186.

angewiesen bleibt, allerdings weit weniger zum Zuge.[11] Einig sind sich viele der Autorinnen und Autoren in der Wertschätzung der Erweckung der Einbildungskraft durch Metaphern und in der entsprechenden Warnung vor der Reduktion der vielen poetischen Ausdrucksformen der Bibel auf formale Regeln oder ein philosophisch begründetes moraltheoretisches Grundmodell.

Die beiden im Folgenden behandelten Rezipienten, William Schweiker von der Divinity School der University of Chicago, an der Ricœur seit Ende der sechziger Jahre lehrte, und John Wall, Rutgers University of New Jersey, unterscheiden sich in ihrer Problemanalyse und entsprechend in ihrer Bezugnahme auf Ricœur.

II.

William Schweiker: Verantwortung und vorgängige moralische Ordnung

Wie Whitehouse an einer Hermeneutik interessiert, die es erlaubt, den »Spielraum des moralischen Lebens« auch symbolvermittelt auszudrücken[12], vertritt William Schweiker in anderer Hinsicht das Gegenmodell zur kritisch-theologischen Aneignung autonomer Moral: eine schöpfungstheologisch verankerte moralische Ordnung. In seiner Argumentation sind fünf Schritte zu erkennen: 1) Gegenüber

---

[11] Dies wird deutlich, wenn man die Rezeption der Auseinandersetzung mit Rawls bei Schweiker und Whitehouse mit derjenigen Christof Mandrys vergleicht: C. Mandry, »Ricœur und Rawls. Zugleich ein Querschnitt durch Ricœurs ›kleine Ethik‹«, in A. Breitling, S. Orth und B. Schaaf (Hg.), *Das herausgeforderte Selbst. Perspektiven auf Ricœurs Ethik*, Würzburg 1999, S. 37–58. Eine Ausnahme scheint mir Linda MacCammon zu bilden, die auf die bleibende fruchtbare dialektische Spannung zwischen Liebe und Gerechtigkeit hinweist: »Jacques Derrida, Paul Ricœur, and the Marginalisation of Christianity: Can the God of Presence be Saved?«, in: J. Wall, W. Schweiker und W. D. Hall (Hg.), *P. Ricœur and Contemporary Moral Thought*, S. 187–209, hier S. 206.

[12] W. Schweiker, »Starry Heavens and Moral Worth. Hope and Responsibility in the Structure of Theological Ethics«, in: J. Wall, W. Schweiker und W. D. Hall (Hg.), *P. Ricœur and Contemporary Moral Thought*, S. 117–142, hier S. 142: »Consistent with the mimetic or explicative hermeneutics noted before, I am ›overlaying‹ or ›interweaving‹ cognitive-discursive forms (symbols, narratives, ideas, concepts, theories) in order to articulate the moral space of life.«

Maureen Junker-Kenny

einem Hoffnungsbegriff, der Erfüllung in die eschatologische Zukunft vertagt, hat die theologische Ethik Verantwortung in gegenwärtigen Beziehungen zu explizieren. 2) Verantwortung braucht ein ontologisches Fundament. 3) Dieses wird von der Schöpfungstheologie bereitgestellt. Der für gegenwärtige Verantwortung notwendige »robust ethical naturalism« kann nur durch die Ressourcen des biblischen Schöpfungsdenkens erreicht werden.[13] 4) »Schöpfung« steht für die von Gott errichtete moralische Ordnung. Sie erlaubt uns, die in der Moderne verloren gegangene Synthese zwischen Sein und Güte wiederzugewinnen. 5) Andere Grundlagen sind defizient, unter ihnen die Ricœurs, der, wie die am Ende von *Das Selbst als ein Anderer* zugegebene Aporie des Anderen zeigt, die Kluft zwischen Sein und Güte so wenig wie andere beim Subjekt ansetzende Denker zu schließen vermag.

Die Analyse lebt von der Voraussetzung, dass das entscheidende konzeptionelle Problem der Theologischen Ethik die moderne Trennung der früheren Synthese zwischen Natur- und Moralordnung ist. Durch die Rückwendung zu Gott nicht nur als Quelle des Guten, sondern auch als Inaugurator einer objektiven moralischen Weltordnung kann diese Spaltung geheilt werden. Dass sie sich je auftat, wird als Last des modernen Lebens wie der Theologie bewertet: »The burden of human existence, if the breakdown of a religious synthesis is the defining act of modernity, is to create value within the senseless expanse of reality rather than seeking to discern and enact the moral order of reality.«[14] In dieser Situation hilft der Rückgriff auf die Bibel: »[T]he biblical insight seems to be that ontological claims are always situated within a moral order established by the divine; nature makes sense only within creation. This is why Christian moralists (…) have been uneasy with the modern consensus in ethics.«[15]

Schon vor Ricœurs Ausarbeitung der »kleinen Ethik« in *Das Selbst als ein Anderer* stellte Schweiker in *Responsibility and Christian Ethics* klar: »Christian Ethics is committed to some form of rea-

---

[13] W. Schweiker, »Starry Heavens and Moral Worth«, 122. Dem Rekurs auf die Schöpfung als Gegengewicht zu einer rein futurischen Eschatologie könnte man hinzufügen, dass auch neuere exegetische Untersuchungen gezeigt haben, wie viel mehr Jesus selbst von einer Spiritualität der von Gott mit Überfülle ausgestatteten Schöpfung als von der Exodus-Tradition geprägt war. Vgl. S. Freyne, *Jesus, a Jewish Galilean*, London 2004.
[14] W. Schweiker, »Starry Heavens and Moral Worth«, S. 117.
[15] Ebd., S. 142.

Über liberale und kommunitaristische Ethik hinaus

list moral theory because the reality of God, the ultimate human good, is prior to moral traditions or human invention.«[16] Die latente Konkurrenz zwischen göttlicher und menschlicher Freiheit, die hier anklingt, schlägt sich nieder in einer Definition von Sünde, in der menschliche Kreativität gleich als usurpatorisch erscheint: »[S]in as a theological concept refers to the attempt by the self to be the constituting source of the good.«[17]

Von diesen Voraussetzungen her ist es nicht erstaunlich, dass Schweiker Ricœur für seinen Ansatzpunkt beim Willen und der Freiheit des Menschen statt bei der Realität des Guten kritisiert und keinen Bezug zu Gott erkennt: »Neither in its conceptual structure nor in its account of the good is Ricœur's philosophy of the will defined by a response to the divine (...) The difficulty here, I am suggesting, is, that the solicitude of the other and the ineffability of God are interpreted within the dilemma of freedom (...) But this is to constrict our conception of the good«[18].

Zwar begrüßt er 1999 auf der von ihm mitorganisierten Konferenz mit Ricœur in Chicago dessen zunehmende Bereitschaft, die Verbindungen zwischen Theologie und Philosophie stärker zu explizieren, als Antwort auf seine Argumente und die anderer Theologen. »If that is the case, it is a development within his work that I, for one, wish to applaud!«[19] So fruchtbar jedoch die eben auch für die Ethik Jesu selbst als zentral aufweisbare Wendung zur Schöpfung sein könnte, so fragwürdig erscheint mir die Art ihrer Inanspruchnahme gegen Kant und Ricœur. Meine Hauptanfrage an Schweikers Ansatz ist, ob er die moralische Verpflichtungserfahrung des Subjekts nicht unterbewertet. Selbst wenn es eine von Gott gestiftete moralische Weltordnung gäbe, wie wären wir dafür empfänglich und darauf anzusprechen? Wie sehr der Rückbezug zum Subjekt ihm als Sackgasse erscheint, lässt sich sowohl an seiner selektiven Kant-Rezeption als auch an seiner Kritik eines anderen Philosophen zeigen, dessen Denkrahmen er de facto weit mehr als dem von Ricœur verpflichtet ist: Charles Taylor.

Die Profilierung seines Ansatzes durch die Kontrastierung von

---

[16] W. Schweiker, *Responsibility and Christian Ethics*, Cambridge 1995, S. 106.
[17] W. Schweiker, »Imagination, Violence, Hope«, in: D. Klemm und W. Schweiker (Hg.), *Meaning in Texts and Actions. Questioning P. Ricœur*, Charlottesville 1993, S. 205–225, hier S. 218.
[18] W. Schweiker, »Imagination, Violence, Hope«, S. 220.
[19] W. Schweiker, »Starry Heavens and Moral Worth«, S. 142.

Maureen Junker-Kenny

künftiger Hoffnung und gegenwärtiger Verantwortung ist durch eine Kant-Auslegung erkauft, die es versäumt hat, sich mehr an Ricœur schulen zu lassen. Schon der Titel seines Vortrags dient nur dazu, die Alternative zwischen der Ordnung der Natur und der des moralischen Willens zu kennzeichnen, statt in dem den »bestirnten Himmel über mir und das moralische Gesetz in mir« verbindenden Gefühl der »Ehrfurcht« (KPrV, A 289) eine mögliche Brücke zu erkennen. Kants Bemühen in der dritten Kritik, beide zuvor geschiedene Welten der Naturerforschung und der Moral in der Dimension der Urteilskraft wieder zusammenzuführen, bleibt ausgeblendet. So zieht Schweiker ein Gegenmodell auf, wo er ein paralleles Interesse hätte erkennen können: die Verankerung der Hoffnung auf Handlungsfähigkeit in einer Welt, in die der Mensch passt. Der Unterschied ist, dass Kant sie nicht durch den direkten Zugriff auf Gottes die Moral einschließende Schöpfungsordnung erreicht, sondern sich der Zuspitzung der Antinomien menschlicher Reflexion aussetzt und im Durchgang durch sie eine Perspektive erarbeitet, in der die vorherigen Trennungen nicht negiert sind, doch zusammengehalten werden können. Für Schweiker spielt es keine Rolle, dass die Antinomie der praktischen Vernunft nur aus Kants Einbeziehung der Glückseligkeit erwächst, die im Menschen mehr als ein Moralwesen sieht; dass das Postulat der Existenz Gottes gerade als Urhebers der Natur, die moralischer Anstrengung nicht gänzlich unrezeptiv gegenüberstehen darf, erfolgt; dass für Kant die »Projekte« menschlichen Handelns in einem wesentlich tieferen Sinn einer Hoffnung bedürfen, die ihre Entgegensetzung zur »Verantwortung« fragwürdig macht. Schweiker hingegen sieht Verantwortung für andere nur als möglich im »Bruch« mit Kant, der ihm zufolge bei der Selbstbeziehung der praktischen Vernunft stehenbleibt: »The demand uttered in God's command or in the face of the other manifests the depth and scope of worth beyond our projects. In this way, the language of responsibility denotes a break with the modern, Kantian claim that the ›moral law within‹ is definable in terms of the self-relation of practical reason in the act of legislating maxims for actions.«[20] Die Antwort, wie sich denn das Selbst als vom Anspruch »vergangener, gegenwärtiger und zukünftiger anderer« angesprochen erfahren kann, bleibt Schweiker jedoch schuldig.

---

[20] Ebd., 120f.

Über liberale und kommunitaristische Ethik hinaus

Mit seinem »hermeneutischen Realismus«[21] wäre Schweiker, so scheint mir, besser bei Charles Taylor als bei Ricœur aufgehoben. Selbst dessen Ansatz erreicht jedoch nicht die von ihm verlangte Objektivität. So geht Schweikers Rezeption des in *Sources of the Self*[22] vorgelegten Ethik-Ansatzes von Charles Taylor in *Responsibility and Christian Ethics* dahin, die auf das Gute hinweisenden »starken Wertungen« für immer noch zu subjektiv zu halten. Ihre »realistische Intention« sei nicht klar genug auf seinen objektiven Grund bezogen,[23] der letztlich auf seinen Charakter als Schöpfung zurückzuführen sei. Im Blick auf *A Secular Age*[24], in dem Taylor nun die Notwendigkeit einer objektiven Ontologie im Gegenzug zur kritischen Epistemologie Kants betont, wäre diese Deutung allerdings zu überprüfen.[25] Zuvor hatte er dem Subjekt einen Anteil am Gutsein der Welt durch die Kraft des Gut-Sehens zuerkannt, die vom Genesis-Text inspiriert ist: The »world's being good may now be seen as not entirely independent of our seeing it and showing it as good, at least as far as the world of humans is concerned«.[26] Paul Ricœur hat demgegenüber Taylors Progression von den starken Wertungen zur Annahme eines Hyperguts in Frage gestellt und wird folglich von Schweiker mit Recht als Vertreter des modernen Konsenses, dass Sein und Güte zu trennen seien, beurteilt.[27]

Vor diesem allentscheidenden Kriterium verblassen die fruchtbaren Unterscheidungen und Weichenstellungen, die der französische Hermeneut der theologischen Ethik zur Verfügung stellt. Die Anruf-Antwort-Struktur menschlicher Existenz, die Ricœur in den Berufungen der Propheten herausstellt, könnte in einer Ontologie des Subjekts ausgearbeitet werden, wie Schleiermacher sie vorlegt.[28]

---

[21] W. Schweiker, *Responsibility and Christian Ethics*, 173.
[22] Ch. Taylor, *Sources of the Self. The Making of Modern Identity*, Cambridge 1989.
[23] Ebd., 171 f.
[24] Ch. Taylor, *A Secular Age*, Cambridge 2007.
[25] Ebd., Kapitel 15.
[26] Ch. Taylor, *Sources of the Self*, S. 448, zitiert bei W. Schweiker, *Responsibility and Christian Ethics*, S. 172.
[27] P. Ricœur, »The Fundamental and the Historical: Notes on Charles Taylor's Sources of the Self«, in: *Reflections on the Just*, S. 168–184.
[28] Vgl. David Klemm, der Ricœurs Bestimmung religiöser Erfahrung in »Manifestation and Proclamation« (1974) mit ihrer Unterordnung des Sakralen unter das verkündete Wort mit Schleiermachers Einführung des philosophischen Gottesgedankens als »Woher der schlechthinnigen Abhängigkeit« vergleicht. »Searching for a Heart of Gold. A Ricœurian Meditation on Moral Striving and the

Maureen Junker-Kenny

Den Zentralbegriff »Verantwortung«, den Schweiker im Gegenzug zu einer rein futurischen »Hoffnung« auf gegenwärtige Interaktion festlegt, hätte er bei Ricœur im Ansatz der »Selbstschätzung«, der »solicitude« und des Strebens nach gerechten Institutionen auf der ersten, spontanen Ebene der Ethik noch vor der kritisch-reflektiven Moral ursprünglich grundgelegt finden können. Die Chance, dessen neuere Betonung des »fähigen Selbst« theologisch zu einer »Ethik des Könnens« (Dietmar Mieth) auszuarbeiten, wird vermutlich deshalb nicht genutzt, weil sie die moderne Gefahr exemplifiziert, die alle Subjekte bindende Seinsordnung zu unterlaufen.

In grundsätzlicher Übereinstimmung mit dem philosophischen Vermittlungsinteresse der Chicago School bleibt er in der Interpretation seines Lehrers Ricœur nur noch insofern, als er diesen nicht für sein theologisches Erkenntnisinteresse vereinnahmt, sondern die Unterschiede festhält. Dass es Gottes Freiheit und Güte allerdings nicht beschneidet, sondern ihr entspricht, ein Wesen ins Leben zu rufen, das sich frei zu Gottes Anruf verhalten kann, wird in diesem Entwurf nicht gewürdigt.[29] Auf die Betonung autonomer Freiheit auch zum Guten könnte es der theologischen Anthropologie wie der Christlichen Ethik gerade aus theologischen Gründen ankommen.

Die unersetzliche philosophische Vorarbeit, die Ricœur für die theologische Ethik leistet, kommt in diesen Alternativen nicht in den Blick. Seine nachhegelianische Orientierung an Kant schlägt sich in einem Handlungsbegriff nieder, der einerseits über die Intention hinausgeht und die soziale Rezeption durch andere einbezieht, andererseits die unendlichen Ziele und unabgegoltenen Hoffnungen des endlich verfassten Subjekts vom faktischen Ausgang geschichtlicher Handlungen und Ereignisse abhebt. Das letzte Wort von Ricœurs abschließender Ausarbeitung eines philosophischen Begriffs von Geschichte, menschlicher Erinnerung und Verzeihen als aufbewahrendem Vergessen ist antihegelisch: »Unvollendetheit« *(inachèvement)*.[30] Von hier aus ließe sich ein theologischer Verantwortungs-

---

Power of Religious Discourse«, in: J. Wall, W. Schweiker und W. D. Hall (Hg.), *P. Ricœur and Contemporary Moral Thought*, S. 97–116, hier S. 113 f.

[29] Zur Ausarbeitung von Freiheit als philosophischem Prinzip der theologischen Hermeneutik, vgl. Th. Pröpper, *Erlösungsglaube und Freiheitsgeschichte*, München 1988, und *Evangelium und freie Vernunft. Konturen einer theologischen Hermeneutik*, Freiburg 2001.

[30] P. Ricœur, *Gedächtnis, Geschichte, Vergessen*, S. 677.

begriff entfalten, der durch Gottes Solidarität getragen und vollendet, aber nicht inhaltlich durch die gegebene moralische Weltordnung vorbestimmt ist. Es ließe sich schon in Thomas' mittelalterlicher Bestimmung des Naturrechts als Anweisung zum Gebrauch der eigenen gottgegebenen Vernunft statt als Ableseorgan für die von Gott in die äußere und die eigene Natur gelegten Zwecke eine für die menschliche Interpretations- und Legislationskraft offenere Sicht finden als in Schweikers Bindung menschlicher Verantwortung an die vorgegebene Schöpfungsordnung.[31]

III.

John Wall: Kreative Poetik des Willens

War es die unzureichende Ausarbeitung der ontologischen Voraussetzungen der Ethik in der Welt als Schöpfung, die Schweiker anmahnte, so geht es John Wall gerade um das kreative Moment des Willens, das dieser in der Moderne überbetont sieht.

Im Gegensatz zu Schweiker, der moralischen Wert in einer den Projekten unseres Willens vorgegebenen Ordnung verankert sehen will, arbeitet John Wall den schöpferischen Charakter einer Subjekte und Güter vermittelnden Normfindung heraus. In seiner Analyse gegenwärtiger Moraldebatten findet er den Ausweg aus den Sackgassen, in die sich die Alternativen des Liberalismus und des Kommunitarismus verrannt haben, im Subjektbegriff Ricœurs, der sich auf den verschiedenen Ebenen der ethischen Selbstbestimmung entfalten lässt. Die Grenzerfahrung, auf die er abhebt, ist nicht das Ende der mittelalterlichen Synthese, sondern der in seiner Endlichkeit und Einseitigkeit gefangene Wille, der religiös zu seiner ursprünglichen Güte befreit, belebt und zu radikaler Versöhnung inmitten der Vielfalt konfligierender Formen des Menschseins befähigt wird. Moralischer Wert kommt zustande in der Kreativität moralischer Urteilsfindungen, Vermittlungen, Auslegungen, die auf gegenseitige Anerkennung ausgerichtet sind. Moralische Kreativität ist das, was

---

[31] Vgl. die Beiträge in M. Heimbach-Steins (Hg.), *Naturrecht im ethischen Diskurs*, Münster 1990.

den Menschen zur *imago Dei* macht, in der neue moralische Welten geboren werden.³²

Statt im unfruchtbaren Gegensatz liberaler und kommunitaristischer Positionen zu verharren, sieht John Wall die Aufgabe darin, als verbindende Größe einen Begriff des Selbst zu entwickeln, das, durch kulturelle Faktoren geprägt, aber nicht determiniert, interpretations- und vermittlungsfähig ist. Ricœurs Ansatz »locates *moral meaning* neither in a disembodied ego nor in broad social and historical conditions beyond the ego, but in an *interpreting self* that mediates these two (…) Moral meaning is formed by interpreting selves who are capable of creatively mediating the diversity of their traditionally and historically constituted goods into shared goods that account for and recognize each self's interpretive otherness (…) moral meaning as a critical teleological good (…) consists of dialectically shared ends between selves who nevertheless remain different from one another, and can be captured in terms like *conviction, promising* and *critical community*«.³³

Mit Ricœur will Wall über die etablierten Lager hinausdenken. Der Schlüssel dazu ist der Gedanke des in der postmodernen und in der kommunitaristischen Ethik diskreditierten, im Liberalismus hingegen abstrakt bleibenden Selbst. Hellsichtig ist seine Kritik am ekklesiologischen Kommunitarismus, der nicht nur ein undialektisches, subjektloses Verständnis von Tradition als in sich sinngebend vertritt,³⁴ sondern auch das deontologische Moment der Universalität christlicher Liebe aufgibt, die Orientierung auf das Reich Gottes durch die Kirche ersetzt und sich mit seinen Klagerufen über das fragmentierte ethische Leben auf die Rolle eines Jeremia zurückzieht.³⁵ Auch die Postmoderne, deren Kritik an der objektivierenden Geschichtsteleologie der »grand narratives« er teilt, überschlägt bei ihrer Betonung äußerer Kräfte wie Geschichte, Macht, Tradition, Sozialbeziehungen oder Biologie das Selbst, das all diese Gegebenheiten aktiv und willensvermittelt deutet. Dem Liberalismus hingegen fehlt

---

³² Vgl. J. Wall, *Moral Creativity. Paul Ricœur and the Poetics of Possibility*, Oxford 2007, S. 4 f.
³³ J. Wall, »Moral Meaning. Beyond the Good and the Right«, in: J. Wall, W. Schweiker und W. D. Hall (Hg.), *P. Ricœur and Contemporary Moral Thought*, S. 47–63, hier S. 47 f.
³⁴ Ebd., S. 48.
³⁵ J. Wall, »The Economy of the Gift. Paul Ricœur's Significance for Theological Ethics«, in: *Journal of Religious Ethics* 29 (2001) S. 235–260, hier S. 253, 256.

das Bewusstsein, dass die vom Selbst verfolgten Güter nicht nur privat, subjektiv und arbiträr sind, sondern es als teleologische Zwecke schon konstituieren, wenn es sie reflexiv aneignet.[36] So hat der liberale Standpunkt keinen Begriff von der genuinen Verschiedenheit der Subjekte, der sie prägenden und von ihnen verarbeiteten Lebensformen und Selbstverständnisse.

So grundsätzlich richtig Walls genaue Problemdiagnose und die Situierung der relevanten Einsichten Ricœurs sind, so klärungsbedürftig bleiben Teile seiner zupackenden Analyse: der Bezug seiner theologischen auf seine philosophische Anthropologie (a), das Kriterium für eine gelungene Vermittlung (b) und ihr Ziel: Geht es nur um die kreative Vermittlung von Diversität oder um eine menschliche Vergebungsbereitschaft zum Ziel führende Versöhnung (c)?

a) *Philosophische und theologische Anthropologie*

Der 2002 veröffentlichte, aber 1999 gehaltene Vortrag über moralischen Sinn als »kritisches teleologisches Gut« behandelt Ricœurs Beitrag zu gegenwärtigen Debatten innerhalb der philosophischen Anthropologie.[37] Die kurze Auskunft, ihr Verhältnis zur theologischen Ethik betreffend, lautet: »[T]he *theological* dimensions of the dialectics of the good and the right (...) depend to a large extent on, even if they are not exhausted by, the philosophical normative core«[38]. Die menschliche Fähigkeit zur kreativen Vermittlung wird gegen die Einseitigkeiten des liberalen und des kommunitaristischen Pols aufgedeckt. Der 2001 publizierte Aufsatz zur Ökonomie der Gabe hingegen scheint völlig auf die Ebene des Glaubens zu transponieren, was vorher dem fähigen Menschen attestiert wurde.[39] Der gefallene Status der Freiheit dominiert so, dass die Möglichkeit einer auf ihr begründeten autonomen Moral entschwindet. Am Ende ist es für Wall wie bei Schweiker nur im Rekurs auf Gottes gute Schöpfung möglich, an einer Ausrichtung auf das Gute festzuhalten. »Hope is teleologically oriented because it follows from faith in humanity's original created goodness. The resurrection and the kingdom of God

---

[36] J. Wall, »Moral Meaning«, S. 52.
[37] J. Wall, »Moral Meaning«.
[38] Ebd., S. 48.
[39] J. Wall, »The Economy of the Gift«.

signify the possibility that God's good creation will be realized despite the fallenness of ordinary human life.«[40] Geht ein solches Abheben allein auf die Güte der Schöpfung nicht auf Kosten der dem Menschen eigenen Würde, die sich in seiner Ansprechbarkeit auf Moral ausdrückt? Riskiert die Formel von der »Gefallenheit des gewöhnlichen menschlichen Lebens« nicht die Missachtung des faktisch ebenso feststellbaren durch Menschen realisierten Guten? Und läuft diese Sicht nicht notgedrungen auch auf eine von Ricœur abweichende Beurteilung menschlicher Singularität als in sich »tragisch« hinaus, der auf der anderen Seite die Aufwertung jeder Form von Gemeinschaft als gottgewollt entspricht?[41] Zwar rückt Wall die massive Ekklesiologie, mit der Hauerwas seine Absage an jede dem Menschen von sich aus zukommende Orientierung auf Moralität kompensiert, scharfsinnig in die Nähe der von Ricœur als Kern des Bösen identifizierten »Totalisierungen«, aber er scheint die Absage des ekklesialen Kommunitaristen an Freiheit als Instanz unbedingter Anerkennung zu teilen.

Hier wäre eine ausführlichere Auseinandersetzung mit der Entwicklung von Ricœurs Position fällig. Dieser ersetzt in seiner Entgegnung auf Patrick Bourgeois' Kritik, dass die konkrete Fehlbarkeit des Menschen ontologisiert wird, ausdrücklich »Fallibilität« durch »Fragilität«. Von Wall zitiert, aber nicht ausgewertet wird Ricœurs Interpretation der bei Kant entscheidenden Differenz zwischen einem bloßen »Hang« zum Bösen gegenüber einer »Anlage« zum Guten. Die Fähigkeit zum Guten bleibt, auch wenn sie der konkreten Freiheit faktisch nicht jederzeit verfügbar ist, vorausgesetzt.[42] Die Unter-

---

[40] Ebd., S. 252.
[41] In der folgenden Beschreibung einer angeblichen Gemeinsamkeit scheint mir Ricœur für die kommunitaristische Sicht vereinnahmt zu werden: »Ricœur and Hauerwas further agree that the proper starting point of theological ethics is the person's finite historical and communal situation, and that ethics ultimately rests on faith – faith in the created goodness of our given forms of human life and community.« Ebd.
[42] »I now see evil as an incapacity belonging to the capable man, an incapacity that does not abolish capacity but presupposes it as the very thing that has ceased to be available to man as we know him historically. In this I do not believe that I have wandered far from Kant, for whom radical evil, as a penchant *(Hang)*, is joined to the disposition *(Anlage)* to the good. In distinguishing in this way between fallibility (or, as I now say, fragility) and evilness, I believe that I answer Patrick Bourgeois' criticism of not having sufficiently maintained the neutrality of existential structures and of having imposed on existence, and thereby on hermeneutics, an

scheidung der Strukturen der Existenz von ihrer faktischen Bestimmung ist zentral. Sie kehrt wieder zum Beispiel in der Debatte mit Wolfhart Pannenberg über Kierkegaards Analyse der Subjektivität, ob Angst selbst schon Sünde oder die neutrale grundlegende Struktur ist, in der sich die Einzelnen zwischen Zusage and Absage an Gottes Gnade entscheiden.[43] Entsprechend der Antwort ändert sich auch die Bestimmung dessen, was Glaube bedeutet: das Ende jeder Angst, oder das Geschenk der Zuversicht, mit ihr leben zu können. Angesichts solch alternativer Deutungen dieses entscheidenden Scharniers zwischen philosophischer und theologischer Anthropologie lässt Wall zu viel offen. Seine unmittelbare Kennzeichnung der Singularität des Einzelnen als tragisch und einseitig statt als Unersetzbarkeit jedes Menschen in seiner unverfügbaren Würde sowie seine moralisierende Einordnung des Tragischen als Teil des »radikal Bösen« stehen unvermittelt seinem Vertrauen in die Fähigkeit der sich in der Welt realisierenden Freiheit[44] zu kreativem moralischen Handeln gegenüber.

b) *Kriterium für gelungene Vermittlung in begründeter Überzeugung*

Ein Hang zur empirisch-faktischen statt zur transzendentalen Analyse lässt sich auch in der Bestimmung der Bedingungen feststellen, die zur Erarbeitung einer begründeten »Überzeugung« nötig sind. Vor »Versprechen« und »kritischer Gemeinschaft« ist sie die erste der drei Figuren gelungener Vermittlung. Auf diese nur das Selbst in der »ersten Person« betreffende Form bezieht Wall Ricœurs Gedanken der »inchoativen Universalien«; inchoativ sei eine Überzeugung dann, wenn andere Gesprächsteilnehmer ihr zugestimmt haben. Dies scheint mir eine individualistische Reduktion und eine empirische Verkennung des mit »inchoativ« Gemeinten zu sein.

Ricœur lanciert seine Forderung nach einer Auffassung der Menschenrechte als inchoativer Universalien als Antwort auf das Dilemma zwischen einem europäischen Kulturimperialismus und

---

unnecessary limitation.« P. Ricœur, »Reply to P. L. Bourgeois«, in: L. E. Hahn, *The Philosophy of P. Ricœur*, Chicago 1995, S. 567–570, hier S. 569.
[43] M. Bongardt, *Der Widerstand der Freiheit. Eine transzendentaldialogische Aneignung der Angstanalysen Kierkegaards*, Frankfurt 1995, S. 182–190.
[44] J. Wall, »Moral Meaning«, S. 61.

Maureen Junker-Kenny

einem »verheerenden Gebrauch kontextualistischer Einwände«.[45] Zwischen einem relativistischen Kulturalismus und einem Liberalismus, dem die Heuristik anderer Selbstverständnisse unbegreiflich bleibt, verlangt er nach einem kultursensiblen Ansatz, der universalistische Impulse auffinden und von der jeweiligen Grundauffassung des Menschseins her als genuinen Beitrag rekonstruieren kann. Was bei Ricœur ein langer und geduldiger kommunaler Entdeckungs- und Rekonstruktionsprozess aus dem Kern der verschiedenen Kulturen ist, wird bei Wall zu einer Art kumulativer Abstimmung (je mehr, desto besser) über eine Einzelmeinung in einem empirischen Umfrageprozess.

Auch die Pole innerhalb der Vermittlung, ob sie in der ersten Person Singular oder in der dritten Person Plural geleistet wird, erscheinen mir unterbestimmt. Ricœur streicht die als deontologisch gekennzeichnete »Argumentation« als »kritische Instanz im Herzen der Überzeugung« heraus. In dieser sind folglich Einsichten auf der universellen und prinzipiellen Ebene mit Werten vermittelt, die aus partikulären Lebensformen erwachsen. Es ist erstaunlich, dass gerade Wall, dem so viel am kreativen Moment solch kritischer Rezeption und Vermittlung gelegen ist, den Prozess der Neuentdeckung unerwähnt lässt, der in der – die prinzipiell-unbedingte mit der kontingenten, historisch bedingten Ebene zusammenführenden – Erarbeitung einer Überzeugung steckt.

c) *Ziel der Kreativität: Postmoderne Versöhnung von Diversität*

Die Unterbestimmung der Deontologie, die sich im Übrigen im gleitenden Übergang zu Rawls' kontraktualistischen Denken zeigt,[46] wirkt sich auch auf die Bestimmung des Zieles der Kreativität aus. In ihr sollen die konfligierenden realen Lebensformen in neuen Synthesen versöhnt werden. Kreativ in einem viel ursprünglicheren Sinn wäre aber, sie mit Helmut Peukert als Ausrichtung auf die Versöhnung durch Gott auszulegen, in der die unwiederbringlichen Verluste aufgefangen werden, die durch menschliche Gewalt verursacht wurden. »Versprechen« als kritisches teleologisches Gut ist dann nicht in erster Linie auf die »zweite Person«, speziell auf Frischver-

---

[45] P. Ricœur, *Das Selbst als ein Anderer*, München 1996, S. 346.
[46] J. Wall, »Moral Meaning«, S. 54.

heiratete,⁴⁷ zu beziehen, sondern auf die moralische Erfahrung des Abbruchs aller Sinnperspektiven und aller Hoffnung auf menschliche Handlungsfähigkeit. Es ist aufschlussreich, wie Kants Postulate gemeinsam als »Belohnung« missverstanden werden,⁴⁸ statt einerseits die Tiefe der Antinomien auszuloten, auf die das Postulat der Existenz Gottes antwortet und andererseits den Inhalt der Unsterblichkeit zu prüfen. Dass dieser als »Belohnung« statt als Perversion der Anerkennung der Unersetzbarkeit aller Einzelnen erscheint, verrät Walls Unvertrautheit mit der Diskrepanz zwischen der im Postulat der Existenz Gottes zugestandenen Erfüllung des Sinnverlangens und der verweigerten Entlassung der Seele nach Lebensende aus lebenslanger moralischer Anstrengung. Die neutestamentliche Anerkennung, den guten Kampf gekämpft zu haben, bleibt aus. Unsterblichkeit bei Kant ist alles andere als »Belohnung.«

Walls Ziel ist dennoch nicht einfachhin, Pluralität zu versöhnen, sondern in kritischer Interpretation die mit den diversen Lebensformen einhergehenden Exklusionspraktiken auf immer größere Inklusivität hin aufzubrechen. Diese Ausrichtung würde an historischer Tiefe gewinnen, wenn plurale Gruppen in ihrem Kern als Erinnerungskulturen begriffen würden, die dazu verleitet werden können, historische Feindschaftsverhältnisse zu zementieren. Kreativität bestünde dann darin, das Risiko einer Friedensinitiative zu ergreifen, die vielleicht ohne Antwort bleibt. Die Züge solch asymmetrischer, advokatorischer oder stellvertretender, in jedem Fall riskant einseitiger Anerkennungspraxis hat Helmut Peukert in seiner konstruktiven theologischen Kritik an Habermas' Theorie des kommunikativen Handelns ausgearbeitet. Sie verweist auf den antizipatorischen und innovativen Charakter unbedingter Anerkennung in Verhältnissen der Feindschaft, des Verlustes der Ansprechfähigkeit und in pädagogischer Interaktion, die Freiheit voraussetzt, um sie hervorzurufen.⁴⁹

---

[47] Ebd., 58.
[48] J. Wall, »The Economy of the Gift«, S. 248: »Ricœur's conception of hope shares certain traits with the familiar Kantian postulate that we can hope for happiness in the afterlife as God's reward for obeying duty in this world«.
[49] Vgl. H. Peukert, *Wissenschaftstheorie, Handlungstheorie, Fundamentale Theologie*, Frankfurt 1978; »Enlightenment and Theology as Unfinished Projects«, in D. Browning und F. Fiorenza (Hg.), *Habermas, Modernity and Public Theology*, New York 1996, S. 43–65, und die Beiträge in S. Abeldt u. a. (Hg.), »*... was es bedeutet, verletzbarer Mensch zu sein.*« *Erziehungswissenschaft im Gespräch mit Theologie, Philosophie und Gesellschaftstheorie*, Mainz 2000.

Maureen Junker-Kenny

In einer Kultur, die dazu übergeht, zwischen Menschsein und Personsein zu trennen und so in eine prinzipiell überwundene antike Bemessung von Würde nach extern beobachtbaren, empirisch verifizierbaren Faktoren zurückfällt, wird nur eine solche Bestimmung von innovativer Kreativität der tatsächlichen Reichweite moralischer Verantwortung jenseits kalkulierbarer Symmetrie gerecht. Das Ziel immer größerer Inklusivität erreicht, wie Peukerts Anfragen an Habermas zeigen, seine Grenze am unwiederbringlich Verlorenen. Hier wäre der Ort für die Theologie, Gottes Kreativität als eine solche zu bestimmen, die im Tod rettet. Die Resonanz, die Peukerts Erinnerung an die Opfer der Geschichte in der Diskursethik erfahren hat, wie sie Habermas' erneute Hinweise auf das unabgegoltene semantische Potential der religiösen Verheißungen dokumentieren[50], verweist auf den Rahmen, auf den Wall seine »poetics of possibility« beziehen müsste, um ihre Relevanz zu entfalten.

IV.

Ethik der Anerkennung, Erinnerung und Versöhnung – Möglichkeiten künftiger Rezeption

Ricœurs Vermittlung von Aristoteles und Kant, auf die die Gegensätze zwischen liberal und kommunitaristisch inspirierter Christlicher Ethik zurückgehen, zeigt sich auch in seinem Beitrag zum Kristallisationspunkt und neuen Paradigma der Geisteswissenschaften, dem Begriff der Erinnerung. Eine Kultur der Erinnerung ist weder auf der deontologischen Ebene der Pflicht zu verankern noch auf der kommunalen primärer oder naturaler Zugehörigkeiten, wie in Avishai Margalits Ethik der Erinnerung.[51] Um die Erinnerungsfähigkeit als Ressource zu schützen und verfügbar zu halten, darf es keinen unmittelbaren Zugriff auf sie geben. Die passende Rubrik für einen vermittelten Zugang findet Ricœur in Freuds Kategorie der Ar-

---

[50] J. Habermas, *Zwischen Naturalismus und Religion. Philosophische Aufsätze*, Frankfurt 2005, explizit S. 250, 254.
[51] A. Margalit, *The Ethics of Memory*, Cambridge [Mass] 2002. Zum Vergleich beider Ansätze, vgl. meinen Beitrag »Ethics, the Hermeneutics of Memory, and the Concept of God«, in: N. Hintersteiner (Hg.), *Naming and Thinking God in Europe Today. Theology in Global Dialogue*, Amsterdam 2007, S. 211–231.

beit. Es handelt sich um Erinnerungsarbeit unter dem Zeichen der Gerechtigkeit, und um Trauerarbeit an der eigenen Schuld und an verratenen Hoffnungen.[52] Eine »Pflicht« zur Erinnerung sieht er als Kurzschluss, der eine entscheidende Phase überspringt. Es ist nicht offensichtlich, sondern ermittlungsbedürftig, wann zu viel und wann zu wenig Erinnerung gepflegt wird. Die Aufgabe »gerechter Erinnerung« fällt in die Kompetenz der praktischen Weisheit, in das Ressort der Urteilskraft, nicht das des deontologischen Imperativs.[53]

Erinnerung wird so als Teil einer Ethik symbolisch vermittelter Anerkennung aufgefasst. Dies gibt ihr einen Platz in der normativen Tradition der Sozialphilosophie von Kant, Fichte und Hegel, im Gegensatz zum vitalistisch-naturalen Ausgang vom bloßen Überlebenswillen, den Hobbes vertritt.[54]

In seiner letzten Monographie *Wege der Anerkennung* stellt Ricœur die symbolische Vermittlung der Anerkennung heraus und betont das Empfangen als entscheidende, innovative Fähigkeit. Sie macht die Gegengabe zu einem zweiten »ersten Geschenk«. Wichtig sind die hier eingeführten Kategorien, mit denen die Ethik der Anerkennung die Grenzen der Moralität verlässt: »Festlichkeit« und »Frieden« als Ruhepunkte der zweifelnden Subjektivität. Die Gabe symbolisch vermittelter Anerkennung bewegt sich in einem anderen Register als Pflicht oder Arbeit und hat in ihrem Festcharakter an der Logik der »Überfülle« teil. Angesichts gegenwärtiger theologischer Debatten ist interessant, dass »Frieden« anders als für John Milbank keinen Endzustand markiert, in den wir durch Partizipation an der internen Bewegung der Trinität geraten; Friedenszustände gibt es nur als »Lichtung« in der fortwährenden Anstrengung, eine Anerkennung zu gewähren und zu empfangen, die kreativ und antizipatorisch zwischen dem Selbst des Gegenüber und seinen Taten unterscheidet.

---

[52] Vgl. K. Blamey, »Paul Ricœur's ›Durcharbeiten‹«, in: A. Wiercinski (Hg.), *Between Suspicion and Sympathy. Paul Ricœur's Unstable Equilibrium*, Toronto 2003, S. 575–584, S. 578: »This extension of mourning from grieving over a loved one to the pain of loss involving a more abstract object will allow Ricœur to move from the analysis of individual memory and its work of mourning to the collective memory and its processes of distortion.«

[53] Zur Aufgabe gerechter Erinnerung vgl. den Band von O. Abel u. a. (Hg.), *La juste mémoire. Lectures autour de Paul Ricœur*, Genf 2006.

[54] Vgl. Ricœurs Bezug auf Axel Honneths Neuinterpretation des Kampfes um Anerkennung über Hobbes hinaus in P. Ricœur, *Wege der Anerkennung. Erkennen, Wiedererkennen, Anerkanntsein*, Frankfurt 2006, S. 206–218.

Hier ist der Ort, wo als Ernstfall der Kreativität die Perspektive der Versöhnung erscheint, die Ricœur als »eschatologische« bestimmt.[55] Wird diese so in ein Jenseits vertagt und diese Welt unversöhnt gelassen, wie Michael Böhnke und Stefan Orth angefragt haben?[56] Was aus philosophischer Sicht schon als weitgehende Öffnung für die Glaubensperspektive zu werten sein mag, erscheint vom theologischen Ausgangspunkt als Beschränkung. Zwar stellt der französische Philosoph heraus, dass Hannah Arendts Eingliederung von Vergebung analog zum Versprechen unter generische menschliche Fähigkeiten den Bezug zum Selbst der Täter auslässt, die auf eine auf sie zukommende Vergebung angewiesen sind. Er verbindet Levinas' Formel »Il y a le pardon« mit den Zusagen des Hohen Lieds und des Korintherbriefs, dass Liebe stärker ist als der Tod und dass sie »bleibt«.[57] Was aber unterscheidet einen solchen Bezug auf die in der Bibel ausgedrückte Hoffnung vom Ausgangspunkt des christlichen Glaubens?

Einen weiterführenden Hinweis gibt Veronika Hoffmann, die einerseits die Nähe zwischen »Überzeugung« und »Bezeugung« bei Ricœur hervorhebt, und andererseits auf die Lücke in der Bestimmung dessen, was bezeugt wird, hinweist: den Bezug auf das geschehene, konkrete *initium* von Gottes erlösendem Handeln in der Geschichte. »Die theologisch unverzichtbare Bewegung, die tatsächlich fehlt, ist ein Verweis nach ›hinten‹, ein Verweis, der aber mit dem

---

[55] Vgl. den Epilog »Schwierige Vergebung« von P. Ricœur, *Gedächtnis, Geschichte, Vergessen*, S. 699–777, und den Vortrag, P. Ricœur, »The difficulty to forgive« in: M. Junker-Kenny und P. Kenny (Hg.), *Memory, Narrativity, Self, and the Challenge to Think God*, Münster 2004, S. 6–16. Zur Interpretation vgl. dort meinen Beitrag, »Memory and Forgiveness – Two Itineraries«, S. 19–41; sowie »Memory and Forgetting in Paul Ricœur's Theory of the Capable Self«, in: A. Nünning und A. Erll (Hg.), *Cultural Memory Studies. An International and Interdisciplinary Handbook*, Berlin 2008, S. 203–211; A. Breitling und S. Orth (Hg.), *Erinnerungsarbeit. Zu Paul Ricœurs Philosophie von Gedächtnis, Geschichte und Vergessen*, Berlin 2004, bes. die Aufsätze von M. Villaverde, S. Orth, L. Altieri und M. Böhnke; sowie J. Greisch, »Vom Glück des Erinnerns zur Schwierigkeit des Vergebens«, in: S. Orth und P. Reifenberg (Hg.), *Facettenreiche Anthropologie. Paul Ricœurs Reflexionen auf den Menschen*, Freiburg 2004, S. 91–114.
[56] M. Böhnke, »Die Zukunft der Vergangenheit. Zwei kritische Rückfragen an Paul Ricœurs Theorie über das Vergessen und Verzeihen«, in: A. Breitling und S. Orth (Hg.), *Erinnerungsarbeit*, S. 243–248; S. Orth, »Zwischen Philosophie und Theologie. Das Verzeihen«, in: A. Breitling und S. Orth (Hg.), *Erinnerungsarbeit*, S. 223–236.
[57] P. Ricœur, *Gedächtnis, Geschichte, Vergessen*, S. 710–716.

Begriff der ›historischen Referenz‹ in Abgrenzung zu ›reiner Fiktion‹ nicht wirklich genau gefasst ist. Denn die Frage nach Ursprung lässt sich in zweifacher Weise stellen: historisch im engsten Sinn in der Rückfrage nach dem historischen Jesus; sie stellt sich aber auch offenbarungstheologisch als Frage nach dem Ursprung der Zeugnisse von Jesus als dem Christus, nach einem Geschehen, das Gottes Anwesenheit in der Geschichte bedeutet. Diese Fragerichtung bleibt bei Ricœur ausgeklammert, insofern er so gut wie nie hinter die Ebene der Mimesis II und III, d. h. die Ebene der Zeugnistexte, zurückgeht und sich damit immer schon im Bereich der Interpretation befindet [...] die wesentliche Anfrage an Ricœurs Philosophie lautet nicht, ob die Bibel seines Erachtens nicht mehr als ein fiktionaler Text sei, sondern ob es für das Kerygma einen mehr als arbiträren Anstoß gibt, ein *initium*, das nicht völlig hinter der Interpretation des Bibeltextes verschwindet. Gibt es einen Ort für konkrete Geschichte (die nicht historiographisch erfassbar sein muss)? Oder bleibt es letztlich bei einer allgemein-menschlichen Geschichtlichkeit (was wiederum nicht hieße, dass zum Beispiel die Historizität von Jesus bestritten würde, wohl aber, dass er als Person über eine exemplarische Realisation allgemein-menschlicher Möglichkeiten hinaus keine Rolle spielt)?«[58]

Diese Anfrage scheint mir die entscheidende Spur zu weisen für die weitere Debatte um den Reichtum, den Ricœurs Werk für die Theologie bietet. Sie hilft der Theologischen Ethik zu erkennen, wo ihre Differenz von philosophischen Ethikverständnissen zu suchen ist: weder unmittelbar in der Gegebenheit der Schöpfungsordnung, wie Schweiker es versucht, noch in der Re-Kreation aus einer pauschalen Gefallenheit und Tragik des menschlichen Lebens wie bei Wall.

Die Differenz liegt im Ursprung der christlichen Wahrheit als einer von Gott gegebenen. Diese Wahrheit ist die der Selbstoffenbarung Gottes in der Person Jesu.[59] Der Grund eschatologischer Hoffnung ist ihr Angefangenhaben in Gottes Bekenntnis zu Jesus. Der Philosophie ist es möglich, Exodus und Auferweckung als wirk-

---

[58] V. Hoffmann, *Vermittelte Offenbarung. Paul Ricœurs Philosophie als Herausforderung der Theologie*, Ostfildern 2007, S. 168 f.
[59] Vgl. H.-J. Höhn, »Rettende Aneignung? Die Vernunft und die Logik der Religion«, in: J. Manemann und B. Wacker (Hg.), *Politische Theologie – gegengelesen*, Münster 2008, S. 255–262, hier S. 259.

Maureen Junker-Kenny

mächtige Traditionen zu begreifen und den Sinngewinn zu erkennen, der in einer solchen »Ökonomie der Gabe« mit ihrer »Festlichkeit« und »Überfülle« liegt. Die praktische Option, dass der Anfang schon gemacht ist, und zwar heterogen im von der Vernunft unableitbaren Faktum der Selbstoffenbarung Gottes, ist jedoch Sache des Glaubens. Seine Mitgift an die praktische Vernunft ist das Vertrauen, dass Versöhnung schon jetzt und nicht erst im Eschaton von Gott getragen ist.

Schwierige Erinnerung?

Zur theologischen Rezeption der Kritik des verpflichtenden Gedächtnisses bei Paul Ricœur

Michael Böhnke

Paul Ricœur ist in seinem voluminösen Werk *Gedächtnis, Geschichte, Vergessen*[1] der Polysemie im Verständnis der Erinnerung in umfassenden hermeneutischen Studien nachgegangen. Dabei hat er sich kritisch zur öffentlichen Praxis des Gedenkens geäußert. Ja, es ist sogar eines seiner erklärten Ziele, gegen die »Tyrannei des Gedächtnisses« (Pierre Nora), gegen den Gedenkwahn, anzuschreiben (S. 146). Das verpflichtende Gedächtnis ist – neben dem verhinderten und manipulierten Gedächtnis – für Ricœur – eine Figur »der schwierigen, aber keineswegs unmöglichen Erinnerung« (S. 726). Die Schwierigkeit liegt auf der pragmatischen Ebene, im möglichen Missbrauch der Erinnerung.

Dabei ist die Erkenntnis, dass das Gedenken missbraucht werden kann, eher trivial zu nennen. Gravierender erscheint die These, dass der Missbrauch durch den verpflichtenden Charakter der Erinnerung bedingt sein soll. Das verpflichtende Gedächtnis, diese für Ricœur so schwierige Figur der Erinnerung, steht im Folgenden im Vordergrund.[2] Der theologische und zum Widerspruch reizende Grund liegt im biblischen Anamnese-Befehl, wie er in Ex 12,14, Lk 22,29 und 1 Kor 11,24.25 artikuliert ist, sowie in der auf jüdischen Geist sich berufenden Bestimmung der Vernunft als anamnetischer. In beiden Fällen kommt der Verpflichtung des Gedächtnisses prinzipielle Bedeutung zu. Die sich daraus ergebende Dialektik ist das Thema des Folgenden.

Für Ricœur ist die Möglichkeit der Treue zum Vergangenen in

---

[1] P. Ricœur, *Gedächtnis, Geschichte, Vergessen*, München 2004. Verweise auf dieses Werk erfolgen im Text.
[2] Ich knüpfe damit an meinen kurzen Beitrag »Die Zukunft der Vergangenheit. Zwei kritische Rückfragen an Paul Ricœurs Theorie über das Vergessen und Verzeihen«, in: A. Breitling und S. Orth (Hg.), *Erinnerungsarbeit. Zu Paul Ricœurs Philosophie von Gedächtnis, Geschichte und Vergessen*, Berlin 2004, S. 243–248, an.

Michael Böhnke

der Erinnerung – verstanden als Wiedererinnerung des Vergangenen als Gewesenem – an Bedingungen geknüpft. Das entscheidende Kriterium gerechter Erinnerung liegt für ihn darin, das Vergangene als Gewesenes zu rekonstruieren. Es als Gewesen-sein zu verstehen, heißt, es in seiner Unwiederholbarkeit und Unwiderruflichkeit anzuerkennen (vgl. S. 745), wie Ricœur in Anlehnung an Vladimir Jankélévitch betont. Eben das bedeutet aber, dass sich das erinnernde Subjekt von der Vergangenheit zu distanzieren hat. Die Distanz von der Vergangenheit[3] ist die Bedingung der Möglichkeit gerechter Erinnerung. Die Praxis einer Erinnerung, die als Pflicht zum öffentlichen Gedenken die eigene Geschichte feiert – und damit Vergangenes lediglich wiederholt – stellt im Urteil Ricœurs einen Missbrauch des Erinnerns (Tzvetan Todorov, vgl. S. 138) dar und bedarf deshalb einer Korrektur, in der es um die »Befreiung der Gegenwart von dem Gespenst des Gewesenen«[4] geht. Ricœur nimmt diese Korrektur vor, indem er die Erinnerungsarbeit mit der Trauerarbeit verbindet. »Die Trauerarbeit trennt die Gegenwart definitiv von der Vergangenheit und schafft Platz für die Zukunft« (S. 767).

Platz für die Zukunft durch Trauerarbeit? Die Emmausgeschichte (Lk 24, 13–35) legt das Gegenteil nahe: Die Trauerarbeit der wandernden Jünger verstellt den Blick in die Zukunft, die Wiederholung des Brotbrechens ermöglicht die Erkenntnis der Wahrheit der Zukunft eröffnenden Auferstehungsbotschaft. Und auch das die anamnetische Kultur bestimmende Vermissen des Verlorenen ist – wenn auch unter negativen Vorzeichen – eine Gestalt des Einsseins mit dem Vergangenen, die Zukunft für die Opfer der Geschichte bedeutet. Ist es also doch und vielleicht entgegen der Annahme Ricœurs die Einheit von historisch Geschehenem und darstellendem Handeln, sei es in der Gestalt des Wiederholens oder des Vermissens, die Zukunft zu eröffnen vermag?

Die bereits angesprochene Dialektik erweist sich also erstens als eine von Einssein und Distanz zum Vergangenen, zweitens von Vergangenheit – sei es als abgeschlossene oder unabgeschlossene – und Zukunft, und drittens von Universalität der Bedeutung und Partikularität der Erinnerung.

---

[3] Vgl. L. Tengelyi, »Husserls Blindheit für das Negative? Zu Ricœurs Deutung der Abstandserfahrung in der Erinnerung«, in: A. Breitling und S. Orth (Hg.), *Erinnerungsarbeit*, S. 29–39.

[4] L. Tengelyi, »Husserls Blindheit«, S. 39.

Schwierige Erinnerung?

Ist es – so lautet generalisierend meine doppelte Frage – Paul Ricœur einerseits gelungen, das Zukunft eröffnende semantische Potential anamnetischer Kultur heilsgeschichtlichen Denkens in die Reflexion der Erinnerung einzuholen,[5] und wird er andererseits dem anamnetischen Charakter kultisch-liturgischer Feiern mit seiner die Distanz zum Vergangenen betonenden Kritik der Praxis des verpflichtenden Gedenkens gerecht?

I.

Zur Hermeneutik des ethisch-politischen Gebrauchs des Gedächtnisses

Für Paul Ricœur ist »[d]as Gewesen-Sein [...] der letzte Referent der aktuellen Erinnerung« (S. 84). Gerechte Erinnerung *(juste mémoire)*, d. h. eine solche, in der die veritative Dimension des Gedächtnisses, seine Wahrheitstreue »gegenüber dem, was wirklich geschah«, mit der pragmatischen, »der Praktizierung des Vergangenen« (S. 142), dialektisch verknüpft ist,[6] thematisiert ein Ereignis als Gewesenes. Diesem Ereignis soll Gerechtigkeit widerfahren. Dazu ist seine Alteritätskomponente ebenso zu thematisieren wie die Verpflichtung jenen gegenüber, »die uns mit einem Teil dessen, was wir sind, vorangegangen sind« (S. 142).

Eine ethisch als Pflicht zur Gerechtigkeit legitimierte Pflicht zur Erinnerung widersteht der mythologischen Versuchung, etwas Einmaliges zu wiederholen und damit als »Erstmaliges und Allmaliges«[7]

---

[5] Vgl. J. Habermas, »Israel und Athen. Wem gehört die anamnetische Vernunft? Johann Baptist Metz zur Einheit in der kulturellen Vielfalt«, in: *Vom sinnlichen Eindruck zum symbolischen Ausdruck. Philosophische Essays*, Frankfurt 1997, S. 98–111, hier S. 101 f.

[6] Es ist die Wahrheitsforderung, die im Moment des Wiedererkennens erhoben wird, mit der die Anstrengung der Erinnerung endet (93). Die Wahrheitsforderung spezifiziert das Gedächtnis als kognitive Größe. »Durch den Missbrauch wird die Ausrichtung des Gedächtnisses auf Wahrheit massiv bedroht« (96).

[7] E. Zenger, »›Das Blut deines Bruders schreit zu mir‹ (Gen 4,10). Gestalt und Aussageabsicht der Erzählung von Kain und Abel«, in: D. Bader (Hg.), *Kain und Abel. Rivalität und Brudermord in der Geschichte des Menschen*, München 1983, S. 7–28, hier S. 10.

Michael Böhnke

zu verstehen. Sie thematisiert ein vergangenes Ereignis als Historisches, Gewesenes und nicht gründungsmythologisch als Wesenhaftes, immer Geltendes. Gerechte Erinnerung setzt sich kritisch in Distanz zum Vergangenen und thematisiert es in seiner Altertität. Sie ist keine Wiederholung, vielmehr »Wiedererinnerung« *(remémoire)*, die sich zum Vergangenen verhalten kann, die sich vom identitätsstiftenden Zwang des Vergangenen über die Zukunft befreit hat, sich ihm vielmehr als Gewesenem und nicht mehr Gegenwärtigem verpflichtet weiß.
Etwas Einmaliges als Erstmaliges und Allmaliges zu behaupten, widerspricht der Wahrheit des Geschehens. Dies geschieht aber im politischen und kultischen Gedenken. Deshalb kritisiert Ricœur im Anschluss an Todorov die Pflicht zum Gedenken *(commémoration)* als einen Missbrauch des Gedächtnisses. Unter dem Stichwort »verpflichtendes Gedächtnis« (S. 115) wehrt sich Ricœur gegen das Gedenken als »wiederholendes Erinnern« *(mémoire-répétition,* S. 129) und die damit verbundene Intention der Identitätsstiftung (S. 132).

Wäre eine solche Identität, in der das *ipse* (Selbst) auf das *idem* (Gleiche) reduziert, die durch die Konfrontation mit dem Anderen bedroht und als Erbe der grundlegenden Gewalt verstanden werden müsste (S. 131 f.), nicht fragil? Aber auch abgesehen davon wären, wenn das Gedächtnis im Gedenken mit der Absicht der Identitätsstiftung auf Gründungsereignisse verpflichtet wird, diese doch zunächst auf ihren Gehalt hin kritisch zu erinnern (mémoire-souvenir).
»Was wir als Gründungsereignisse feiern, sind im Wesentlichen Gewalttaten, die im nachhinein durch einen prekären Rechtszustand legitimiert wurden. Was für die einen Ruhm bedeutete, war für die anderen Erniedrigung. Der Feier auf der einen Seite entspricht Abscheu auf der anderen. Auf diese Weise werden in den Archiven des kollektiven Gedächtnisses symbolische Verletzungen gespeichert, die nach Heilung rufen« (S. 128, vgl. 132).
Zwar vermag auch die kritische Erinnerung an den Gehalt des im Gedenken Gedachten keine Versöhnung zu stiften. Ricœur traut ihr jedoch zu, im dialektischen Verbund mit dem Vergessen, das Gewesene – aus der Distanz – ohne Zorn zu thematisieren (S. 696). Entscheidend scheint mir zu sein, dass Ricœur sich in seiner Interpretation der Erinnerung am phänomenologischen Erinnerungsbegriff von Edmund Husserl orientiert. Dieser hat Erinnerung als Gegeben-

Schwierige Erinnerung?

heit von Vergangenem (S. 66)[8] definiert. Das Vergangene ist einerseits als Abwesendes und andererseits als Vorhergehendes das, was früher begegnet ist, gegeben. Die Dimensionen des bleibend Gültigen und Zukünftigen sind nicht im Blick. Darauf wird zurückzukommen sein.

II.

Zur Kultur des Gedenkens

Das Gedenken ist – wenn auch mehrfach in der Theologiegeschichte vergessen – für die religiöse Praxis konstitutiv. Dies wird in wenigstens zwei Perspektiven von der gegenwärtigen Theologie betont. So hat Johann Baptist Metz das Eingedenken zum Fokus des heilsgeschichtlichen Denkens bestimmt. Zudem ist das Gedenken als zentrales Moment des christlichen Kultes durch die Liturgiewissenschaft wiederentdeckt worden. Anamnetische Kultur und kultische Anamnese stimmen bei aller Differenz darin überein, dass beide dem verpflichtenden Gedächtnis, wie es dem biblischen Denken eigen ist, konstitutive Bedeutung beimessen. Dies wird jedoch nicht metaphysisch oder transzendentaltheologisch begründet, sondern geschichtlich. Anamnetische Kultur und kultische Anamnese thematisieren und verpflichten das Gedächtnis auf eine geschichtlich bestimmbare und historisch bestimmte Erinnerung und versuchen, deren Universalität und Zukunft eröffnende Bedeutsamkeit zu erweisen.

a) Eingedenken als Fokus des heilsgeschichtlichen Denkens

Als Fokus des heilsgeschichtlichen Denkens gilt für Metz, der der Theologie die Erinnerung wieder in Erinnerung gerufen und damit das Gedenken dem Vergessen entrissen hat, das Eingedenken. Das Eingedenken versammelt in sich mehrere Bedeutungen. Es warnt, damit sich die Gräuel der Geschichte nicht wiederholen, vor zukünftigem Vergessen ebenso wie es das Vergangene als Unabgeschlosse-

---

[8] Ricœur zitiert E. Husserl, *Zur Phänomenologie des inneren Zeitbewusstseins*, HUA X, § 13, S. 34. Auf die Differenzen zu Husserl hat L. Tengelyi, »Husserls Blindheit«, hingewiesen.

nes zu neuem Leben zu erwecken trachtet (S. 71). Im Eingedenken empfindet der Erinnernde sich denen gegenüber verpflichtet, die nicht mehr sind, aber gewesen sind. Die empfundene Pflicht zur Erinnerung hat ihren Grund in der Idee der Gerechtigkeit anderen gegenüber (S. 142 f.). Für Metz besitzen dabei ebenso wie für Ricœur unter denen, denen wir etwas schuldig sind, die Opfer moralische Priorität (S. 144). Es geht um das Eingedenken fremden Leids.

Ricœur konstatiert aber auch hierfür, dass die der Pflicht zur Gerechtigkeit entspringende Pflicht zur Erinnerung Möglichkeiten des Missbrauchs des Gedächtnisses keinesfalls ausschließt. Solche können sein die »Usurpation der stummen Sprache der Opfer« zum Zweck der Manipulation »einer Gewissensführung, die sich selbst zur Sprecherin der Gerechtigkeitsforderung der Opfer macht«, aber auch die »Tyrannei des Gedächtnisses«, durch welche »die Geschichte im Namen des Gedächtnisses« angegriffen würde (S. 144). Ricœur tangiert damit die ethische Frage, ob es als Gerechtigkeitsimperativ eine Pflicht zur Erinnerung geben könne und wie sich dieser Pflicht zur Erinnerung das Recht auf Vergessen gegenüber verhält.

Metz verteilt die Gewichte anders. Für ihn schließt die Erinnerung »in der Gestalt der Erinnerung des Leidens der Anderen, in der Gestalt des öffentlichen und in den öffentlichen Vernunftgebrauch prägend eingehenden Eingedenkens fremden Leids« Missbrauch aus. Metz beruft sich auf Theodor W. Adorno, aus dessen Negativer Dialektik er den Satz »Das Bedürfnis, Leiden beredt werden zu lassen, ist Bedingung aller Wahrheit« zitiert, um den Universalitätsanspruch anamnetischer Vernunft aus dem »Leidensapriori mit seinem negativen Universalismus« zu begründen. »Schließlich gibt es die Geschichte – im Sinn einer wahrheitspflichtigen Großerzählung – nur als Passionserzählung«, so Metz.[9] »Fremdes Leid zu respektieren ist danach Bedingung aller großen Kulturen und fremdes Leid zur Sprache zu bringen ist die Voraussetzung für alle universalistischen Ansprüche.«[10] Die Humanität einer Kultur ist für Metz »ohne jegliches verbindliches Gedächtnis« unvorstellbar.[11] Die kritischen Vorbehalte

---

[9] J. B. Metz, *Memoria passionis*, Freiburg 2006, S. 218 f.
[10] J. B. Metz, »Zwischen Erinnern und Vergessen. Der Christ im Umgang mit der Geschichte«, in: M. Liebmann, E. Renhart und K. M. Woschitz (Hg.), *Metamorphosen des Eingedenkens*, Graz 1995, S. 25–34, hier S. 31.
[11] Gegen Habermas fragt Metz: »Doch was wären Kulturen ohne jegliches verbindliches Gedächtnis, Kulturen, die ausschließlich diskursorientiert sind, Kulturen, in denen es nur ein diskursiv beherrschtes, aber kein die Diskurse leitendes Gedächt-

Schwierige Erinnerung?

gegen den Gebrauch anamnetischer Vernunft beschränkt Metz auf die Erinnerung, die nicht Erinnerung fremden Leidens ist. Mehr rhetorisch als kritisch fragt er: »Sind es nämlich nicht gerade die geschichtlich-kulturell verwurzelten Erinnerungen, die immer wieder die gegenseitige Verständigung behindern, die immer neu zu schmerzhaften Konflikten und dramatischen Verfeindungen führen und aus denen sich bis heute alle offenen und latenten Bürgerkriege nähren?«[12], um dialektisch demgegenüber die Pflicht zur Erinnerung fremden Leids einzufordern.

Der Erinnerung fremden Leids, dieser Gestalt des Eingedenkens wird von Metz die Kraft zuerkannt, dass sie rettet, Versöhnung und Frieden stiftet. Sie rettet, »was uns als unverlierbar gilt und doch in höchste Gefahr geraten ist, vor dem Verfall.«[13] Die rettende Kraft der Erinnerung wird – so in der zutreffenden Interpretation von Jürgen Habermas – bei Metz vornehmlich im Sinne Walter Benjamins als die mystische Kraft einer retroaktiven Versöhnung vorgestellt. Voraussetzung dafür ist die Unabgeschlossenheit des Vergangenen sowie die Einheit zwischen historischem Ereignis und gegenwärtigem anamnetischen Bewusstsein, das sich seinerseits – im Sinne Freuds – der analytischen Kraft der Bewusstmachung verdankt. Dabei übersteigt das im Eingedenken beherbergte semantische Potential nach Habermas die Möglichkeiten philosophisch plausibler Argumentation unter Bedingungen nachmetaphysischen Denkens. Zugleich blei-

---

nis mehr gibt? Wären in ihnen schließlich die Menschen noch etwas anderes als das Experiment ihrer selbst, Menschen, die in den von ihnen inszenierten Beschleunigungsturbulenzen immer mehr sich selbst abhanden kommen?« J. B. Metz, »Zwischen Erinnern und Vergessen«, S. 34.

[12] Ebd. S. 218. Metz ist sich dessen bewusst, dass, wenn jeweils nur die eigene Leidensgeschichte erinnert wird, »die memoria passionis nicht zum Organ der Verständigung und des Friedens, sondern zur Quelle der Verfeindung, des Hasses und der Gewalt« werden kann. Ebd., S. 31.

[13] Für diese Formulierung könnte sich Habermas auf Augustinus' *Bekenntnisse* berufen, der im 10. Buch (XVI, 24–25) das diffizile Verhältnis zwischen Erinnerung, Gedächtnis und Vergessen thematisiert hat. Damit das Vergessen erinnert werden kann, muss es in irgendeiner Weise im Gedächtnis sein. Diese Weise ist dadurch näher bestimmt, dass das Vergessen eben das, woran ich mich erinnern möchte, begraben hat: »Et tamen quocumque modo, licet sit modus iste inconprehensibilis et inexplicabilis, etiam ipsam oblivionem meminisse me certus sum, qua id quod meminerimus obruitur« (XVI, 25). Die Anstrengung der Erinnerung bestünde dann darin, das Begrabene freizulegen. Die Kraft der Erinnerung wäre die Fähigkeit, das zu Erinnernde dem Vergessen zu entreißen.

be der philosophische Diskurs aber von diesem semantischen Potential der anamnetischen Vernunft nicht unbeeinflusst.[14]

Wenn von rettender Kraft der Erinnerung gesprochen wird, setzt das die Unerlöstheit, Erlösungsmöglichkeit und Erlösungsbedürftigkeit der Realität voraus. Für eine zeitsensible Theologie, wie Metz sie fordert und betreibt, für eine Theologie nach Auschwitz, deren Sensibilität darin zum Ausdruck kommt, dass sie nicht den Opfern des Holocaust und mit ihnen allen Opfern der Geschichte ihren Rücken zuwendet, vielmehr darum bemüht ist, sie und ihr Schicksal dem Vergessen zu entreißen, ergibt sich die Erlösungsbedürftigkeit der Realität aus ihrer Negativität. Michael Theunissen hat die innere Struktur erlösungsbedürftiger Realität in Kategorien der Herrschaft ausgedrückt: »Die Herrschaft des Vergangenen über das Zukünftige macht überhaupt erst den Zwangscharakter der erlösungsbedürftigen Realität aus. Die erlösungsbedürftige Realität bildet einen universalen Zwangszusammenhang, weil in ihr die Zukunft ständig von der Vergangenheit überwältigt wird«.[15] Zur Herrschaft des Vergangenen über das Zukünftige gehört das Versteckspiel der Täter vor der Verantwortung, das Auslöschen der Spuren und auch die Selektion der Erinnerungen. Was wird erinnert und wer erinnert sich? Gäbe man sich mit den Erinnerungen zufrieden, die wir gewöhnlich haben, würden wir das Vergessene nicht vermissen. Gegen einen solchen durch Gleichgültigkeit gesteuerten Missbrauch der Erinnerung erfordert das Bewusstsein von der Erlösungsbedürftigkeit der Realität ihren aktiven Gebrauch als Suche nach dem Vergessenen, um es dem Strudel des Vergessens zu entreißen, eine Kultur des Vermissens, die der Versuchung der »Leugnung der unabgeschlossenen Vergangenheit«[16] widersteht.

In diesem Sinn setzt Metz der abgeschlossenen Vergangenheit zugleich mit der Praxis des Vermissens den apokalyptischem Denken entspringenden Gedanken der befristeten Zeit entgegen. Die Befristung der Zeit hofft auf die Beendigung des Unheils. Das Vermissen der Opfer der Geschichte und ihrer unabgegoltenen Lebensmöglichkeiten bestimmt im Horizont befristeter Zeit die Aufgabe der anamnetischen Vernunft. Das Unheil möge ein Ende finden. Die Rede von der befristeten Zeit thematisiert so die Hoffnung einer Beendigung

---

[14] J. Habermas, »Israel und Athen«, S. 102.
[15] M. Theunissen, *Negative Theologie der Zeit*, Frankfurt 1991, S. 370 f.
[16] J. B. Metz, »Erinnern und Vergessen«, S. 25.

der unheilvollen Zukunftswirkungen der Vergangenheit und antizipiert zugleich Hoffnung für die Opfer der Geschichte: »Wenn es die Herrschaft des Vergangenen ist, durch die der Mensch in die Ohnmacht des Nicht-Handeln-Könnens versinkt, so erwacht er aus dieser Ohnmacht durch das befreiende Handeln Gottes. Sein Dasein in der Zeit, das die von Platon auf den Weg gebrachte Metaphysik unter dem negativen Gesichtspunkt des Veränderlichen betrachtet, nimmt die positive Gestalt des Veränder*baren* an«, so Michael Theunissen.[17]

Das Eingedenken fremden Leids begründet somit eine »Erinnerungskultur, die nicht der unkritischen Identitätssicherung und Selbstbehauptung dient [...], sondern die sich der Erfahrung des Unbeherrschbaren, des Nicht-Identischen aussetzt und die deshalb zur Umkehr und Veränderung führt«.[18]

Christologische Kritik an Metz negativer Theologie hat die Einsicht geltend gemacht, dass sich das erhoffte Ende der Geschichte in Jesus Christus schon vorweg ereignet hat. In der kultisch-liturgischen Feier wird deshalb der eschatologischen Zukunft gedacht, die sich geschichtlich bereits vorweg ereignet hat. Erhofft wird also nicht nur, dass die Zukunft die Vergangenheit befristen, sondern auch, dass die Vergangenheit die Zukunft beherrschen möge, dass das Reich Gottes, dessen Nahegekommensein in der Person Jesu das Zentrum der neutestamentlichen Verkündigung ausmacht (Mk 1,14), dadurch sich vollende, dass Gott »alles in allem wird« (1 Kor 15,28). Das leitet über zur Betrachtung des anamnetischen Charakters kultisch-liturgischer Feiern.

b) Der anamnetische Charakter kultisch-liturgischer Feiern

In der jüdischen wie christlichen liturgischen Feier spielen Verpflichtung des Gedächtnisses und Zukunftsdimension des Gedenkens gleichermaßen eine konstitutive Rolle. »In der Liturgie als einem zentralen Lebensvollzug der Kirche deklariert und konstituiert sich diese als Gedächtnis-Gemeinschaft«, so Philipp Harnoncourt.[19] Das »gemeinschaftstiftende Gedenken« ist für die Kirche konstitutiv. Anthropolo-

---

[17] M. Theunissen, *Negative Theologie der Zeit*, S. 371.
[18] J. B. Metz, »Erinnern und Vergessen«, S. 29.
[19] Ph. Harnoncourt, »Unde et memores – Daher sind wir eingedenk. Der Beitrag der Liturgie zur Bewahrung der Kultur des Gedenkens«, in: M. Liebmann, E. Renhart und K. M. Woschitz (Hg.), *Metamorphosen des Eingedenkens*, S. 377–388, hier S. 377.

Michael Böhnke

gische Basis der kultischen Praxis des Gedenkens ist für den Liturgiewissenschaftler Harnoncourt die Einsicht, dass »Erfahrungen von Ereignissen und Begegnungen […] von so existentieller Bedeutung sein [können; M. B.], dass sie ›erinnert‹ werden müssen. Das können sowohl Erfahrungen sein, die uns leben lassen, Sinn stiften, Hoffnung erschließen, Zukunft ermöglichen, Glück schenken, […] aber auch solche, die mit tödlichen Katastrophen, mit Schrecken und Schuld verbunden sind. Die ersteren er-innern wir, um auch heute daraus zu leben, die anderen er-innern wir, um wachsam zu bleiben, damit solches nicht wieder eintreffe.«[20] Pflicht zur Erinnerung, um leben zu können! Allerdings, und diese Modifikation scheint mir entscheidend, ist für Harnoncourt »Feierndes Gedenken […] immer auch dankendes Gedenken, denn das lebenssichernde und sinnstiftende Ereignis ist nicht eigener Leistung zuzuschreiben, sondern wird als ungeschuldetes Geschenk empfangen«.[21] Nur die im Bewusstsein der Gratuität und des Donum thematisierte Erinnerung schützt diese vor dem gegen die jeweiligen Fremden gerichteten Missbrauch, weil sie Verpflichtung der eigenen Identität und Sicherung der eigenen Existenz gegenüber demjenigen, dem sie sich verdankt, ist. Das heißt dann aber in letzter Konsequenz für die kultische Anamnese: »Nicht das Gedenken lässt uns leben, sondern die gedenkend oder erinnernd vergegenwärtigten Großtaten Gottes.«[22] In diesem Sinn stellt das Lima-Dokument zu Taufe, Eucharistie und Amt fest: »Die ›Anamnese‹ Christi ist die Grundlage und Quelle allen christlichen Gebets« (II 9).[23]

Der Gehalt und nicht der Akt des Gedenkens bestimmt dem eben Ausgeführten zufolge die Gegenwartsbedeutung und die Zukunftsdimension liturgischer Anamnese. Die Erwartung der Parusie durch die christliche Gemeinde, der Wiederkunft Christi, wie sie sich im Maranatha-Ruf ebenso wie in der Hoffnung, »dass sich an uns das österliche Geheimnis vollendet«[24], artikuliert, hat ihre Basis im Gedenken »des Leidens, der Auferstehung und der Herrlichkeit des

---

[20] Ebd., S. 378 f.
[21] Ebd., S. 379.
[22] Ebd., S. 382.
[23] H. Meyer, H. J. Urban und L. Vischer, *Dokumente wachsender Übereinstimmung. Sämtliche Berichte und Konsenstexte interkonfessioneller Gespräche auf Weltebene*, Band 1, 1931–1982, Paderborn, Frankfurt 1983, S. 560.
[24] Sechste Sonntagspräfation, Messbuch S. 408 f.

Herrn Jesu« (Zweites Vatikanum, Sacrosanctum Concilium, Nr. 106). Der anamnetische Charakter allen liturgischen Feierns steht »immer in engster Verbindung mit der Bitte um die Durchsetzung und Vollendung der in Jesus Christus angebrochenen Gottesherrschaft«.[25] Joseph Ratzinger hat den Geist der Liturgie mit den Worten beschrieben: »Auf die Auferstehung hinschauen, bedeutet, auf die Vollendung hinschauen«.[26] Philipp Harnoncourt hat auf die feiernde Gemeinde hin soteriologisch differenziert: »Die feiende Kirche erweist sich [...] zugleich als durch Christus gerettet, mit Christus vom Vater gerettet und als Christus zur Rettung des Menschen und der Schöpfung am Werk.«[27]

c) Biblische Kultur des Gedächtnisses

Der Fundamentaltheologe Metz und der Liturgiewissenschaftler Harnoncourt, beide berufen sich auf das biblische Verständnis der Anamnesis. Und dies unterscheidet sich in der Tat vom Husserlschen Verständnis der Erinnerung gerade in dem Punkt, dass es auch Zukunft eröffnet. Dies gilt es im Folgenden zu erläutern.

Anamnetische Vernunft: Ezer Weizmann, der damalige Präsident des Staates Israel, hat in seiner Aufsehen erregenden Rede vor dem Deutschen Bundestag am 16. Januar 1996 ein eindrucksvolles Zeugnis jüdischen Denkens abgelegt, einer anamnetischen Vernunft, die dem »hermeneutischen Eigenanspruch«[28] biblischer Texte folgt. Er sagte: »Ich war ein Sklave in Ägypten und empfing die Thora am Berge Sinai, und zusammen mit Josua und Elijah überschritt ich den Jordan. Mit König David zog ich in Jerusalem ein, und mit Zedekiah wurde ich von dort ins Exil geführt. Ich habe Jerusalem an den Wassern zu Babel nicht vergessen, und als der Herr Zion heimführte, war ich unter den Träumenden, die Jerusalems Mauern errichteten. Ich habe gegen die Römer gekämpft und bin aus Spanien vertrieben worden. Ich wurde auf den Scheiterhaufen in Magenza, in

---

[25] S. Wahle, »Liturgie als Gedächtnisgeschehen. Dargestellt anhand eines Vergleichs von christlicher Sonntags- und jüdischer Sabbatliturgie«, in: *Archiv für Liturgiewissenschaft* 47 (2005) S. 153–180, hier S. 155.
[26] J. Ratzinger, *Der Geist der Liturgie. Eine Einführung*, 6. Aufl., Freiburg 2002, S. 84.
[27] Ph. Harnoncourt, »Unde et memores«, S. 383.
[28] P. Stuhlmacher, »Anamnese. Eine unterschätzte hermeneutische Kategorie«, in: W. Härle, M. Heesch und R. Preul (Hg.), *Befreiende Wahrheit*, Marburg 2000, S. 23–38, hier S. 37.

Mainz, geschleppt, und habe die Thora im Jemen studiert. Ich habe meine Familie in Kischinev verloren und bin in Treblinka verbrannt worden. Ich habe im Warschauer Aufstand gekämpft und bin nach Eretz Israel gegangen, in mein Land, aus dem ich ins Exil geführt wurde, in dem ich geboren wurde, aus dem ich komme und in das ich zurückkehren werde.«

Befehl zum Gedächtnis: Weizmann hat in seiner Rede Zeugnis davon abgelegt, was in Ex 12,14 als Verpflichtung des Gedächtnisses gefordert wird: »Diesen Tag sollt ihr als Gedenktag begehen. Feiert ihn als Fest zur Ehre des Herrn! Für die kommenden Generationen macht euch diese Feier zur festen Regel!« Neutestamentlich entspricht dem der im Zusammenhang mit der Abendmahlsüberlieferung stehende Wiederholungsbefehl Lk 22,19: »Tut dies zu meinem Gedächtnis!« (vgl. 1 Kor 1,24–25)

Zukunfteröffnende Erinnerung: Weizmann hat ein eindrucksvolles Zeugnis dessen gegeben, dass das Gedenken an Gottes Heilswirken in der Vergangenheit – in prophetischer Verkündigung – den Ausblick auf Rettung und Heil in der Zukunft eröffnen kann. So wird bei Deuterojesaja das hebräische Verb zkr »im Zusammenhang mit der Ankündigung eines neuen, das bisherige überbietenden Heilshandeln Jahwes« gebraucht.[29]

Jes 44,21 f.: 21 Gedenke, Jakob, und du, Israel, / dass du mein Knecht bist. Ich habe dich geschaffen, du bist mein Knecht; / Israel, ich vergesse dich nicht. 22 Ich fege deine Vergehen hinweg wie eine Wolke / und deine Sünden wie Nebel. / Kehr um zu mir; denn ich erlöse dich.

Und vielleicht noch eindrucksvoller:

Jes 46,9 f.: 9 Gedenkt dessen, was früher galt, in uralten Zeiten: / Ich bin Gott und sonst niemand, / ich bin Gott und niemand ist wie ich. 10 Ich habe von Anfang an die Zukunft verkündet ...

Radikalisiert wird die Zukunft eröffnende Kraft des Gedenkens in der Noach-Erzählung: Während in den bisher zitierten Stellen die Anamnese die Basis der Zukunftserwartung ist, wird in Gen 8,1 die Zukunft selbst als Dimension des Gedenkens thematisiert.

Gen 8,1: Da gedachte Gott an Noach und an alle Tiere und an alles Vieh, das bei ihm in der Arche war. Gott ließ einen Wind über die Erde wehen und das Wasser sank.

---

[29] W. Schottroff, Art. zkr, in: ThAT 1971, S. 507–518, hier S. 518; vgl. P. Stuhlmacher, »Anamnese«, S. 26.

Mit der Zukunft als Dimension des Gedenkens ist der radikale Gegensatz zum Ricœurschen Erinnerungsverständnis thematisiert. Zugleich fungiert das in Gen 8,1 ausgesagte Gottesgedächtnis theologisch als Bedingung der Möglichkeit anamnetischer Verpflichtung.

III.

Erinnerung und Anamnese

Handelt es sich im Streit um das verpflichtende Gedächtnis – in Anspielung auf eine Diskussion zwischen Habermas und Metz – um ein Streit zwischen Jerusalem und Athen[30], oder besser, da Ricœurs Erinnerungsbegriff durch Edmund Husserl geprägt ist, Jerusalem und Freiburg? Ich meine nein. Denn zumindest lassen sich im griechischen Kulturkreis ebenso wie in der phänomenologischen Reflexion Hinweise auf eine Figur der Erinnerung finden, die Zukunft eröffnet.

In der älteren griechischen Mythologie, wie sie von Pausanias überliefert ist, wurden im Helikon-Heiligtum in Böothien als Töchter der Mnemosyne und des Zeus drei Musen verehrt: Melete, Mneme und Aoide. Die erste Tochter der Gedächtnisgöttin ist, noch vor der Mneme, die Melete. Sie steht für das Sinnen auf etwas. Reinhart Herzog hat das in seinem Artikel »Zur Genealogie der Memoria« herausgearbeitet.[31] Besonders im Partizip »mellon« komme, so Herzog, der »der modernen Auffassung von Memoria im Allgemeinen verborgene« futurische Verb-Aspekt zur Geltung: »Zu-tun-*Gedenken*«. Thematisiert wird damit der »Gesichtspunkt eines mentalen Vermögens unmittelbar vor dem Ansetzen zur Handlung« zwischen Verharren und Wollen, was mit dem Wortstamm von »memento« (griechisch: mematon *men) übereinstimmt, der in der Bedeutung »sinnend dastehen« das Moment »verharrend-standhalten« mit dem Moment »danach-streben« verbindet.[32] Melete repräsentiert einen temporal und funktional ungewohnten Bezirk der memoria,

---

[30] J. B. Metz, »Athen versus Jerusalem? Was das Christentum dem europäischen Geist schuldig geblieben ist«, in: *Orientierung* 60 (1996) S. 59–60.
[31] R. Herzog, »Zur Genealogie der Memoria«, in: A. Haverkamp und R. Lachmann (Hg.), *Memoria. Vergessen und Erinnern*, München 1993, S. 3–8.
[32] Ebd., S. 4.

Michael Böhnke

der biblischem Denken – wie wir gesehen haben – nicht fremd ist, etwa wenn JHWH der Arche in der Flut gedenkt (zkr, Gen 8,1). Dieses Gedenken ist bereits die Schwelle zum Handlungsansatz, in diesem Fall der Rettung. In Hiob 42,2, einer weiteren biblischen Schlüsselstelle, handelt es sich um eine feste Prägung des Herrschen-Könnens von Gott.

Herzog zieht die Linie auf die Phänomenologie hin aus: Heidegger und die Existenzphilosophie haben die Melete im Begriff der vorlaufenden Entschlossenheit, des Daseins-Entwurfs aufgegriffen, bei Gehlen bilde sie ein Kernstück der Anthropologie. Erstaunlicherweise bekommen diese phänomenologischen Erfassungen die Melete nicht als Funktion der memoria in den Blick. Melete, die für das »entwerfende Gedenken des Künftigen« steht, ist hinter ihre jüngere Schwester Mneme zurückgetreten. »Es muss dies mit Konzepten von Erinnerung zusammenhängen, denen ein Gedächtnis des Künftigen ein Paradoxon ist«, mutmaßt Herzog.[33] Dem scheint auch Ricœur erlegen.

IV.

Schwierige Erinnerung oder Schwierigkeiten mit dem Erinnerungsbegriff?

Die schwierige Erinnerung hat also zu Schwierigkeiten mit dem Erinnerungsbegriff geführt. Weil bei Paul Ricœur bei aller Polysemie Erinnerung einseitig auf Vergangenes bezogen bleibt, kann er dem Gedenken keinen zukunftseröffnenden Wert abgewinnen.

Eine Bestimmung der Erinnerungsarbeit durch Ricœur lässt in diesem Zusammenhang jedoch aufmerken. Sie steht – soweit ich es zu beurteilen vermag – im Gegensatz zu seinem gesamten Argumentationsduktus in seinem Werk *Gedächtnis, Geschichte, Vergessen* und kann ihre Begründetheit nur als eschatologisch erhoffter Irrealis retten: »Die Erinnerungsarbeit hätte ihr Ziel erreicht, wenn es der Rekonstruktion des Vergangenen gelänge, eine Art Wiederauferstehung des Vergangenen zu bewirken« (S. 767). Ricœurs Aussage steht im Kontext der metaphorischen Rede, dass die Historiker Bestatter

---

[33] Ebd., S. 5.

Schwierige Erinnerung?

seien, die durch ihre Arbeit das Vergangene mit jeder Rekonstruktion neu beerdigten, will sagen, auf der Suche nach historischer Wahrheit in die Kisten ihrer Kategorien steckten. Für die Erinnerungsarbeit, deren Verhältnis zum Vergangenen durch den Begriff der Treue bestimmt wird, wäre diesem Zitat zufolge das Vergangene nicht abgeschlossen. Das aber steht in deutlicher Spannung zur Bestimmung der Erinnerung, das Vergangene in seinem Gewesen-sein zu verstehen.

Vielleicht gilt das Urteil von Peter Stuhlmacher, der bedauert, dass der Geist der Anamnese die protestantische Theologie nicht geprägt hat, auch für Ricœur. Vielleicht hat er Recht, wenn er diesen Geist von den Exegeten erwartet, um dem »hermeneutischen Eigenanspruch« biblischer Texte gerecht zu werden. »Die Anamnese gehört zu den Grundelementen einer nicht nur sekundär an den biblischen Kanon herangetragenen, sondern von ihm selbst vorgegebenen Hermeneutik, und an diesem Sachverhalt sollte man nicht einfach länger vorbeigehen«.[34] Sicher aber scheint mir zu sein, dass für Ricœurs Verständnis des Gedächtnisses weder die Interpretation der Erinnerung in jüdischer Tradition noch das Bedenken der griechischen Mythologie in der Darstellung des Pausanias eine Rolle gespielt haben. Von daher schöpft er beider Potential in seinem Bemühen um ein Verständnis der Polysemie der Erinnerung nicht aus. Die Pflicht zur Erinnerung an Jesu Leben, Tod und Auferstehen kann von ihm her daher nur in der Form des möglichen Missbrauchs in den Blick kommen, nicht jedoch in Form eines apriori gerechtfertigten, weil rettenden und Zukunft eröffnenden Gedenkens.

---

[34] P. Stuhlmacher, »Anamnese«, S. 33.

Vom Symbol aus denken
Der Einfluss der Philosophie Paul Ricœurs auf die Religionspädagogik

Wolfgang W. Müller

Auf die Frage, was Paul Ricœur den Kindern seiner Schüler vermitteln würde, gibt er einen Hinweis auf eines seiner Bücher: »Ich würde vermitteln wollen, wie es ein Titel meiner Bücher formuliert ›La critique et la conviction‹. Unter Überzeugung verstehe ich sowohl Argumentation als auch eine Motivation, über deren Herkunft man sich keine Rechenschaft geben kann. In meinen Überzeugungen gibt es ein intimes, geheimes und mir selbst nicht ganz zugängliches Element. Wenn man zu mir sagt: ›Wären Sie in China geboren, dann hätten Sie nicht diese Philosophie und Sie wären kein Christ‹, dann antworte ich darauf: ›Sie sprechen über einen anderen, nicht über mich‹.«[1]

Paul Ricœur bekennt in diesem Gespräch, das anlässlich seines 90. Geburtstages geführt wurde, als solche »intimen und geheimen« Quellen seines Denkens den christlichen Glauben, den er als reformierter Christ lebte, und seine geistige Heimat in der großen Tradition der griechischen Philosophie.[2] Diese Feststellung scheint von Bedeutung zu sein, wenn man den Einfluss der Philosophie Ricœurs auf aktuelle Arbeiten der Religionspädagogik erörtert. Zugleich mag aber die Frage nach dem Einfluss und Impuls, den die Philosophie Paul Ricœurs der Religionspädagogik geben kann, erstaunen. Einerseits kann man sich fragen, wieso und weshalb ein phänomenologisch und hermeneutisch arbeitender Philosoph Einfluss auf eine mehrheitlich empirisch arbeitende Disziplin der Theologie haben sollte, andererseits werden jedoch in der heutigen Debatte der Religionspädagogik Themen behandelt, die nach einer theoretischen Aufarbeitung suchen, wie wir sie in der Philosophie Paul Ricœurs vorfinden. Dabei sind besonders an Themenbereiche wie Kindertheologie, reli-

---

[1] M. Revault d'Allones und F. Azouvi (Hg.), *Paul Ricœur*, Paris 2004, S. 9.
[2] Ebd.

Wolfgang W. Müller

giöse Sozialisation, Symbolverständnis, Entwicklung lebensbezogener Religiosität – alles zentrale Themen heutiger religionspädagogischer Arbeit – zu denken.

I.
Das Verständnis von Religionspädagogik

Entgegen der klassischen Aufgabe der Katechetik, die sich dezidiert auf den Glauben der Kirche bezog, befasst sich die Religionspädagogik mit der wissenschaftlichen Reflexion und Orientierung religiöser Lernprozesse. Diese Abläufe werden heute nicht mehr ausschließlich konfessionell verstanden, sondern können auch allgemeinreligiös oder interreligiös motiviert sein. Die derzeitige religionspädagogische Debatte spricht von einer Vernetzung theologischer und pädagogischer Inhalte oder Perspektiven. Die Rückbindung einer religionspädagogischen Arbeit an eine Glaubensgemeinschaft nimmt zugleich Einfluss auf Bildungsprozesse, in denen die christlichen Kirchen eine Verantwortung übernehmen (etwa Religionsunterricht in der Schule oder Erwachsenenbildung). Dabei geht die Religionspädagogik grundsätzlich von anthropologischen Prämissen aus, die einerseits bei der Existenz ansetzen, andererseits den letztangesprochenen Daseinshorizont, den wir in christlicher Perspektive Gott nennen, als Ziel thematisieren.

Religionspädagogik befasst sich mit der religiösen Bildung im Rahmen eines mehrdimensionalen Bildungsbegriffs. Die vorgebenden und normierenden Glaubensinhalte, die Grundlage eines individuellen Glaubensaktes sind, zielen letztlich auf die Herausarbeitung oder Förderung einer religiösen Selbstbestimmung und, in theologischer Absicht formuliert, einer Subjektwerdung des glaubenden Menschen.

Die Begriffe »Erziehung« und »Bildung« meinen stets zweierlei: »Die pädagogische Grundstruktur menschlichen Denkens und Handelns ist zum einen dadurch bestimmt, dass Menschen in jeder gesellschaftlichen Formation als leibliche, freie, sprachliche und geschichtliche Wesen existieren, die ihre jeweilige Bestimmung vermittelt über ihr eigenes Handeln und Denken hervorbringen; diese Grundstruktur ist zum anderen dadurch definiert, dass die für das

Leben und den Fortbestand eines Sozialverbandes grundlegenden Kenntnisse, Fertigkeiten und Kompetenzen jeweils wieder an die nachwachsende Generation weitergegeben und von diesen stets von Neuem angeeignet werden müssen.«[3]
Von diesem Tatbestand ausgehend kann man von einer anthropologischen Notwendigkeit von Erziehung und Bildung sprechen, für die es einen doppelten Grund gibt. Zum einen wird damit gesagt, dass die menschliche Natur nicht auf eine bestimmte Form des Zusammenlebens ausgerichtet und festgelegt ist, zum anderen, dass alle Formen menschlichen Zusammenlebens darauf angewiesen sind, durch Erziehung und Bildung tradiert zu werden. Dieser Tradierungsprozess geschieht durch Menschen, die in gesellschaftlicher, leiblicher, freier, sprachlicher und geschichtlicher Prägung leben.

II.

Das theologische Moment

Das Christliche baut auf der Matrix des Humanen auf. So ist die theologische Anthropologie, die von einer prozesshaften Entwicklung des Menschlichen ausgeht, die Voraussetzung für den christlichen Glauben und die christliche Lebenspraxis. Aus diesem Humanum erwächst Vertrauen, das sich in den theologischen Tugenden von Glaube, Hoffnung und Liebe entfaltet. Die theologische Anthropologie weiß um die Erfahrung des Erlöstseins und Heilseins als Grundvoraussetzung, um auf Dauer human leben zu können. Bildung und Erziehung implizieren die Anerkennung der Person mit ihren je eigenen Begabungen und Neigungen, ihrer Unverfügbarkeit und ihrer Freiheit, ihrem Gottesbezug. Bildung hat mit Theologie zu

---

[3] D. Benner und F. Brüggen, »Erziehung und Bildung«, in: Ch. Wulf (Hg.), *Vom Menschen. Handbuch Historischer Anthropologie*, Weinheim 1977, S. 768–779, hier S. 768. Siehe dazu auch: W. W. Müller, »Wozu Bildung? Der Bildungsauftrag im Gesamt der ekklesialen Vollzüge«, in: W. W. Müller und B. Santini-Amgarten (Hg.), *Minimalia christlicher Bildungspraxis*, Zürich 2006, S. 14–23; A. Ritter, »Kirchliche Bildungsverantwortung als Lebensbegleitung und Erneuerung im Alltag von Gemeinde, Schule und Gesellschaft heute«, in: ebd., S. 25–36.

schaffen, da Menschen – auf diesen banalen Sachverhalt verweist Christoph Schwöbel – glauben.[4] Die Religionspädagogik arbeitet mit einer »facettenreichen Anthropologie«[5] und geht von dem grundlegenden Gedanken einer »vermittelten Offenbarung«[6] aus, wobei das werdende Subjekt als »verwundetes Cogito«[7] sich stets neuen Sinn aneignet und dadurch in seiner Subjektwerdung wächst. Diese Stichworte erlauben nun im Folgenden die Impulse der Philosophie Ricœurs für die heutige Debatte der Religionspädagogik näher zu betrachten.[8]

III.

Symbol

Paul Ricœurs Symbolverständnis entspringt der Rede von der Erfahrung, die immer eine Rezeptivität meint, d. h. in der Erfahrung ist etwas »gegeben«, was nicht vollständig durch bewusste Denkprozes-

---

[4] »Warum muss der Glaube im Bildungsprozess ausdrücklich zum Thema werden? Warum ist kein Bildungsprozess vollständig, der nicht zum Thema des Glaubens Stellung nimmt? Die Antwort darauf ist trügerisch einfach. Sie lautet: Weil Menschen glauben.« C. Schwöbel, »Glaube im Bildungsprozess«, in: *Christlicher Glaube im Pluralismus. Studien zu einer Theologie der Kultur*, Tübingen 2003, S. 277–295, hier S. 289.

[5] S. Orth und P. Reifenberg (Hg.), *Facettenreiche Anthropologie. Paul Ricœurs Reflexionen auf den Menschen*, Freiburg 2004.

[6] Offenbarung als Interaktion zwischen Gott und Mensch gedacht, geschieht immer vermittelt. Das Moment der Vermittlung bildet ein Strukturelement des jüdisch-christlichen Offenbarungsbegriffs, der heute in der theologischen Debatte vermehrt mit der Hermeneutik Ricœurs erkenntnistheoretisch untermauert wird, vgl. bei P. Ricœur, »Herméneutique de l'idée de la révélation«, in: P. Ricœur u. a., *La Révélation*, Brüssel 1977, S. 15–54; V. Hoffmann, *Vermittelte Offenbarung. Paul Ricœurs Philosophie als Herausforderung der Theologie*, Ostfildern 2007.

[7] S. Orth, *Das verwundete Cogito und die Offenbarung. Von Paul Ricœur und Jean Nabert zu einem Modell fundamentaler Theologie*, Freiburg 1999.

[8] Die folgende Erörterung bezieht sich hauptsächlich auf Arbeiten im deutschsprachigen Raum, entsprechende Untersuchungen könnten ebenso für den frankophonen Raum angestellt werden. Siehe dazu etwa: H. Erroitte, »La catéchèse décloisonnée. Jalons pour un nouveau project catéchétique«, in: *Lumière et Vie*, Nr. 77 (2003) S. 12–14; B. Clément (Hg.), *Autour de Paul Ricœur*, Paris 2006; »A propos de la nouvelle orientation de la catéchèse en France«, in: *Lumière et Vie*, Nr. 180 (2007) S. 35–36.

se erarbeitet werden kann. Das in der Erfahrung Gelebte und Erkannte ist ein konkret existierendes Einzelnes und nicht ein sich in Begriffen zeigendes allgemeines Wesen. Ricœur geht in seiner Symboltheorie von der Irreduziblität des Subjektes und der gelebten Erfahrung aus. In seiner Schrift *Symbolik des Bösen* spricht er von der Schulderfahrung des Individuums, die sich durch Ursymbole artikuliert: »Das Symbol [...] öffnet und entdeckt eine Erfahrungsdimension, die ohne das Symbol verriegelt und unerkannt« bleibt.[9] In der Sprache versucht der Mensch die Aneignung von Sinn, die daraus resultierende Selbst- und Seinsauslegung bleibt fragmentarisch. Dieses ek-statische Moment schlägt sich in der zweidimensionalen Struktur des Symbols nieder. Einerseits kann die im Symbol verdichtete Erfahrung zur Sprache kommen, andererseits wird die sprachliche Dimension überstiegen. Das Symbol ist stets an Erfahrung gebunden und reicht deshalb in die Tiefendimension des Lebens, die dem Logos verschlossen bleiben. Die Undurchsichtigkeit *(opacité)* des Symbols gründet in dessen Erfahrungsbezogenheit; Human- und Sozialwissenschaften helfen, die Dichte des Symbols zu entschlüsseln. Religionsphänomenologie, Psychologie wie Kunst können dabei die Funktion von »counter-disciplines« übernehmen, die Deutungshilfen für die Sichtung der undurchsichtigen Symbole bringen. Seit Kant der klassischen Metaphysik ihren Todesstoß versetzte, arbeitet die Philosophie ebenfalls mit dem Symbol, um das Transzendente artikulieren zu können,[10] deshalb müssen Begriffe sinnlich erfassbar sein und Anschauungen verständlich gemacht werden. Damit ist der systematische Ort der Symbole innerhalb des philosophischen Diskurses nachgewiesen! Das Symbol ist für Kant eine Form der Versinnlichung.

Ricœur hat in seiner Beschäftigung mit dem Phänomen »Symbol« dessen erkenntnistheoretischen Status herausgearbeitet. »Das Symbol gibt zu denken.«[11] Die Arbeit des Menschen mit den Sym-

---

[9] P. Ricœur, *Symbolik des Bösen*, Freiburg 1971, S. 190.
[10] Gemäß dem Postulat Kants sind Gedanken ohne Inhalte leer und Anschauungen ohne Begriffe blind, vgl. KrV A 51/ B 75.
[11] Zum Symbolbegriff Ricœurs siehe: P. Ricœur, *Symbolik des Bösen; Die Interpretation. Ein Versuch über Freud*, Frankfurt 1974; »Poétique et symbolique«, in: B. Lauret und F. Refoulé (Hg.), *Initiation à la pratique de la théologie*, Band 1, Paris 1982, S. 34–61. Zum Symbolbegriff Ricœurs in theologischer Perspektive siehe etwa: W. W. Müller, *Das Symbol in der dogmatischen Theologie*, Frankfurt 1990, S. 175–250; »Nur ein Symbol? Zu seiner Bedeutung und Notwendigkeit in

Wolfgang W. Müller

bolen erschließt ihm sein Daseinsverständnis und seine Existenz, in dem angesichts des Bösen und des Leidens Sinn gesetzt wird, aus dem der Mensch für seine Existenz, sein Denken und Handeln stets schöpfen kann.»Also spricht das Symbol letztlich zu uns als Index der Situation des Menschen im Sein, darin er sich bewegt, darin er existierend und wollend ist.«[12] Das Symbol gibt zu denken, dass das cartesianische Cogito ins Sein eingebunden ist und nicht umgekehrt. Der von allen Verzerrungen, Missverständnissen und Projektionen gereinigte Umgang mit dem Symbol verhilft den Weg einer »zweiten Naivität« beschreiten zu können. »Die zweite Naivität« so Paul Ricœur, meint »das Sein, das sich selbst setzt im Cogito« und an den Tag bringt, »dass der Akt, durch den es sich dem Ganzen entreißt, nicht aufhört, an dem Sein teilzuhaben, das ihn in jedem Symbol zur Rede stellt«.[13] In der weiteren Genese seiner Philosophie wandte sich Paul Ricœur bei seiner Beschäftigung mit dem Symbolphänomen immer stärker dem sprachlichen Moment des Symbols zu, wobei er die Figur der Metapher als semantischen Kern des Symbols ausmacht.[14]

Die Symboltheologie, die viel ihrer systematischen Entfaltung der Symboltheorie Ricœurs verdankt, wird in der Religionspädagogik, im Besonderen in der Symboldidaktik, rezipiert. Bei den philosophischen und entwicklungspsychologischen Fragen einer Symboldidaktik, die nach dem Umgang mit den Symbolen, deren Rezeption und didaktisch-methodischer Umsetzung fragt, werden die Reflexionen des französischen Philosophen rezipiert. Es seien an die Arbeiten von Peter Biehl[15], Anton Bucher[16], Erich Feifel[17], Hu-

---

der dogmatischen Theologie«, in: Theologisch-Praktische Quartalschrift 147 (1999) S. 354–362; D. S. Springstübe, *Der Symbolbegriff Paul Ricœurs*, Saarbrücken 2007. Zum grundsätzlichen Symbolverständnis im Rahmen einer allgemeinen Sakramentenlehre siehe: W. W. Müller, *Gnade in Welt. Eine symboltheologische Sakramentenskizze*, Münster 2002.

[12] P. Ricœur, *Symbolik des Bösen*, S. 405.
[13] Ebd.
[14] P. Ricœur, *Die lebendige Metapher*, München 1986.
[15] Pars pro toto: P. Biehl, *Erfahrung – Symbol – Glaube*, Gütersloh 1991; *Symbole geben zu lernen. Einführung in die Symboldidaktik anhand der Symbole Hand, Haus und Weg*, Neukirchen-Vluyn 1989.
[16] A. Bucher, *Symbol – Symbolbildung – Symbolerziehung*, St. Ottilien 1990.
[17] E. Feifel, »Symbole und symbolische Kommunikation als religionsdidaktische Aufgabe«, in: F. Weidmann (Hg.), *Didaktik des Religionsunterrichts*, 5. Aufl., Donauwörth 1988, S. 188–203.

Vom Symbol aus denken

bertus Halbfas[18] und Holger Saal[19] erinnert, die bei ihrer Beschäftigung mit dem Symbol sich im Rahmen einer Symboldidaktik mit der Symboltheorie Paul Ricœurs auseinandersetzen. Allen gemeinsam ist, dass sie nicht Symbole unterrichten wollen, sondern mit Symbolen arbeiten. In der religionspädagogischen Arbeit mit der Theorie einer Symbolhermeneutik geht es um die Kunst, Symbole zu verstehen. »Symbole geben zu lernen« formuliert Peter Biehl im Anschluss an Ricœurs »Symbole geben zu denken«. Symbole als Sprache der Religion und der Kultur lassen das Merkmal einer »didaktischen Grundstruktur« einführen, das die Fähigkeit von Symbolen meint, Gegensätze (zum Beispiel die Leben spendende wie Leben zerstörende Kraft von Wasser und Feuer) entgegen dem Non-Kontradiktionsprinzips der Logik synthetisierend in sich zu integrieren.[20] In diesem spannungsgeladenen Potential der Symbole erweist sich die Brückenfunktion, mit der in der Religionspädagogik gearbeitet wird. Peter Biehl unterscheidet bei den symboldidaktischen Aufgaben zwischen lebensgeschichtlicher, religiöser und christlicher Dimension der Symbole.[21] Monika Jakobs zeigt Weg und Irrwege einer symboldidaktisch konzipierten Eucharistiekatechese auf.[22]

Die verschiedenen religionspädagogischen Ansätze befassen sich mit den unterschiedlichen Ebenen der Leistungsfähigkeit von Symbolen, wie sie Ricœur in seiner Arbeit zu Sigmund Freud herausstellte. Auf der niederen Ebene findet keine Symbolarbeit mehr statt, denn es handelt sich um ein stereotypes »Symbolgeröll«. Auf der zweiten Ebene sind Symbole in lebendigem Gebrauch und ist deren Sinn vermittelt. Diese Symbole bilden einen Kitt der gegenwärtigen Gesellschaft und ermöglichen Identität. Auf der dritten Ebene liegen jene Symbole, die neue Möglichkeiten erschließen und Kommendes antizipieren.

---

[18] H. Halbfas, *Das Menschenhaus*, Düsseldorf 1971.
[19] H. Saal, *Das Symbol als Leitmodell für religiöses Verstehen*, Göttingen 1995.
[20] Vgl. N. Weidinger, »Symboldidaktik – Auslauf- oder Zukunftsmodell?« in: H. Noormann, U. Becker und B. Trocholepczy (Hg.), *Ökumenisches Arbeitsbuch Religionspädagogik*, 2. aktualisierte Aufl., Stuttgart 2004, S. 145–160, hier S. 150.
[21] P. Biehl, *Symbole geben zu lernen II. Zum Beispiel Brot, Wasser und Kreuz*, Neukirchen-Vluyn 1999.
[22] Vgl. M. Jakobs, »Von Schmetterling bis Schatzkiste. Wie kann eine gelungene symbolhafte Eucharistiekatechese aussehen?«, in: *Katechetische Blätter*, Heft Nr. 3, 133 (2008) S. 184–187.

Wolfgang W. Müller

Im Anschluss an diese Gedanken unterscheidet man in der Religionspädagogik zwischen Symbol, Zeichen, Klischee, Fetisch und Idol.[23] Beruht das Zeichen auf einer Konvention, die jederzeit wieder geändert werden kann, bilden die Figuren Klischee, Fetisch und Idol verzerrte Formen des Symbols ab. Die wahre Aufgabe der Beschäftigung mit den Symbolen besteht darin, sie in ihrem schöpferischen Moment zu fassen.[24] In der Sakramentenkatechese und den biblischen Erzählungen finden Gedanken der Symboltheorie des Philosophen Verwendung. Neuerdings kommt die Symboldidaktik auch im interreligiösen Lernen zum Einsatz. Ebenso ist die Rede von der »zweiten Naivität« von der Religionspädagogik aufgenommen worden. Es scheint, dass die Symboltheorie Paul Ricœurs eine Hermeneutik des interreligiösen Lernens befruchten könnte, deren Potential bei weitem noch nicht erschöpft ist.

IV.

Erzählung

»Erzähl' deine Story«: Dieses Postulat, das sowohl Fundamentaltheologie als auch Religionspädagogik in den letzten Jahrzehnten aufgegriffen haben, um die erkenntnistheoretische Fragestellung der Identität und Alterität in einer (lebens-) geschichtlichen Perspektive zu thematisieren, kann auf Ricœurs Konzeption der Identität zurückgreifen. »Es gelingt besser denn je, dank dieser Erweiterung der Wege ›unser Leben zu einer Lebensgeschichte zu machen‹.«[25] Die Frage nach dem Selbst stellte Ricœur als hermeneutischer Philosoph in bewusster Abgrenzung zu einer idealistischen Konzeption der Identität, wie er sie in der Phänomenologie Husserls vorfand.[26] Die Frage nach der Identität verbindet Ricœur in bekannter

---

[23] Vgl. P. Ricœur, *Die Interpretation. Ein Versuch über Freud*, Frankfurt 1972, S. 516f., vgl. dazu: P. Biehl, *Symbole geben zu lernen*, S. 169.
[24] Ebd., S. 517.
[25] R. Kearney, *On Paul Ricœur. The owl of Minerwa*, Aldershot 2004, S. 160 (Übersetzung W. W. M.).
[26] Zur Hermeneutik des Selbst bei Ricœur siehe: S. Orth, *Das verwundete Cogito und die Offenbarung*, S. 217–311.

Weise mit der Frage nach der Beziehung von Zeit und Erzählung.[27] Augustinus verweist auf die Tatsache, dass das Erzählen einer Sache auf das Sein vergangener Zeiten hinweist, die Erzählung, so die Schlussfolgerung Ricœurs, ist Garant für die Existenz der Zeiten. Das Vergangene muss, in welcher Form auch immer, sein, sonst wäre es nicht erzählbar. Mit anderen Worten: Vergangenheit und Zukunft werden in einer Erzählung manifest. »Wir erzählen Dinge, die wir für wahr halten und sagen Ereignisse voraus, die so eintreten, wie wir sie vorweggenommen haben.«[28]

Der Auseinandersetzung mit Aristoteles und Augustinus im ersten Band von *Zeit und Erzählung* schließt Ricœur eine Betrachtung der Konfiguration der Zeit in historischen Erzählungen an, um in einem weiteren Schritt die literarische Erzählung zur gewählten Thematik zu analysieren. Erzählte und schriftlich fixierte Geschichten haben für Ricœur ein Interesse, da sie eine Hauptaufgabe hermeneutischer Philosophie berühren, nämlich »die Gesamtheit der Vorgänge zu rekonstruieren, durch die ein Werk sich von dem undurchsichtigen Hintergrund des Lebens, Handelns und Leidens abhebt, um von einem Autor an einen Leser weitergegeben zu werden, der es aufnimmt und dadurch sein Handeln verändert.«[29]

Die Darstellung dieser Aufgabe erfolgt durch die Theorie der Mimesis, die die erste These der Mimesis beweisen wird, dass Zeit in dem Maße zu einem menschlichen Phänomen wird, je mehr sie erzählerisch artikuliert wird. Das Erzählen oder Erfinden von Geschichten, in der Terminologie Ricœurs »la mise en intrigue«, leistet das Zusammenfügen der Ereignisse und ergibt so eine geschlossene Handlung. Beide Momente der Mimesis hängen zusammen, insofern die »mise en intrigue« als dynamischer Vorgang den Prozess vom Vorher über den innovativen Erzählvorgang zum Nachher eines Textes organisiert. Die kreative und innovative Nachahmung der Erzählung macht aus einer Reihe von Vorgängen eine veritable Geschichte. Das Nachher der Erzählung als drittes Moment der Mimesis steht an der Schnittstelle zwischen der Welt des Textes und der Welt der Zuhörer- oder Leserschaft. In der Wechselwirkung von Text und Rezeption wird der Text selbst zum Werk, d. h. kein Text ist abgeschlossen,

---

[27] Vgl. P. Ricœur, *Zeit und Erzählung I. Zeit und historische Erzählung*, München 1988.
[28] Ebd., S. 22.
[29] Ebd., S. 88.

sondern stets offen, um neu interpretiert zu werden. Diese fortschreitende Kreisbewegung von Welt zu Text zu Welt präziser zu fassen, ist das Anliegen Ricœurs, für den die Aufgabe der Hermeneutik gerade darin besteht, die Gesamtheit aller Vorgänge beim Hören oder Lesen zu rekonstruieren.[30] Die Rekonstruktion der Gesamtheit der Vorgänge besteht für Ricœur darin, dass »durch die [Vorgänge, W. W. M.] ein Werk sich von dem undurchsichtigen Hintergrund des Lebens, Handelns und Leidens (= mimesis I) abhebt, um von einem Autor an einen Leser weitergegeben zu werden (= mimesis II), der es aufnimmt und dadurch sein Handeln verändert.«[31]

Der in Folge zu *Zeit und Erzählung* eingeführte Begriff der »narrativen Identität«, der für eine Vereinheitlichung der unterschiedlichen Sinneffekte einer Erzählung sorgt und zugleich die Thematik der Hermeneutik des Selbst aufgreift, bringt nach Ricœur zum Ausdruck, dass es eine Art von Identität gibt, zu der das menschliche Wesen durch die Vermittlung der narrativen Funktion Zugang haben kann.[32]

Die Kirche als Erzähl- und Erinnerungsgemeinschaft an Leben, Tod und Auferstehung Jesu Christi lebt von den großen Erzählungen der Bibel. Das ekklesiale Leben konkretisiert sich durch ein Erzählen als einem grundlegend kommunikativen und religiösen Vollzug, insofern die theologischen Inhalte der Bibel (dem »großem Code«) nur narrativ nachvollziehbar sind.[33] Im Erzählen werden Inhalte und Intentionen der biblischen Texte thematisch und praktisch zur Sprache kommen. Verkündigung und Feier der Sakramente basieren auf diesem narrativen Grundvollzug der ekklesialen Nachhaltigkeit des Christus-Ereignisses.

Religionspädagogik analysiert die kommunikativen Vollzüge religiöser Verständigung in formaler wie inhaltlicher Sicht. Es geht darum, die Inhalte der Kommunikation nachzuweisen als auch die Art und Weise der Vermittlung und Kommunikation zu untersuchen. Das Inhaltliche muss didaktisch und praktisch dargestellt, gelehrt, gefördert, kritisch reflektiert und vermittelt werden. Ebenso

---

[30] Vgl. S. Haas, *Kein Selbst ohne Geschichten*, Hildesheim 2002, S. 74.
[31] P. Ricœur, *Zeit und Erzählung I*, S. 88.
[32] P. Ricœur, »Narrative Identität«, in: *Vom Text zur Person. Hermeneutische Aufsätze (1970–1999)*, Hamburg 2005, S. 209–225; *Das Selbst als ein Anderer*, München 1996.
[33] Vgl. dafür: E. Arens, *Christopraxis*, Freiburg 1992; *Gottesrede – Glaubenspraxis*, Darmstadt 1989.

kommt es auf die Herausarbeitung der religiösen Sprach- und Handlungskompetenz an, die sowohl der Verständigung als auch der Veränderung dienen kann.

Die Theorie der narrativen Identität bahnt der Religionspädagogik konzeptuelle Wege, um das zu Vermittelnde als ein »Weg ins Leben« (Manfred Josuttis) oder als ein »Spielraum des Lebens« (Hans-Günter Heimbrock) zu konzipieren. Bei diesem Anliegen trifft sich der philosophische Ansatz Ricœurs mit den Anliegen religionspädagogischer Arbeiten. »So eröffnet Ricœurs Hermeneutik die Perspektive einer ›konkreten Reflexion‹ über das Menschenmögliche, die an Beispiele aus der empirischen Geschichte anknüpfen und praktische Konsequenzen daraus ziehen kann. Dennoch bleibt der Prozess philosophischer Selbstverständigung unabschließbar: und zwar gerade deshalb, weil er über Erzählungen vermittelt ist, die nie das Ganze der menschlichen Erfahrung darstellen können und zudem eine Interpretation erfordern, die immer wieder an die Grenzen des Verstehbaren stößt.«[34]

Die vorgestellte Theorie der narrativen Identität eröffnet darüber hinaus noch eine weitere Möglichkeit der religionspädagogischen Umsetzung. Es gehört zur Standardfrage der Fachliteratur, wie der Einsatz der Bibel in der Religionspädagogik zu rechtfertigen ist. Die biblischen Erzählungen als »großen Code«, die glaubens- und kulturstiftend in der europäischen Geschichte fungieren, können durch das Konzept der narrativen Identität pädagogisch eingesetzt und aufbereitet werden.

Eine narrative Bibeltheologie lebt, obgleich sie von biblischen »Grenzausdrücken« (zum Beispiel »Reich Gottes«) spricht, von den Grundzügen einer allgemeinen Texthermeneutik und versucht, die »Sache des Textes« (Hans-Georg Gadamer) herauszuarbeiten (etwa Gott, Christus, biblische Verheißung usw.). Die biblischen Texte sprechen von einer religiösen Tiefenerfahrung und beinhalten eine »Logik der Überfülle«, die es, im dynamischen Vorgang des Lesens oder Hörens, je neu zu aktualisieren gilt. Die biblischen Geschichten gilt es nicht nur konform zur kirchlichen Tradition der Bibelauslegung zu lesen, sondern ebenso gilt es, deren »gefährliche Erinnerung« (Johann Baptist Metz) neu in Erfahrung zu bringen.[35]

---

[34] A. Breitling, *Möglichkeitsdichtung – Wirklichkeitssinn. Paul Ricœurs Denken der Geschichte*, München 2007, S. 284.
[35] P. Ricœur, *L'herméneutique biblique*, Paris 2001, S. 328 f. Zur Frage der biblischen

Wolfgang W. Müller

V.

Gottesfrage

Haben in den vergangenen Jahrzehnten in Theologie und Kirche das Postulat der Gottvergessenheit und der religiösen Indifferenz sowie der Agnostizismus die religionspädagogische Debatte bestimmt, so wird heute, antipodisch zu diesen Errungenschaften der Aufklärung, in Folge der Wiederentdeckung des Religiösen, die Gottesfrage von Neuem als originäre Aufgabe der Theologie erachtet. Galt es für Theologie und Religionspädagogik ausgemacht, den theologischen Diskurs in einer »Zeit der Gotteskrise« (Metz) zu führen, wird heute die Gottesfrage als Teil des kulturellen Diskurses neu verhandelt. Das intellektuelle Flaggschiff der deutschen Geisteswissenschaftler, die Zeitschrift »Merkur«, fragt im Editorial einer Sondernummer nach Gott: »Diese Zeitschrift verfocht nie theologische Interessen. Was ist dann aber der Grund, nach Gott zu fragen in einer Zeit, wo das Ziel der Aufklärung, Gott zu dekonstruieren, allen intellektuellen Reiz verloren hat: Dass Gott tot sei, ist vom elitären Geheimnis zur gemütlichen Binsenwahrheit geworden. Wenn hier zunächst danach gefragt wird, wer Gott heute theologisch ist, dann entspringt dies nicht dem verbreiteten Empfinden für mehr innerweltlichen Sinn, auf den sich die Praxis sogar der katholischen Kirche immer stärker ausrichtet; sondern die Frage entspringt der Neugierde, in welcher Weise diese geistige Urkategorie, die kulturell und institutionell immer noch Gewicht hat, heute theoretisch begründbar ist. Am Faktum der Religion ist nicht zu zweifeln, an der Realität Gottes schon. Vor hundert Jahren wurde der Zweifel subtil begründet. Heutzutage ist er banal. Auch deshalb, wegen dieses Umschwungs der hermeneutischen Situation, ist unsere Frage – Wer ist Gott, und was ist dann das Religiöse? – für Denkende von einigem Gewicht.«[36]

Ricœur, der Gott als die letzte Referenz biblischer Texte ausmacht, zeigt in einem bibeltheologischen Überblick die Polyphonie

---

Texte bei Paul Ricœur neben dem bereits genannten Werk: P. Ricœur und E. Jüngel (Hg.), *Metapher. Zur Hermeneutik religiöser Sprache*, Sonderheft Evangelische Theologie, München 1974; P. Ricœur, »Gott nennen«, in: *Vom Text zur Person*, S. 153–182.

[36] Vgl. dafür: *Nach Gott fragen. Über das Religiöse*, Merkur, Sonderheft, Heft Nr. 9/10 (1999), Editorial, S. 769. Von theologischer Seite siehe neuerdings: G. Augustin und K. Krämer (Hg.), *Gott denken und bezeugen*, Freiburg 2008.

der Nennung Gottes in den verschiedenen Texten der Bibel. Die vielfältige und vielstimmige Nennung des biblischen Gottes kennt komplexe und unterschiedliche Redeformen: Erzählung, Prophetie, Sprichwort, Orakel, Gebot usw. Alle diese Formen sind ursprüngliche Ausdrucksgestalten des Glaubens, mit denen Gott auf verschiedene Weise genannt wird. Diese Figuren sind keine rhetorischen Kunstgriffe, sondern müssen als Struktur und als übermittelter Inhalt verstanden werden. Die Nennungen Gottes sind nicht philosophisch zu verstehen (»Deus est esse«), sondern als kerygmatische Formulierungen des biblischen Glaubens.

Der Referenzpunkt »Gott« innerhalb der biblischen Rede zeigt in seiner theologischen Qualität ein Doppeltes: Zum einen stellt »Gott« einen Grenzausdruck biblischer Sprache dar. »Gott« wird genannt und entzieht sich zugleich demjenigen, der mitteilt. »Gott« wird biblisch in der Dialektik von »Offenbaren« und »Enthüllen« gezeigt. Zum anderen lenkt die neutestamentliche Gleichnisrede noch auf ein Zweites: Es handelt sich um eine Redeform der »Extravaganz«; in dieser Redeform vereinigen sich narrative Struktur, metaphorischer Prozess und das Moment des Grenzausdrucks.

Die religiöse Rede, beispielsweise der Nennung Gottes, partizipiert auf allen Ebenen an den Eigenschaften der dichterischen Rede. Der Unterschied besteht nur darin, dass »Gott« genannt wird, d. h. der dichterischen Sprache wird ein Ur-Bezugspunkt hinzugefügt. Durch diesen Prozess erfährt die dichterische Sprache eine Sinnverwandlung. »Der Referent »Gott« ist nicht nur Anzeige der gegenseitigen Zugehörigkeit der ursprünglichen Redeformen des Glaubens, er ist auch die Anzeige ihres Unvollendetseins. Er ist ihr gemeinsames Ziel und das, was sich jeder Redeform entzieht.«[37]

Die Nennung des Namens Gottes zeigt an, dass die theologische Rede als eine offene zu charakterisieren ist, d. h. die Unabschließbarkeit des Gottesnamens ist konstitutiv für jede theologische Rede von Gott. Gott übersteigt unsere Begriffe. Die klassischen Aussagen einer »theologia negativa« formuliert Ricœur unter den Prämissen des linguistic turn der neueren Theologie wie folgt: »Deswegen lässt sich das Wort ›Gott‹ nicht begreifen als ein philosophischer Begriff, sei es als das Sein im Sinne der mittelalterlichen Philosophie oder im Sinne Heideggers. Das Wort ›Gott‹ sagt mehr als das Wort ›Sein‹,

---

[37] P. Ricœur, »Gott nennen«, S. 170.

denn es setzt den ganzen Kontext der Erzählungen, Prophetien, Gesetze, Weisheitsschriften, Psalmen usw. voraus. Der Referent ›Gott‹ wird so durch die Konvergenz aller dieser partiellen Redeweisen angezielt. Er drückt das Kreisen des Sinnes in allen Formen der Rede, in denen Gott genannt wird, aus.«[38]

Auch die Religionspädagogik hat die linguistische Wende der Wissenschaften vollzogen. Das religionspädagogische Handeln basiert auf dem Verstehen der Polyphonie religiöser Sprache. Die Religionspädagogik erschließt die Sprachkompetenz religiöser Sprache in formaler und inhaltlicher Hinsicht und thematisiert zugleich die prophetische und verändernde Kraft, die von der religiösen Sprache ausgeht. Der theozentrische und bibeltheologische Zugang bildet einen Grundpfeiler der (christlichen) Religionspädagogik im Blick auf die Subjektwerdung der Glaubenden. Die empirische Erforschung der religiösen Sozialisation nimmt theologisch von diesen Gedanken ihren Ausgang. Die Gottesrede in ihrem Metapherreichtum »kann die Neugierde des Weiterfragens stimulieren«. Dieses Weiterfragen, so formuliert es Jürgen Werbick, »bedeutet nicht, alles in Frage zu stellen und in seiner Geltung aufzulösen. Es ist der Grundvollzug des Kennenlernenwollens.«[39]

Mit anderen Worten: Die eingangs erwähnte Wiederentdeckung der Gottesfrage kann, auch in religionspädagogischer Sicht, von einem weiteren Moment der Religionsphilosophie Ricœurs profitieren. Die Beschäftigung mit den »Meistern des Verdachts« als einen notwendigen Umweg der modernen Hermeneutik gilt es in einer kritischen Auseinandersetzung mit dem aktuellen Religionsbegriff wieder aufzunehmen.[40]

In den Worten Ricœurs: Die biblische, theologische wie religiöse Rede hat sich immer dem reinigenden Prozess der Abkehr von einem Idol oder einer Projektion der biblischen Rede hin zum symbolischen Verständnis des kerygmatischen Inhaltes zu bewegen. Paradigmatisch hat dies Ricœur bei seiner Beschäftigung mit den metatheoretischen Schriften Sigmund Freuds vorexerziert. Der Gebrauch der Metapher »Vater« als Gottesrede hat den Weg von einem Phantasiebild

---

[38] Ebd. Zur Frage der biblischen Hermeneutik bei Ricœur siehe: P. Ricœur, *L'herméneutique biblique*.
[39] J. Werbick, *Bilder sind Wege*, München 1992, S. 73.
[40] Siehe dazu neuerdings: A. MacIntyre und P. Ricœur (Hg.), *Die religiöse Kraft des Atheismus*, Freiburg 2002. Vgl. auch den Beitrag von Jürgen Werbick in diesem Band.

zum Symbol zu gehen, um in der (Post-)Moderne als adäquate Rede Gottes verstanden und gebraucht werden zu können.[41] Bei diesem prozessualen Verständnis der Vatermetapher zeigt sich das Moment des Glaubens, das dem symbolischen Verständnis der Semantik »Vater, väterlich« zum Durchbruch verhilft. In Abänderung der Freudschen Formulierung spricht Ricœur von folgendem Postulat: »Das Idol muss sterben, damit das Symbol lebe«!

Bei diesem Prozess hat die kritische Reflexion von allen Verzerrungen, Projektionen und Missverständnissen zu befreien, die dieser Metapher im Verlauf der Geschichte anhafteten. Die Rede von dem Symbol »Vater« beschreibt einen Läuterungsprozess, der folgenden Weg umfasst: »Vom Phantasiebild zum Symbol; oder mit anderen Worten: von der nicht anerkannten, dem Tod geweihten und für den Wunsch todbringenden Vaterschaft zu einer solchen, die nun ein Band der Liebe und des Lebens geworden ist.«[42]

VI.

Person

Der diskordanten Zeiterfahrung der augustinischen Autobiographie im XI. Buch der *Confessiones* stellt Ricœur die aristotelische Fabel mit ihrer Konkordanz entgegen. Alle Erzählungen, schriftlich wie mündlich formuliert, sind für Ricœur synthetische Leistungen, die das Heterogene zu einer Einheit formen. Die Frage nach dem Selbst als einer Grundfrage der abendländischen Philosophiegeschichte formuliert Ricœur so, dass die Interpretation des Selbst mit der Interpretation von Texten vergleichbar ist. Bei allen Veränderungen, denen der Mensch im Verlauf seiner Lebensgeschichte ausgesetzt ist, bleibt er immer der eine, an dem alle diese Veränderungen geschehen und durch die er seine Lebensgeschichte erzählen kann.

Die Grundfrage ›Wer bin ich?‹ verweist auf die Interferenz von Konkordanz und Diskordanz, durchquert die Radikalität und Nacktheit der Frage, und birgt so in sich ein Potential der Hoffnung auf

---

[41] P. Ricœur, »Die Vatergestalt – vom Phantasiebild zum Symbol«, in: *Hermeneutik und Psychoanalyse. Konflikt der Interpretationen II*, München 1974, S. 315–353.
[42] Ebd., S. 331.

Sinn. Der Begriff der Person besitzt für Ricœur eine hohe Aktualität. Seine »Annäherungen an die Person«, so der Titel eines Aufsatzes aus dem Jahr 1990[43], beziehen sich auf die Findung des Begriffs im Blick auf die Sprache, die Handlung und die Erzählung, wobei zugleich die ethische Konstitution des Personbegriffs impliziert wird. »Ich habe vier Schichten oder Ebenen dessen genannt, was eine hermeneutische Phänomenologie der Person ausmachen könnte: die Sprache, die Handlung, die Erzählung und das ethische Leben. Es wäre übrigens besser« so formuliert Ricœur, »zu sagen: der sprechende Mensch, der handelnde Mensch (ich füge hinzu: der erleidende Mensch), der Mensch als Erzählender und Figur seiner Lebensgeschichte sowie schließlich der verantwortliche Mensch«.[44]

Die Person stellt heute eine Grundfigur theologischen Schaffens dar. Der personale Zugang der Theologie ermöglicht Glaubensbegründung wie Glaubenswachstum. Die personale Theologie beschreibt klassische Theoreme der Schultheologie anhand der Kategorie des Ereignisses und der Beziehung. Im Blick auf die Weitergabe und Tradierung des Glaubens versteht sich die Verwendung des Personalen in der Religionspädagogik. Die Subjektwerdung des Glaubens wird gegenwärtig besonders im Rahmen der Gender-Thematik, der Jugendreligiösität und des sozialen wie gesellschaftlichen Umbruchs (vgl. die Bedeutung der Konversion, des Vorbilds, Wertediskussion usw.) religionspädagogisch aufgearbeitet. Ein noch nicht ausgeschöpfter Impuls der Philosophie Ricœurs für die Religionspädagogik liegt dabei in den Themen »Gedächtnis« und »Anerkennung«.[45]

VII.

Zeugnis

Der Begriff des Zeugnisses stellt schließlich einen Kontrapunkt im Denken des französischen Philosophen dar. Obgleich der Begriff nicht in allen Hauptwerken Eingang findet, ist er in einer tieferen

---

[43] P. Ricœur, »Annäherung an die Person«, in: *Vom Text zur Person*, S. 227–249.
[44] Ebd., S. 228.
[45] P. Ricœur, *Gedächtnis, Geschichte, Vergessen*, München 2004; *Wege der Anerkennung. Erkennen, Wiedererkennen, Anerkanntsein*, Frankfurt 2006.

Schicht immer in seinen Gedanken präsent. Der grundlegende Text zur Hermeneutik des Zeugnisses stammt aus dem Jahr 1972![46] Den Begriff des Zeugnisses entlehnt Ricœur seiner Beschäftigung mit den biblischen Texten, für den eine doppelte Bewegung charakteristisch ist: »Das Konzept des Zeugnisses, wie es sich aus der biblischen Exegese entwickelt, ist hermeneutisch in einem doppelten Sinn. Zunächst in dem Sinn, dass es der Interpretation einen zu interpretierenden Inhalt *gibt*. Sodann in dem Sinn, dass es eine Interpretation *fordert*. Das Zeugnis *gibt* etwas zu interpretieren.«[47] Die Semantik des Zeugnisses ist zunächst als quasi empirisch zu verstehen, da das Zeugnis ein Bericht dessen ist, was man gesehen und gehört hat (vgl. Motiv des Augenzeugens). Der Zeuge bezeugt jedoch immer etwas, d. h. die Semantik des Zeugnisses kennt zweitens zugleich eine juridische Dimension. Die dritte Bedeutung des Zeugnisses wird in der ethischen Dimension greifbar, bei der es um eine Verinnerlichung dessen geht, was die Zeugen bezeugen. Das Zeugnis bindet. Das Zeugnis wird letztlich zur Handlung selbst, insofern es eine innere Überzeugung ausdrückt.

Die Religionspädagogik arbeitet sowohl in formaler wie in inhaltlicher Perspektive mit Elementen des Zeugnisses. Einerseits beruht die Vermittlung des Zeugnisses auf Zeugen, andererseits ist der Akt der Vermittlung selbst ein Zeugnis. In einem letzten Sinn vermittelt die Religionspädagogik ein Zeugnis, auf das der Glaube aufbaut, und zugleich bezeugen die in dieser Arbeit Engagierten ein Zeugnis. Bei dieser Thematik findet sich ein Schnittpunkt zwischen reflexiver Religionspädagogik und (kirchlicher) Katechese. Gleichwohl bleibt zu bedenken, dass zum Glauben an Gott nicht erzogen werden kann. Chance aller Katechese ist es dagegen, die Güte und die Menschenfreundlichkeit Gottes als göttliches Interesse am Leben eines jeden Menschen ahnen, spüren und erfahren zu lassen.[48]

---

[46] P. Ricœur, »L'herméneutique du témoinage« [1972], wieder abgedruckt in: *Lectures 3. Aux frontières de la philosophie*, Paris 1994, S. 107–139. Deutsche Übersetzung: »Die Hermeneutik des Zeugnisses«, in: *An den Grenzen der Hermeneutik. Philosophische Reflexionen über die Religion*, Freiburg 2008, S. 7–40.
[47] P. Ricœur, »Die Hermeneutik des Zeugnisses«, S. 31.
[48] Vgl. *Neues Handbuch religionspädagogischer Grundbegriffe*, G. Bitter u. a. (Hg.). München 2002, S. 318.

VIII.

Schlussbemerkungen

Die Religionspädagogik als eine theologische Disziplin, die sich mit der wissenschaftlichen Reflexion und Orientierung religiöser Lernprozesse beschäftigt, findet in der hermeneutischen Philosophie Ricœurs ein theoretisches Instrumentarium, um die angesprochenen Reflexionen (selbst-)kritisch zu fundieren. Wird Religion als eine Pragmatik, die mit Gesten, Symbolen, Worten arbeitet, verstanden, dann hat diese Disziplin zur Aufgabe, die Vielfalt der religiösen Sprachspiele zu bedenken. Die Arbeiten des Philosophen zur Thematik der Metapher und des Erzählens können im Rahmen der religionspädagogischen Theoriebildung im Blick auf den Umgang sowohl mit »heiligen« Texten verschiedener Religionen als auch mit kulturstiftenden Texten eingesetzt werden. Leitet doch die Metapherntheorie Ricœurs an, das Sozialverhalten, die Umwelt und Mitwelt »neu zu sehen« und zu reflektieren.[49]

Die religionsphilosophischen Reflexionen, die Ricœur in die Arbeit der Religionspädagogik einbringt, weisen auf deren ökumenisches Potential. Sowohl die Frage der Symboldidaktik als auch die Gottesthematik wie die Zeugenstruktur christlichen Glaubens führen von sich aus auf den gemeinsamen Grund aller christlichen Konfessionen. Wo in der Debatte über die Symboldidaktik diese als »Auslaufmodell« gesehen wird, verweist die philosophische Reflexion auf deren Zukunftsfähigkeit.[50]

Die Relevanz der Beschäftigung mit der Philosophie Ricœurs als Basis einer fundamentalen Theologie kann in der aktuellen religionspädagogischen Debatte in folgenden Bereichen weitergeführt und intensiviert werden: Im Rahmen eines postmodernen Umfeldes der theologischen Reflexion erhält die Religionspädagogik in der Aufarbeitung des dialektischen Spiels von Identität und Alterität in der Theorie eines – hermeneutisch konzipierten – Selbst im Sinne Ricœurs eine theoretische Untermauerung. Die Religionspädagogik als Hilfe zum »Christwerden in Zeiten des Kulturwandels« sucht

---

[49] Vgl. *Neues Handbuch Religionsunterricht an berufsbildenden Schulen*, Gesellschaft für Religionspädagogik und Deutscher Katechetenverein (Hg.). Neukirchen-Vluyn 2003, S. 159.
[50] Vgl. N. Weidinger, »Symboldidaktik – Auslauf- oder Zukunftsmodell?«.

nach einer (selbst-)kritischen methodischen Vergewisserung, wie sie die Philosophie Ricœurs bietet. Alle angesprochenen Einzelthemen müssen in der aktuellen Religionspädagogik nochmals eine interreligiöse Reflexionsstufe durchlaufen. Die Religionspädagogik steht vor den Herausforderungen eines polyzentrischen Religionsbegriffs, der aus der interkulturellen und philosophischen Diskussion Impulse zu erhalten hat. Hier liegt ein großes Zukunftspotential der Philosophie Ricœurs. Schließlich kann auch der religionspädagogische Ansatz eines ästhetischen Lernens des Phänomens »Religion« in einer postmodernen und postchristlichen Gesellschaft in der Hermeneutik Ricœurs einen theoretischen Ansatz finden.

Heutige religionspädagogische Rede spielt zum einen in der Polarität von Buchstabe und Geist und zum anderen in der Dialektik von objektivem Anspruch und poetischer Darstellung des Unbedingten. Diese Spannung aufrechtzuerhalten ist nötig, um den Weg zwischen Skylla und Charybdis zu finden, den die Religionspädagogik in ihrer Reflexion und Vermittlungsarbeit zu leisten hat. In unübertrefflicher Weise hat diesen Sachverhalt Ricœur in seinem philosophischen Schaffen zum Spezifikum religiöser Sprache thematisiert. »In derselben Weise, in der die Spannung zwischen einer buchstäblichen und metaphorischen Interpretation für den Sinn einer lebendigen Metapher wesentlich ist, muss auch in theologischen Begriffen eine Spannung zwischen dem objektiven Anspruch auf Erkenntnis und der poetischen Darstellung des Unbedingten erhalten bleiben. Auf dieser Ebene vermittelt die Sprache über die Einbildungskraft den Schematismus dessen, was wir sind, was wir tun sollen und was wir hoffen dürfen. Dabei ist es das Wissen um den paradoxen Grenzstatus solcher Schematismen zwischen dem Vorstellungshaften und dem Begrifflichen, das die Symbole wie das Reich Gottes davor bewahrt, Idole zu werden, dennoch aber ihre Intelligibilität bejaht.«[51]

---

[51] P. Ricœur, »Poetische Fiktion und religiöse Rede«, in: *Christlicher Glaube in moderner Gesellschaft*, Art. Literarische und religiöse Sprache, Freiburg 1981, Band 2, S. 96–105, hier S. 105.

Fundamentaltheologie und Ästhetik

Impulse aus dem Werk Paul Ricœurs

Gerhard Larcher

Mit einem Essay zur »Poetik des Glaubens« nach Paul Ricœur sei dieser einmal explizit beim ästhetischen Wort genommen, das ja der Sache nach von Anbeginn in seinem Werk schon mit anklingt. Keineswegs soll aber nur immanent über dessen Anstöße für eine »ästhetische Theologie« referiert, sondern ausgehend von Ricœur das Verhältnis von Fundamentaltheologie und Ästhetik betrachtet werden: Es geht um eine prinzipielle, fundamentaltheologische Programmatik, die in seinem Gesamtwerk aufgeworfen wird – und zwar unter den Leitkategorien »Zeitdiagnostik«, »Subjekttheorie« und »Glaubens- und Offenbarungshermeneutik« im Horizont literarischer und künstlerischer Ästhetik.

Zunächst sollen nach kurzen, zeitdiagnostischen Vorbemerkungen Ricœurs Impulse zu einer Poetik des Willens auf das spezifische Verhältnis von Subjektivität und symbolisch vermittelter Sinnerschließung als ästhetischer in Sprache *und* Bildern beziehungsweise in Textualität *und* Visualität weitergelesen werden. Das schließt die Themen »Subjektivität und Einbildungskraft beziehungsweise Imagination«, »ästhetische Erfahrung und Kunst«, fundamentaltheologisch gewendet: die Sachfragen »Subjektivität und Offenbarung«, »Subjektivität und Glaube« mit ein.

Hier zeigt sich ein werkgeschichtlich konstanter Topos bei Ricœur, freilich unter dem Vorzeichen des Vorrangs der Sprache, welche mittels einer analogischen Annäherung zwischen Symbol oder Metapher und Werken bildender Kunst relativiert werden kann.[1] Komplementär zu dieser subjekthermeneutischen, kriteriolo-

---

[1] Zu dieser ästhetiktheoretischen Modifizierung fühlen wir uns ermutigt und legitimiert vor allem durch Ricœurs eigene Bemerkungen (abseits seiner großen Publikationen) über »l'expérience esthétique« in: P. Ricœur, *La critique et la conviction. Entretien avec François Azouvi et Marc de Launay*, Paris 1995, S. 257–278.

Gerhard Larcher

gischen »exégèse de soi-même« geht es unserem Philosophen freilich immer auch um eine »exégèse des signes extérieures«[2]; fundamentaltheologisch also um eine Hermeneutik der geschichtlichen Zusammenhänge von Erinnerung, Narrativität und Zeugnis, die sich für das sinnoffene Subjekt im hermeneutischen Zugang, aber auch für die Tradenten im Strom einer Überlieferung erschließen. Hierfür soll die mögliche Sachentsprechung »Erzählakt«, »Zeugnis« und »Kunst(-werke)« eine weiterführende Rolle spielen.

I.

Aspekte der ästhetischen Moderne als Kontext der Fundamentaltheologie

Im Blick auf die Theologie der Gegenwart darf man wohl behaupten, dass diese tendenziell eine von ihrem Gegenstand her ihr wesentlich zukommende ästhetische Dimension zugunsten eines elaborierten begrifflichen Diskurses und eines ethisch-politischen Pathos vernachlässigt. Dies hat mit einer Engführung oder Aufspaltung ihres Rationalitätsparadigmas seit der Neuzeit beziehungsweise der Neuscholastik zu tun, aus deren Schatten auch neuere Theologie oft nicht wirklich herausgetreten ist. Auch nimmt sie die zivilisatorischen, postmodernen Zeichen der Zeit im Sinne einer zwar ambivalenten, aber weitreichenden ästhetischen Unterströmung heute nicht ernst genug.

Ricœur hingegen sieht den Vernunfthorizont der Moderne im Prozess der Dekonstruktion der klassischen Metaphysik, der großen Erzählungen und der Dezentrierung eines letztbegründenden Cogito von Nietzsche, Freud und Heidegger mitbestimmt, also prinzipiell im Lichte einer Fundamentalästhetik, einer Hermeneutik des Verdachts und einer neuen (Ereignis-)Ontologie. Er verweist die Theologie auf ihre Situation zwischen metaphysischer und subjekttheoretischer Desillusionierung nach der Erfahrung des Todes Gottes, in der es laut Nietzsche immer »artistischer zugehen« wird (auch im Sinne kom-

---

[2] P. Ricœur, »L'herméneutique du témoignage«, in: *Lectures 3. Aux frontières de la philosophie*, Paris 1994, S. 107–139, hier S. 130.

pensatorisch ästhetischer Weltanschauungen). In dieser Situation sind alle zu eiligen Schritte in die Metaphysik oder andere ideologische Abkürzungswege zur Rede vom Absoluten zu kritisieren.[3] Solche Kritik ist auch für Ricœur eine Art »Frömmigkeit des Denkens« (Heidegger). Er spricht negativ von der Gefahr einer klerikalen Einheit des Wahren und positiv von der notwendigen Offenheit einer Poetik des Willens für ein zu denken gebendes Wort (Symbol/Zeugnis) als Gabe, für eine neue Ontologie nach dem Scheitern des begrifflichen Systemdenkens. Kurz, es bedarf einer sensiblen poetischen Aufmerksamkeit für einen Glauben in einem nachreligiösen und nachmetaphysischen Zeitalter. Eine solche Poetik müsste für eine theologische Ästhetik der Sprache, aber auch der in der Moderne immer mehr dominierenden Bilder offen sein. Deren Resonanzraum ist heute freilich die autonome moderne Kunst, nicht mehr das ordometaphysische Programm der »alten« Ästhetik von Augustinus bis zur Hochscholastik.[4] Jenen Resonanzraum mit seiner Polysemie fundamentaltheologisch ins Spiel zu bringen, ist Aufgabe der beiden folgenden Schritte.

II.

Subjekttheorie, Kunst und Offenbarung beziehungsweise Glaube

a) Subjektivität und Symbol- sowie Kunstverstehen

Als erstes ist für einen Zusammenhang von Fundamentaltheologie und Ästhetik aus dem Geiste Ricœurs sein Ansatz bei einer Theorie des Subjektes grundsätzlich zu bedenken – und zwar über die sprachliche Verständigung hinaus. Auszugehen ist angesichts der modernen Grunderfahrung einer Dezentrierung, Verwundung, Kränkung des Cogito von dem Versuch einer indirekten, vermittelnden Hermeneutik des Selbst, wie sie Ricœur werkgeschichtlich von *Le Volontai-*

---

[3] Vgl. exemplarisch den Beitrag: P. Ricœur, »Religion, Atheismus, Glaube«, in: *Hermeneutik und Psychoanalyse. Konflikt der Interpretationen II*, München 1974, S. 284–314.

[4] Vgl. J.-P. Wils, »Autonomie der Kunst und Transzendenz«, in: G. Essen und M. Striet, *Kant und die Theologie*, Darmstadt 2007, S. 275–307, hier S. 279.

Gerhard Larcher

*re et L'Involontaire*⁵ an, über *Die Fehlbarkeit des Menschen*⁶ bis zu *Das Selbst als ein Anderer*⁷ in Variationen immer wieder entwickelt hat. In diesem dynamischen Prozess der Einholung der Willensspontaneität als einer Dialektik des Selbst und des Anderen zeigt sich da zunächst eine »affirmation originaire« vor und gegenüber aller Differenzerfahrung. Diese »Freude des Ja in der Trauer der Endlichkeit« als Identitäts- und Differenzerfahrung im Prozess eines »désir de l'être« (Jean Nabert) wird Stufe für Stufe in der Aneignung des Anderen bewährt. Schließlich terminiert der Prozess einer unvollendbaren Selbsteinholung in einer umfassenden Poetik der Hoffnung, welche nach Ricœur zwischen philosophischer Reflexion mit ihren Postulaten und der Symbolwahrnehmung vermittelt.

Man muss dabei – negativ kritisch gegenüber allen Selbstsicherungstendenzen des Willens – »die Idole töten und auf die Symbole horchen«⁸. Die Einsicht in die konstitutive Endlichkeit und Fehlbarkeit des Subjekts verbietet deshalb eine begrifflich spekulative Selbsteinholung und verweist die philosophische Reflexion auf eine symbolisch hermeneutische Dimension. In *Die Interpretation. Versuch über Freud* spricht er geradezu vom »Heiligen« als einer »Eschatologie« der Philosophie.⁹ In diese ist die Fragestellung »Subjektivität und Imagination« einzutragen, damit sie sich über den Versuch einer umweghaften, symbolischen Kreativität in Kultur, Kunst und Religion als ein anderes artikulieren und finden kann. Für Ricœur geht es schließlich um eine »convocation« des Subjektes, um ein entscheidungshaftes Sich-aufrufen-lassen der endlichen und fehlbaren Freiheit mittels einer Poetik des Willens, das bedeutet durch den Sinngehalt der Symbole, Mythen, biblischen Texte und – wie ich hinzufügen möchte – der Kunstzeugnisse.

Im Rahmen einer »Poetik des Glaubens« ist es also um religiöse Sprache und um Zeichen und Bilder als Ausdruck jenes elementaren »Wunsches nach Sein«, nach einer Ordnung des »Um-soviel-mehr« einer Ökonomie der Gabe zu tun. Diese semantischen und ikonischen Zeichen greifen in eine »Eschatologie der Subjektivität« erfüllend ein, leuchten im Konflikt der (Hoffnungs-) Bilder von sich

---

⁵ P. Ricœur, *Le volontaire et l'involontaire*, Neuaufl., Paris 1993.
⁶ P. Ricœur, *Die Fehlbarkeit des Menschen*, Freiburg 1971.
⁷ P. Ricœur, *Das Selbst als ein Anderer*, München 1996.
⁸ P. Ricœur, *Die Interpretation. Ein Versuch über Freud*, 4. Aufl., Frankfurt 1999, S. 68.
⁹ Ebd., S. 537, 539ff.

Fundamentaltheologie und Ästhetik

her für ein verstehendes Subjekt auf und sind nur in ästhetischen Termini der »Gratuität«, d. h. der Gnade, zu fassen. Ricœurs frühe Theorie des Symbols als eines polyvalenten Sinnspeichers, der zu denken gibt, vermag in diesem Kontext auch einen Sinn erschließenden Eigenrang der visuellen Künste und der Kunstwerke anzudeuten.[10] Diese sind fundamentaltheologisch wirksam über »die produktive Einbildungskraft als Empfangsstruktur für die Offenbarung«[11], entsprechend einer sinnlichen Logik der Gabe. Denn das Zum-Glauben-Kommen als wachsende »Leidenschaft für das Mögliche«, als »Zugewinn an Handeln und Sein« kann nicht durch das begriffliche Wort, nicht durch die ethische Anstrengung für sich (gegen Kant[12]), sondern vorrangig nur durch das sich symbolisch artikulierende Gefühl beziehungsweise die sich umkehrende Einbildungskraft vermittelt werden, welche zu konkreten Hoffnungszeichen und -bildern zustimmen lassen. Es geht um das Vermögen des Erwachens zu einem Überschuss an Sinn in einer originären Weise vermittels des Symbols sowie des Kunstwerkes.[13] Nur diese können die offene Geiststruktur vorbereiten für eine Veränderung ihrer selbst im Sinne einer »Metanoia« im Lichte der Offenbarung.[14]

Wichtig erscheint also, trotz des scheinbar dominanten »linguistic turn« bei Ricœur – oder gerade in dessen Konsequenz – die sym-

---

[10] In Auseinandersetzung mit der Psychoanalyse und mit Bezug auf Michelangelo und Leonardo spricht Ricœur davon, dass das Kunstwerk »dem Künstler selbst schon voraus (ist), es bildet mehr ein prospektives Symbol der persönlichen Synthese und der Zukunft des Menschen«. P. Ricœur, »Die Kunst und die Freudsche Systematik«, in: *Hermeneutik und Psychoanalyse*, S. 125–139, hier S. 138.

[11] Vgl. V. Hoffmann, *Vermittelte Offenbarung. Paul Ricœurs Philosophie als Herausforderung der Theologie*, Mainz 2007, S. 257.

[12] Vgl. P. Ricœur, »Une herméneutique philosophique de la religion: Kant«, in: *Lectures 3*, S. 19–40.

[13] Ricœur spricht von der Natur des Mimetischen, die nicht darin bestünde, das Wirkliche zu reproduzieren, »mais à restructurer le monde du lecteur en le confrontant au monde de l'œuvre; et c'est en cela que consiste la créativité de l'art, pénétrant dans le monde de l'expérience quotidienne pour la retravailler de l'intérieur. [...] à decouvrir des dimensions de l'expérience qui n'existaient pas avant l'œuvre.« P. Ricœur, *La critique et la conviction*, S. 260.

[14] Diese »Umkehr-Leistung« des Kunstwerkes, vor allem der abstrakten, hebt Ricœur nachdrücklich in *La critique et la conviction* hervor. Man kann von einer Welt des Kunstwerkes nur sprechen, wenn es beim Rezeptor »le travail de refiguration qui bouleverse son attente et son horizon« (S. 263) auslöst. Auf den zugrundeliegenden Prozess von »Glaube als ›Umkehr der Einbildungskraft‹« verweist nachdrücklich V. Hoffmann, *Vermittelte Offenbarung*, S. 272–282.

Gerhard Larcher

bolische Erschlossenheit von Subjektivität für Offenbarung in Wort *und* Bild zu sehen. Es lässt sich hier auch mit Ricœur eine grundsätzliche Strukturanalogie zwischen dem Symbol- und dem Metaphernverstehen und der Kunsterschließung für eine fundamentaltheologische Ästhetik erkennen. Die Künste, zumal die abstrakten, fungieren selbst als symbolische oder metaphorische Transzendenzindikatoren und als Aufruf an das noch unvollendete Selbst des Rezeptors, als bildnerisches Stimulans zur Vollendung von Gottebenbildlichkeit.

b) Hoffnungshorizonte zwischen Wort, Schrift und Bild

Im Blick auf eine solche Weiterführung von Ricœurs Ansatz ist es für eine theologische Ästhetik wichtig, vor dem angedeuteten subjektivitätstheoretischen Hintergrund ein spezifisches Zueinander von Wort, Schrift und Bild, von sprachlicher Poesie und bildlich visueller Poetik in Kunst und Religion zu bedenken. Denn üblicherweise verbindet man mit Ricœur eher nur eine Ästhetik der poetischen Sprache, der »Möglichkeitsdichtung«.[15]

Die lebendige Metapher zum Beispiel wäre selbst von ihrer inneren Struktur her auch auf imaginativ-bildgebende Momente hin zu bedenken[16], im Sinne eines »Sehens-als«. Als Ort der Generierung von Sprache und Bild und der Vermittlung von beidem fungiert dabei die (re-)produktive Einbildungskraft beziehungsweise Phantasie als schöpferische Grundkraft der Seele des Menschen, welcher sowohl »zoon logon echon« als auch »homo pictor« ist. Die Romantik und der frühe Schelling sprechen da von »intellektueller Anschauung« und von Kunst als deren Inhalt. Ohne aus ihr ein spekulatives Prinzip wie im Deutschen Idealismus zu machen, ist die Einbildungskraft, etwa als produktive (oder reproduktive) bei Kant mit ihren Schematisierungsleistungen zwischen Begriff und Anschauung, zwi-

---

[15] Vgl. im Blick auf das Fiktionale in Ricœurs Denken der Geschichte: A. Breitling, *Möglichkeitsdichtung – Wirklichkeitssinn. Paul Ricœurs Denken der Geschichte*, München 2007; vgl. zum Folgenden auch meinen Beitrag »Appelle und Parolen im Wechselbezug von religiöser Sprache und Bild«, in: P. Ebenbauer, R. Esterbauer und C. Wessely (Hg.), *Appelle und Parolen*, Stuttgart 2008.
[16] »L'œuvre d'art peut avoir un effet comparable à celui de la métaphore: intégrer des niveaux de sens empilés, retenus et contenus ensemble. L'œuvre d'art est ainsi pour moi l'occasion de découvrir des aspects du langage, que sa pratique usuelle, sa fonction instrumentalisée de communication dissimulent ordinairement«. P. Ricœur, *La critique et la conviction*, S. 259.

Fundamentaltheologie und Ästhetik

schen theoretischer und praktischer Vernunft, vor allem ein ästhetisch produktives Vermögen der inneren Verbildlichung und des Sehens anderer, neuer Möglichkeiten (von »Möglichkeitsräumen«, wie Ingeborg Bachmann treffend sagt). Insbesondere die poetische produktive Einbildungskraft[17] drängt mit ihrem metaphorischen Potential in Bilder, ja treibt solche dynamisch hervor – auch wenn Ricœur diese nicht als visuelle anerkennen will.

Die Metapher als semantischer Kern religiöser Expressivität vermittelt zum Beispiel in Grenzausdrucksweisen und Gleichnissen[18] zwischen Wort und Bild, nicht zuletzt durch ihre Extravaganz. Sie ist das symbolisch-sprachliche Sinnmedium zur Entfachung auch von zunächst inneren visuellen Bildern, zum Beispiel der Hoffnung auf geglücktes Leben (biblisch als Paradies, Land von Milch und Honig, Reich Gottes), der Gewaltlosigkeit (Schwerter zu Pflugscharen), des »ewigen Friedens«, der Vollendung (Hochzeitsmahl) und so weiter. Im metaphorischen Prozess entzünden sich über die inneren Bilder der Einbildungskraft sprachliche und visuelle Imagination aneinander. Der semantische Schock der Metapher oder auch ein so genannter ikonischer Kontrast (Gottfried Boehm) entsprechen einander. Denn auch das, »was in der ikonischen Differenz sichtbar wird, der Gehalt, den sie hervorruft, meint etwas Abwesendes«. »Die Macht des Bildes bedeutet ›il fait voir‹, es öffnet die Augen, es zeigt.«[19]

---

[17] Zur vermittelnden Rolle der Einbildungskraft vgl. J. Hubbert, »Zwischen Bild und Sprache. Zur Entwicklung der Lehre von der Einbildungskraft und ihrer Bedeutung für die Theologie«, in: G. Larcher (Hg.), *Gott-Bild. Gebrochen durch die Moderne*, Graz 1997, S. 99–117. Zur Rolle der Einbildungskraft bei Kant und Ricœur vgl. V. Hoffmann, *Vermittelte Offenbarung*, S. 259–271.

[18] Vgl. hierzu vor allem P. Ricœur und E. Jüngel (Hg.), *Metapher. Zur Hermeneutik religiöser Sprache*, Sonderheft Evangelische Theologie, München 1974, und P. Ricœur, *Die lebendige Metapher*, München 1991 sowie die zahlreiche, theologische Literatur, die auf dieses Hauptwerk Ricœurs Bezug nimmt; exemplarisch: F. Prammer, *Die philosophische Hermeneutik Paul Ricœurs in ihrer Bedeutung für eine theologische Sprachtheorie*, Innsbruck 1988; H.-J. Meurer, *Die Gleichnisse Jesu als Metaphern. P. Ricœurs Hermeneutik der Gleichniserzählung Jesu im Horizont des Symbols »Gottesherrschaft/Reich Gottes«*. Bonn 1997; grundsätzlich J. Werbick, Art. »Metapher, systematisch-theologisch«, in: *Lexikon für Theologie und Kirche*, Band 7, 3. Aufl., Freiburg 1998, S. 189 f.; grundlegend auch H. Blumenberg, *Die Lesbarkeit der Welt*, Frankfurt 1981.

[19] G. Boehm, »Jenseits der Sprache? Anmerkungen zur Logik der Bilder«, in: C. Maar und H. Burda (Hg.), *Iconic Turn. Die neue Macht der Bilder*, Köln 2004, S. 28–43, hier S. 32.

Gerhard Larcher

Und die in den Bildern implizierte poetische Imagination ist ebenso Reflex des Einfalls eines Unverfügbaren wie im sprachlichen Kunstwerk. Poesie und Kunst generieren gleichermaßen durch ihre jeweiligen Bilder eines »Noch Mehr« Annäherungsweisen an einen unausschöpfbaren Geheimnishorizont. Dieser kann unter Umständen durch die »ikonische Differenz« ebenso gut oder sogar besser ausgedrückt werden, wie zum Beispiel in Caspar David Friedrichs Landschaften, in einem »Seestück« von William Turner oder einem abstrakten Gemälde von Barnett Newman. In seiner Sprachungebundenheit kann also gar ein nichthermeneutischer Mehrwert des Bildes, vielleicht überhaupt ein Vorrang des visuell Optischen vor dem Auditiven[20] liegen.

Mit anderen Worten, so wie sich einerseits Ursymbole als sinnenhafte Zeichen in Sprache übersetzen, etwa in mythische Erzählungen, rituelle Sprache, Poesie, kann Sprache ihrerseits sich »verleiblichen« in Schrift und Bildern. Und ähnlich wie es ein vorsprachliches Vertrautsein mit sich und der Welt gibt, »das noch nicht zu Wort gekommen ist, gibt es auch das Unsagbare, das jenseits der Worte liegt«.[21] Das aufkeimende wie das verhallende Wort wird sozusagen mental und visuell aufgehoben im Bild, was – modern gesprochen – auch ein Verschweben in einem abstrakten Bild bedeuten kann, als Hinweis auf eine Dimension dessen, wovon man nicht mehr sprechen kann, aber worüber man schweigen und was man eventuell schauend meditieren muss. Die Kunstwerke helfen dabei nicht nur Verengungen unserer Wirklichkeitswahrnehmung kritisch aufzubrechen und damit auch eine ethische Differenz einzuklagen, sondern sie sind vor allem Orte verdichtender, singulärer, symbolisch-sinnlicher Präsenz unbedingten Sinnes von diesem selbst her, »Durchstoß zur Realität« vom Eschaton her (Otto Mauer). Auch George Steiners vieldiskutierte Rede von einer »real presence« durch

---

[20] Vgl. T. Bautz, *»Bild«* und *»Wort«* als Elemente einer praktisch-theologischen Ästhetik, Ms. o. J., S. 68.
[21] H. Schwebel, *Die Kunst und das Christentum. Geschichte eines Konflikts*, München 2002, S. 208; vgl. auch G. Boehm, »Jenseits der Sprache?«, in: G. Boehm (Hg.), *Was ist ein Bild?*. München 1995, S. 43: »Jenseits der Sprache existieren gewaltige Räume von Sinn, ungeahnte Räume der Visualität, des Klanges, der Geste, der Mimik und der Bewegung. Sie benötigen keine Nachbesserung oder nachträgliche Rechtfertigung durch das Wort. Der Logos ist eben nicht nur die Prädikation, die Verbalität und die Sprache. Sein Umkreis ist bedeutend weiter. Es gilt ihn zu kultivieren.«

Kunst zielt auf das hier Gemeinte.²² Das Kunstwerk kann – an der Wurzel der Einbildungskraft ansetzend – durch seine Formqualität sinnlich-leibliches Bewusstsein radikal verändern, d. h. für eine ethische beziehungsweise religiöse Evidenz aufbereiten, indem es zunächst des Menschen Selbst und Welt erschüttert und darin dennoch antizipatorisch zu verheißen scheint, dass Natur und Kultur, Natur und Freiheit, Natur und Geschichte nicht letztlich diskrepant sein müssen, oder dem zweifelnden Sucher zumindest fragmentarisch bedeutet, dass ein Ausharren auf eine definitive Offenbarung und eine mögliche Zustimmung im Glauben, eine Lebenskunst als Existenz in der Schwebe, trotz scheinbar unversöhnbarer Spannungen denkbar ist.²³

Dabei wecken die Werke Aufmerksamkeit nicht so sehr in einer aktiven Leistung des Spiegel-Bild-Werdens, sondern eher als offene Kunstwerke im Modus eines Sichauslieferns an den Rezeptor, im Modus des Wartens und der Geduld. Nach den Grauen des vergangenen Jahrhunderts sind es vor allem Unterbrechung, Verwundetheit, die Spur eines Anderen, die vermittels der der Kunst eigenen Techniken der Negation, des Verletzens, des Übermalens, Auslöschens, Verweisens dies nahelegen.²⁴ Insbesondere der späte Emmanuel Le-

---

[22] Vgl. G. Steiner, *Von realer Gegenwart. Hat unser Sprechen Inhalt?*, München 1990. Für eine fundamental-theologisch hilfreiche Abwägung der Thesen von Steiner vgl. J. Kuschel, »Gegenwart Gottes? Zur Möglichkeit theologischer Ästhetik in Auseinandersetzung mit G. Steiner«, in: W. Lesch (Hg), *Theologie und Ästhetische Erfahrung. Beiträge zur Begegnung von Religion und Kunst.* Darmstadt 1994, S. 145–165. Allerdings scheint der Satz: »Die Realpräsenz Gottes im Kunstwerk ist nur verbürgt im Glauben an Gottes Offenbarsein in Schöpfung und Geschichte überhaupt« (S. 163) noch differenzierungswürdig, um ihn von einer offenbarungspositivistischen Behauptung zu unterscheiden.

[23] P. Strasser weist in diese Richtung von einer Neuevaluierung der Bestimmung »Schönheit« her. Kunst zeigt uns – so Strasser – was es heißt, in Schönheit zu existieren. »Die Kunst soll uns dabei helfen, die Welt zu lieben [...]– eine Liebe trotz allem«. »Die Aktualität der Frage ›Was ist Kunst?‹«, in: A. Kölbl, G. Larcher und J. Rauchenberger (Hg.), *Entgegen. Religion – Gedächtnis – Körper*, Ostfildern 1997, S. 36; ähnlich auch die Poesie von M. L. Kaschnitz im Blick auf das Naturschöne: »Das ist Deine Verwirrung. Dass Du das Schöne nicht fortnimmst vor unseren Augen. Nicht die Rose, nicht die liebliche Zeichnung des Windes im Dünensande [...]. Dass Du nicht ausrottest in unseren Herzen das Verlangen nach Mondlicht am Sommerabend [...].« M. L. Kaschnitz, *Gesammelte Werke*, Band.5, S. 250; zit. bei A. Heuser, »Sakrament und zeitgenössische Kunst. Parallelen und Überschneidungen«, in: J. Herten u.a. (Hg.), *Vergegenwärtigung*, Würzburg 1997, S. 170–180, hier S. 180.

[24] Vgl. die Arbeiten von J. Beuys, A. Tapiès, L. Fontana, G. Ücker, A. Rainer; »realis-

Gerhard Larcher

vinas sieht darin eine Funktion der Kunst als (selbst) verwundeter.[25] Im Fragment, nicht in der vollendeten Gestalt, blitzt etwas unbedingt Betreffendes, möglicher Vorschein von Versöhnung (Theodor W. Adorno) auf. Bürgerlicher Ästhetizismus erscheint definitiv überwunden, Ricœurs protestantische Bilderzurückhaltung könnte hier vielleicht zustimmen.

III.

Hermeneutik der Offenbarungsvermittlung und Ästhetik

In einem komplementären, weiteren Schritt soll es nun um das gehen, was Ricœur »exégèse des signes extérieures« nennt, und zwar im Rahmen einer imaginativen Hermeneutik der Tradition, insbesondere auch in Auseinandersetzung mit Kunstwerken literarischer und visueller Art. Diese rücken in den Prozess der Überlieferung mit ein, analog zum Status und zur Funktion von erzählerischen Fiktionen beziehungsweise von Zeugnissen.

a) Hermeneutik der Tradition und symbolischer Kunstzeugnisse

In der Ordnung der »Gabe« offenbart sich im »Modus der Bestreitung der ›ganz Andere‹«, »von dem es kein Bild geben darf«, »aber auch kein Bilderschweigen geben kann«[26], weil er seine Herrlichkeit hat sehen lassen. Vor diesem Hintergrund ist nun fundamentaltheologisch zu fragen, wie das als Spitzenereignis christlicher Offenbarung bezeugte Geschehen radikaler Liebe in der Geschichte symbolisch erscheint und für uns präsent und zugänglich bleibt. Und zwar geht es um eine Hermeneutik der Zeugnisse unserer Hoffnung angesichts der modernen Brucherfahrung der Geschichte, jedoch anders als in einer historistischen Weise entfaltet. Grundsätzlich ist

---

tischer« F. Bacon, A. Hrdlicka u. a.; Zur spezifischen Formensprache Rainers vgl. vor allem M. Leisch-Kiesl, *Verbergen und Entdecken*, Wien 1996.

[25] Vgl. dazu R. Esterbauer, »Vom Zeichen zum Antlitz. Überlegungen zur Kunst im Anschluß an Levinas«, in: G. Larcher und J. Rauchenberger (Hg.), *Unbedingte Zeichen – Glaube und Moderne an der Schwelle*, Graz 1995, S. 19–22.

[26] E. Nordhofen, »Eine andere Geschichte der Kunst«, in: H. Schmidinger (Hg.), *Zeichen der Zeit*, Innsbruck 1999, S. 310–362, hier S. 319 f.

Fundamentaltheologie und Ästhetik

hier zu sehen, dass auch in diesem Bereich der Vermittlung und Weitergabe des Glaubens durch Zeugnisse in und aus einem geschichtlich symbolischen Freiheitsraum den Künsten in eins mit dem großen Text der christlichen Überlieferung eine besondere hermeneutische Bedeutung zukommt.[27] Die Ökonomie der Gabe der Offenbarung weist sich in einem ästhetischen Überschwang aus. Die Praxis des Glaubens gründet ja »in dessen Fähigkeit zum ästhetisch-antizipierenden Wahrnehmen der Schönheit jener Vollendungsgestalt, die mit dem verbürgten Sinn der rettend erfahrenen traditio dei zusammenfällt, und realisiert sich in der dem Glauben spezifischen Qualität einer Poetik. Sie erstreckt sich von der Sprache des Gebetes über die bildnerische und musikalisch-rhetorische Fülle der Glaubens-Bilder, -Lieder und -Geschichten bis hin zur Sprache des Bekenntnisses und des mystischen Schweigens.«[28]

Methodisch könnte man die Funktion der Künste auch in jenen offenen Prozess einer Hermeneutik der Tradition einschreiben, den Ricœur als hermeneutische Überkreuzung von historisch-exegetischer Wissenschaft am Text, poetischer Fiktion und Narrativität lebensweltlicher Glaubenspraxis beziehungsweise christlicher Überlieferungszeugnisse intendiert hat[29]. Was die Zeugnisqualität der Künste anlangt, dürfen wir tatsächlich annehmen, dass diese, zusammen mit den Texten, als kulturelle Überlieferungssedimente dazu verhelfen, den Kairos der Ankunft des Reiches Gottes, das Aufscheinen der Herrlichkeit des Personengeheimnisses Jesu, die Dringlichkeit der Zeit in der Nachfolge Jesu (die ja durch und durch in den Bildern,

---

[27] Vgl. dazu G. Larcher, »Memoria zwischen Ethik und Ästhetik. Eine fundamentaltheologische Programmskizze«, in: *Metamorphosen des Eingedenkens. Gedenkschrift der Katholisch-Theologischen Fakultät der Karl-Franzens-Universität Graz 1945–1955*, Graz 1995, 231–240; für eine neue (säkulare) Aktualität des Themas »Gedächtniskunst« vgl. K.-U. Hemken (Hg.), *Gedächtnisbilder. Vergessen und Erinnern in der Gegenwartskunst*, Leipzig 1996; grundsätzlich G. Essen, *Historische Vernunft und Auferweckung Jesu. Theologie und Historik im Streit um den Begriff geschichtlicher Wirklichkeit*, Mainz 1995.

[28] P. Ebenbauer, *Traditio Dei. Bausteine zur Fundamentaltheologie in Auseinandersetzung mit H. Verweyen*, Innsbruck 1998, S. 264 f.

[29] Vgl. exemplarisch die wichtigen programmatischen Schriften Ricœurs »Philosophische und theologische Hermeneutik«, in: P. Ricœur und E. Jüngel (Hg.), *Metapher*, S. 24–45; »Gott nennen«, in: B. Casper (Hg.), *Gott nennen. Phänomenologische Zugänge*, Freiburg 1981, S. 45–79; zusammenfassend pointiert S. Orth, *Das verwundete Cogito und die Offenbarung. Von Paul Ricœur und Jean Nabert zu einem Modell fundamentaler Theologie*. Freiburg 1999, bes. 5. Teil. 4. Kap.: »Ricœurs Hermeneutik der Offenbarung«.

Gerhard Larcher

Metaphern und poetischen Grenzausdrucksweisen des Neuen Testamentes proklamiert werden) je neu aufzurufen; und zwar – wie die Seligpreisungen – anders als im Modus eines imperativischen »du sollst« oder eines bloßen Berichtes von vergangenem Geschehen. Kunst als sinnliche Epiphanie der Gnade, in freier Zuordnung zum Wort Gottes und zur Praxis der Diakonie und in ihrer ganzen gattungsmäßigen Vielfalt als Musik, bildende Kunst, Architektur etc., erscheint auch für eine weitergehende lebendige Hermeneutik der Präsenz der erschienenen Güte und Menschenfreundlichkeit (Gnade) Gottes als konstitutiv und unverzichtbar. Vor allem dort, wo das den Zeugen unbedingt in Anspruch nehmende Faktum der geoffenbarten Liebe ein restloses Sich-Ein-Bilden und konkretes Zum-Bild-Werden der Freiheit verlangt, ist dieses Geschehen von einer inneren Affinität zur Kunst und ihrer expressiven, verwandelnden Kraft. Die Bibel als Text oder als das lebendige Wort Gottes enthält dafür eine Fülle von Bildlichkeitselementen[30] – mehr negativer, typologisch-repräsentativer oder narrativer Art. Schrift ist jedenfalls keineswegs »Grenze der Kunst«.

Vielfältiger Schriftsinn und die unterschiedlichen Bildbedeutungspotentiale hängen dynamisch zusammen. Diese sind responsorische Lesarten von jenen. Sie wollen traditions- oder rezeptionsgeschichtlich entfaltet werden. Auch in Bildern kommt es zu einer narrativ artikulierten Synthese des Heterogenen, meist simultaner denn in Texten. Tatsächlich hatten die Künste auch – als jeweils zeitgenössische – durch fast die ganze Christentumsgeschichte hindurch, besonders seit Konstantin und seit der Weichenstellung des Bilderstreites, eine eminent vermittelnde, hermeneutische Funktion. Dies gilt insbesondere insofern, als sie – je konkret universal – die Wahrheit dieser von der Theologie zu bedenkenden Offenbarungsbotschaft und des von ihr als kirchlicher Disziplin zu bezeugenden Ethos dem »Hörer des Wortes« (Karl Rahner) durch eine ästhetisch-symbolische und liturgische Evidenz vermittelt aufleuchten ließen – derart, dass die Kunst oft »früher als der Text« war.[31]

---

[30] J. Rauchenberger, *Biblische Bildlichkeit. Kunst – Raum theologischer Erkenntnis*, Paderborn 1999, Kap. 5–10, spricht von dialektischen, narrativen, typologischen, ontischen und ikonoklastischen Bildkonzepten. Er hat damit m.W. erstmals die entscheidenden Bildlichkeitsmomente der Schrift in detaillierten Analysen zusammengestellt.

[31] E. Nordhofen, »Eine andere Geschichte der Kunst«, S. 312.

b) Historismuskritik und Kunst

Das generelle Problem der Brucherfahrung seit der Aufklärung als »garstig breiter Graben« kann im Lichte einer solchen umfassenden Hermeneutik der Tradition unter Einbezug des Zeugniswertes der Künste besser angegangen werden als es eine isolierte, historistische Fixation auf »ipsissima verba«, neutrale Textdokumente oder Bekenntnissätze oder eine Tiefenhermeneutik von Mythen und Symbolen allein vermöchte. Während diese eher beispielhaft oder archetypisch ein Allgemeines im Konkreten veranschaulichen wollen, als dass sie das unableitbar einmalige, sinnstiftende Ereignis zum Aufscheinen bringen und auf einer analogen Anspruchshöhe weitervermitteln helfen, sind Kunstwerke solche freie, unableitbar einmalige Sinnereignisse, die ganze Denkformen und Geisteshaltungen zu induzieren vermögen. Zumindest in der autonomen Moderne geht es bei ihnen nicht sosehr um die Illustration eines Textes, sondern – im Lichte von dessen Bildpotentialen – um einmalige Symbolisierungen menschlicher Freiheit[32], die ihre Produzenten und Rezeptoren radikal involvieren und eine Unmittelbarkeit des Selbsterlebens stimulieren (worin zum Beispiel Lessings oder Schleiermachers hermeneutische Pointe lag).

Mit ihrer Fähigkeit zur Intentionalitätsumkehr der schöpferischen – produktiven und rezeptiven – Subjekte sind die Werke letztlich die entscheidenden Sinnerschließungsdimensionen für das Innewerden der Offenbarungsgestalt. Hier besteht nach Ricœur eine Nähe zum Zeugnis im theologischen Sinne als ganzheitliche, appellative Präsentation eines Unbedingten im geschichtlich Kontingenten.[33] Beide verkörpern eine Weise von Präsenz als Einheit von radikaler ethischer Hingabe und gnadenhaftem Überschwang, die in ihrer bezwingenden Evidenz eigentlich nur ästhetisch auszudrücken ist[34] – bis hinein *in* eine Form von Lebenskunst als Einheit von Ethos

---

[32] Zu Geschichtsereignissen als Symbolisierungen menschlicher Freiheit vgl. grundsätzlich G. Essen, *Historische Vernunft und Auferweckung Jesu*.
[33] »Ich frage mich, ob das Kunstwerk in seinen Konnotationen der Singularität und der Kommunikabilität nicht ein Modell ist, um den Begriff des Zeugnisses zu denken«. P. Ricœur, *La critique et la conviction*, S. 273; vgl. auch P. Ricœur, »Hermeneutik der Idee der Offenbarung«, in: *An den Grenzen der Hermeneutik. Philosophische Reflexionen über die Religion*, Freiburg 2008, S. 41–83; Vgl. E. Arens, *Bezeugen und Bekennen. Elementare Handlungen des Glaubens*, Düsseldorf 1989.
[34] Unter den Theologen des 20. Jahrhunderts betont vor allem H. U. von Balthasar

Gerhard Larcher

und Glaube. Über die philosophischen und historischen Glaubwürdigkeitsgründe der traditionellen Apologetik hinaus müsste also ein erkenntnisanleitendes, hermeneutisches Interesse an der objektiven, von sich her aufgehenden Evidenz der Offenbarungsgestalt Christi durch seine Zeugen vermittels einer ästhetischen Faszination und Begeisterung induziert werden können.

Eine Unterscheidung zwischen Jüngern »erster Hand« und Jüngern »zweiter Hand« ist da wenig sinnvoll, wie schon Kierkegaard prinzipiell zu Recht ironisch gegenüber Lessing festhält. Hier geht es im Wahrnehmen der ästhetischen Evidenz des Zeugnisses nämlich um eine unmittelbare Erlebnisqualität für alle, um ein tiefes Aneignungsgeschehen, um »Nachfolge«[35], was durch den Text für sich allein oder eine bloße Nachricht von beobachteten Zeichen über Dritte nie erreicht wird: eine Unmittelbarkeit wie im Sehen des brennenden Dornbuschs durch Mose (Ex 3,2 f.), wie beim prophetischen Lied im Gegenüber zum leidenden Gottesknecht (Jes 53), beim Wort des Hauptmanns angesichts des sterbenden Gekreuzigten (Mk 15,39), oder dem Brennen des Herzens der Emmausjünger in der Gemeinschaft mit ihrem Brot brechenden Begleiter (Lk 24,32).[36] Gegenstand ist also nicht die symbolische Illustration eines Falles[37], sondern die Faszination durch eine überwältigende einmalige Gestalt (Hans Urs von Balthasar), die aber nicht zu einer archaischen Fixation auf die Ursprünge, sondern zur Eröffnung einer Geschichte, d. h. einer Vielfalt von Weiterbezeugungen, hinführt.

Diese Vielfalt hermeneutischer Situationen ist immer wieder konkretisiert durch künstlerische Visualisierungen den Gläubigen vermittelt worden, aus einer inneren Affinität zum sinnlichen Zeugnis im Fleisch. Der ganze »Fächer der Stile« christlicher Kunst von der byzantinischen Kunst bis herauf zu Renaissance und Barock bezeugt dies in einer großen diachronen und synchronen Pluralität, wenn auch innerhalb eines gewissen inhaltlichen und formalen Kriterienkanons (zum Beispiel des Figurativen, einer bestimmten Farb-

---

diesen fundamentaltheologisch äußerst relevanten Konnex; vgl. H. U. von Balthasar, *Herrlichkeit. Eine theologische Ästhetik*, 3 Bände, Einsiedeln 1961–1969.

[35] Vgl. P. Ricœur, *La critique et la conviction*, S. 274.

[36] Vgl. ähnlich die phänomenologischen Analysen bei A. Grözinger, *Praktische Theologie und Ästhetik*. München 1987, S. 89–104.

[37] Vgl. R. Schaeffler, *Erfahrung als Dialog mit der Wirklichkeit. Eine Untersuchung zur Logik der Erfahrung*, Freiburg 1995, S. 707.

symbolik, narrativen Einstellung) und unter dem regulativen Stachel des Bilderverbotes.

c) Hermeneutik der Tradition: Innovation und Verlebendigung durch Kunst

Kunstwerke können also für die Vergegenwärtigung und Weitergabe der Offenbarung eine zeugnishafte und wirkungsgeschichtliche Funktion haben, indem sie einen latenten Bedeutungsüberschuss der Offenbarungs- beziehungsweise Glaubensüberlieferung je neu sichtbar freisetzen. So wie die symbolische Verfasstheit der Erinnerung eines historischen Ereignisses sich heutiger Freiheit über Texte und andere Sinnsedimente erschließt, so ähnlich oder radikaler auch über die Kunstwerke im Verein mit diesen.[38] Dabei braucht die Wirkungsgeschichte innovatorische Impulse, um lebendig zu bleiben. Für eine aktualisierende Lektüre der Überlieferung bedarf es einer »Überkreuzung von Tradition und Modernität« (Ricœur). Deshalb ist für eine Auslegung der Tradition als präsentisches Aufschließen der Offenbarung nicht nur an vergangene, klassische Werke der bildenden Kunst zu denken, sondern auch an zeitgenössische Kunst als Ins-Spiel-Bringen des Verständnishorizontes der Gegenwart – so zum Beispiel der verschiedenen katastrophischen Szenarien des 20. Jahrhunderts.

So wie vergangene Zeit in der Fiktionalität des damaligen Erzählers als qualifizierte erfahrbar wird, ist dies auch in der spezifisch seriellen Narrativität der zeitgenössischen bildenden Künste, der Medienkunst oder gar des Films möglich. Sie unterstützen die Qualität der Lebenszeugnisse als ethischer und mystischer Zeugnisse, sowohl in der Geschichte der Frömmigkeit als auch in der jeweiligen Gegenwart der Nachfolge Jesu. Abgesehen von der großen Tradition mit ihren Christusbildern in byzantinischer Kunst (als Pantokrator),

---

[38] Wie sehr ästhetische Wahrnehmung und praktische Vernunft im Eingedenken der Geschichte zusammengehören, hat paradigmatisch wohl am eindrücklichsten Walter Benjamin in seinen »Geschichtsphilosophischen Thesen« gezeigt; vgl. W. Benjamin, »Über den Begriff der Geschichte«, in: *Gesammelte Schriften I*, Frankfurt 1972, S. 691–703; vgl. dazu insgesamt A. Grözinger, *Praktische Theologie und Ästhetik*; zur prinzipiellen wirkungs- bzw. rezeptionsgeschichtlichen Eigenart von Kunstwerken für den Traditionsprozeß vgl. G. Larcher, *Modernismus als theologischer Historismus. Ansätze zu seiner Überwindung im Frühwerk Maurice Blondels*, Frankfurt 1985, S. 221 ff.

Gerhard Larcher

Romanik (als am Kreuz erhöhter König), Gotik (als Schmerzensmann) und Barock (als triumphierend in den Himmel Aufgefahrener), in deren Reflex unter Umständen mehr über ein vergangenes Glaubensbewusstsein und über die jeweilige Glaubensweitergabe zu erfahren ist als manchmal in textlichen Dokumenten, kann hier auch auf viele große, oft verborgene Jesusbilder dieses Jahrhunderts von Lovis Corinth über Paul Gauguin, Georges Rouault, Emil Nolde, James Ensor, Marc Chagall (vgl. dessen »Weiße Kreuzigung«) bis hin zu Francis Bacon, Antonio Saura, Alfred Hrdlicka, Rudolf Schwarzkogler, Arnulf Rainer oder Heribert Falken verwiesen werden.[39]

Dies alles sind Bilder, die nicht mehr historistisch »realistisch« wie die der (Neo-)Nazarener gemalt sind, sondern die eine ganze Heils- beziehungsweise Unheilsgeschichte aufrufen, also Unabgegoltenes der Jesusgeschichte in heutigem Kontext visuell wachrufen können. Wenn nach Hansjürgen Verweyen[40] die Evidenz des »wahrlich dieser war Gottes Sohn« (Mk 15,39; jenes Wort des heidnischen Hauptmanns unter dem Kreuz) in der Begegnung mit allen seinen Zeugen, also auch den Zeugen im Gegenwartshorizont, je aktuell und sinnlich direkt im Fleisch aufgehen können soll, dann sind Kunstwerke mit den ihnen entsprechenden sinnlichen Ausdrucksmitteln (wie zum Beispiel Joseph Beuys' Fußwaschungsaktion oder Rainers Kreuzübermalungen) wohl besonders disponiert, eine Ahnung davon zu vermitteln.

Die geformte Materialität der Kunstwerke und Aktionen bedeutet analog unableitbare Sinnzukehr in einer eigentümlichen Weise von Gegenwart.[41] Durch diese kann die Präsenz des Ostergeheimnisses schon in der Niedrigkeitsgestalt des symbolischen Zeugnisses aufblitzen. Kunst in der Form der Offenheit auf traditio, mit Spuren von Verletzungen, mit Übermalungen, Auslöschungen, Serialität (wie bei Rainer, Schwarzkogler, Lucio Fontana, Günther Uecker, Andy Warhol und anderen) ist wie die symbolisch vermittelte Freiheits-

---

[39] Vgl. den Katalog zur Ausstellung »Das Christusbild im 20. Jahrhundert« in Linz 1981; F. Mennekes und J. Röhrig, *Crucifixus. Das Kreuz in der Kunst unserer Zeit*, Freiburg 1994.
[40] Vgl. H. Verweyen, *Gottes letztes Wort*, Düsseldorf 1991, S. 459 ff.
[41] Vgl. G. Larcher, »Sinnpräsenz im Symbol. Aspekte leibhafter, ästhetischer, sakramentaler Vergegenwärtigung«, in: J. Herten u. a. (Hg.), *Vergegenwärtigung*, S. 49–64; F. Ricken, *In der Gegenwart leben. Auf der Spur eines Urphänomens*, Stuttgart 1996, S. 142 ff. u. ö.

geschichte sonst ein Raum, wo Unbedingtes, etwa unbedingte Liebe, aufscheinen und einfordernd sein kann – auch in seiner Ausständigkeit. Kunstwerke vermögen aber – besser noch als Worte, die leicht zu einem theoretisch vereinnahmenden Heilswissen tendieren[42] – bei aller Gegenwärtigkeit des Ostergeheimnisses durch ihre Formensprache zugleich auch dessen eschatologische Vollendung kritisch zu verdeutlichen, indem sie vom definitiven Anbruch der Präsenz einer noch ausständigen Wirklichkeit zeugen. Sie verhelfen so, und zwar gerade aufgrund ihrer Mannigfaltigkeit in der Tradition, zu einer inneren Kriteriologie dieses symbolischen Überlieferungsprozesses. Freilich bedarf das symbolische Potential der ikonographischen Wirkungsgeschichte des Christentums immer wieder der korrektiven und innovativen Impulse aus dem jeweiligen Zeitkontext heraus. Auch ist ein Verhältnis zwischen historisch-exegetischer Kritik, praktischem Glaubenszeugnis und frommer Bildimagination als Ein-Bildung des Christusgeschehens je neu aufzubauen.

d) Tradition als lebendige Memoria und Gedächtniskunst

Der ganze Kunstraum im Horizont des Christentums ist prinzipiell Gedächtnisraum: *memoria passionis, mortis et resurrectionis* Jesu Christi im Kontext des Gottesgedächtnisses Israels. Dies ist eine geschichtsbestimmte Memoria, die zugleich Zeiterhellung und Zukunftsansage ist. Geschichte als Leidens- und Hoffnungsgeschichte kommt durch die Künste unverwechselbar zur Sprache[43] als Geschichten von dem, »der sich im Modus der Bestreitung offenbart« (Eckhard Nordhofen) und der in den Visualisierungen seines Vorübergangs einen inhärenten prophetischen Stachel, am radikalsten im Kreuz Jesu, erkennen lässt. Johann Bapist Metz spricht deshalb vom nachtragenden Wesen der Künste.[44] Dies gilt prinzipiell durch die Geschichte der christlichen Ikonographie hindurch von den künstlerischen Gestaltungsweisen des Crucifixus, den Darstellungen der Martyrer mit ihren Attributen, den Kreuzwegen, den Passionsspie-

---

[42] Adorno sagt in seiner *Ästhetischen Theorie*, Frankfurt 1970, S. 191: »Unverhüllt ist das Wahre der diskursiven Erkenntnis, aber dafür hat sie es nicht; die Erkenntnis, welche Kunst ist, hat es, aber als ein Inkommensurables«.

[43] Vgl. J. B. Metz' Diktum vom »nachtragenden Wesen von Religion und Kunst« in: »Die Shoa im Zeitalter kultureller Amnesie«, in: A. Kölbl, G. Larcher und J. Rauchenberger, *Entgegen*, S. 103–105.

[44] Ebd.

Gerhard Larcher

len, Wallfahrtstraditionen, ja selbst von manchem frommen Kunsthandwerk, besonders aber auch von der kritischen inneren Reflexivität der zeitgenössischen Kunst. Walter Benjamin hat übrigens in seinen geschichtsphilosophischen Thesen schon vor der Shoa das normative Eingedenken in ästhetischen Kategorien beschrieben. Erst recht gilt, dass nach Auschwitz Spitzenkunst keine affirmative Historienmalerei mehr sein kann, die einen schönen Schleier über Gesellschaft und Kirche legt. Aber es darf auch keine Abwesenheit von Kunst geben. Wer sonst gäbe dem Aufschrei bleibende und dringliche Gestalt? Man denke nur an die Werke von Paul Celan, Rachel Whiteread, George Segal, Christian Boltanski, Hrdlicka, Anselm Kiefer, die Shoa-Filme von Claude Lanzmann und Steven Spielberg, an die schwierige Genese der Gedenkplätze in Wien und Berlin und so weiter.

Gedächtniskunst thematisiert gegen den Strich (Benjamin) der scheinbar selbstverständlichen Überlieferung das Augenblickshafte, noch Unabgegoltene der Vergangenheit, das was – anders als in einer bloßen Denkmalskultur oder triumphalistischen Geschichtsschreibung – möglicherweise noch zu retten ist. Sie gibt so dem Anspruch vergangener Leidenszeugnisse – in der Kreuzesnachfolge Christi oder anonym auf der »Schlachtbank der Geschichte« – einen sensiblen Rahmen der Aufmerksamkeit und Rezeption heute. Als Beispiele einer lebendig kritischen Memoria der Kirche in ihre eigene Geschichte und in die Gesellschaft hinein durch ein inneres konstruktives Zusammenspiel von Ethik und Ästhetik lassen sich klassische Kunstbeispiele seit den Anfängen der Moderne aufrufen, wie Francisco Goya (»Desastres de la Guerra«), Casper David Friedrich, Pablo Picasso (»Guernica«), Chagall (auch hier: »Weiße Kreuzigung«), Hrdlicka (»Plötzenseer Totentanz«) und andere mehr.

Diese hermeneutische Gewichtung der Künste kann zur Kritik fragwürdiger Bilder des Eingedenkens verhelfen und dem Anliegen eines kirchen- und gesellschaftskritischen Theologietyps Rechnung tragen, zugleich aber dessen exklusivem Pathos der Praxis und des Leidens und der hauptsächlich appellativen Kritik an der postmodernen Erlebnisgesellschaft einen sinnlich anschaulichen, erlebbaren präsentischen Erfahrungsraum geben (vgl. das Herz-Jesu-Thema). Solche Theologie, die selbst leicht mit einem Ästhetizismusvorwurf zur Hand ist, könnte einsehen lernen, dass ihren besten Aspirationen – im Sinne einer Memoria durch Praxis, Zeugnis, Erzählung hindurch – ganz entscheidend durch eine ästhetische Tiefenvermittlung gedient ist. So dürfte sich zeigen, dass eine »anamnetische Kultur« (Metz) und eine »subversive Allianz« zwischen der Theologie und den Künsten sich wechselseitig bedingen.[45] Gerade durch eine radikale künstlerische Konfrontation in den Erfahrungsraum der Gläubigen und der Gesellschaft hinein kann ethisch-politische Betroffenheit ausgelöst, ja Glaube als leidenschaftliche Gottespassion angefacht und doch zugleich die Gefahr eines kontrafaktisch protestierenden, unglücklichen Bewusstseins vermieden werden, welches nur zu leicht dem Ideologieverdacht eines Neo-Nietzscheanismus verfällt.

Solche erzählende Memoria wird das Eingedenken der Tradition stets mit einem Ausgriff auf eine heilsgeschichtlich erhoffte Zukunft verbinden. Wie schon der Akt der Konfiguration von Zeit als Leistung des Einzelhistorikers nicht ohne eine poetisch-ästhetische »Fiktion« auskommt, so radikaler noch die großen Synthesen theologischen Erzählens im Entfalten von geschichtlichen Identitäten nach rückwärts nicht ohne ein Entwerfen von Hoffnungshorizonten nach vorwärts. Dabei ist das Eröffnen von neuen Horizonten der Tradition immer auch ästhetisch vermittelt in einer Art »prospektiver Provokation«.[46] Praktische Memoria und messianische Hoffnung können so einander angenähert werden.

---

[45] Demgegenüber scheuen alle Formen von Traditionalismus die Auseinandersetzung mit den anspruchsvollen zeitgenössischen Künsten und verweigern ihnen den Status eines möglicherweise gültigen anonymen Geistzeugnisses. Das hat vermutlich mit der Angst zu tun, der eigenen, verkrampft historischen Selbstgerechtigkeit überführt zu werden oder die Pseudosicherheit einer konfessionellen Selbstabschließung nicht durchhalten zu können.
[46] H. U. Reck, »Konstruktionen des Erinnerns«, in: *Kunstforum international,* 127 (1994) S. 81–119, hier S. 85; für diesen weit gefassten Versuch einer geschichtstheoretischen Annäherung von Fundamentaltheologie und Ästhetik aus Anregungen P. Ricœurs heraus war besonders hilfreich auch: A. Breitling, *Möglichkeitsdichtung-Wirklichkeitssinn,* bes. Zweiter Teil, IV. 3 (»Eine Hermeneutik der Unvollendung«) und Zweiter Teil, V. 3 (»Poetik der bedingten Freiheit«).

Zitierte Sekundärliteratur zu Paul Ricœur

O. Abel u. a. (Hg.), *La juste mémoire. Lectures autour de Paul Ricœur*, Genf 2006
F.-X. Amherdt, *L'herméneutique philosophique de Paul Ricœur et son importance pour l'exégèse biblique. En débat avec la New Yale Theology School*, Paris 2004
E. Arens, *Bezeugen und Bekennen. Elementare Handlungen des Glaubens*, Düsseldorf 1989
P. Biehl, *Symbole geben zu lernen. Einführung in die Symboldidaktik anhand der Symbole Hand, Haus und Weg*, Neukirchen-Vluyn 1989
– *Erfahrung – Symbol – Glaube*, Gütersloh 1991
– *Symbole geben zu lernen II. Zum Beispiel Brot, Wasser und Kreuz*, Neukirchen-Vluyn 1999
K. Blamey, »Paul Ricœur's ›Durcharbeiten‹«, in: A. Wiercinski (Hg.), *Between Suspicion and Sympathy. Paul Ricœur's Unstable Equilibrium*, Toronto 2003, S. 575–584
J.-P. Bobillot, »Le ver(s) dans le fruit trop mûr de la lyrique et du récit«, in: *Temps et récit en débat*, Hg. C. Bouchindhomme und R. Rochlitz, Paris 1990, S. 73–110
F. Böckle, *Fundamentalmoral*, 6. Aufl., München 1994
M. Böhnke, *Konkrete Reflexion. Philosophische und theologische Hermeneutik. Ein Interpretationsversuch über Paul Ricœur*, Frankfurt 1983
– »Die Zukunft der Vergangenheit. Zwei kritische Rückfragen an Paul Ricœurs Theorie über das Vergessen und Verzeihen«, in: A. Breitling und S. Orth (Hg.), *Erinnerungsarbeit. Zu Paul Ricœurs Philosophie von Gedächtnis, Geschichte und Vergessen*, Berlin 2004, S. 243–248
C. Bouchindhomme, »Limites et présupposés de l'herméneutique de Paul Ricœur«, in: *Temps et récit en débat*, Hg. C. Bouchindhomme und R. Rochlitz, Paris 1990, S. 163–183
A. Breitling, S. Orth und B. Schaaf (Hg.), *Das herausgeforderte Selbst. Perspektiven auf Paul Ricœurs Ethik*, Würzburg 1999
A. Breitling und S. Orth (Hg.), *Erinnerungsarbeit. Zu Paul Ricœurs Philosophie von Gedächtnis, Geschichte und Vergessen*, Berlin 2004
A. Breitling, *Möglichkeitsdichtung – Wirklichkeitssinn. Paul Ricœurs Denken der Geschichte*, München 2007
J. Bründl, *Masken des Bösen. Eine Theologie des Teufels*, Würzburg 2002
A. Bucher, *Symbol – Symbolbildung – Symbolerziehung*, St. Ottilien 1990
B. J. Claret, *Geheimnis des Bösen. Zur Diskussion um den Teufel*, Innsbruck 1997
– »Die der Struktur unserer Lebenswelt von Haus aus inhärenten Irritationen und das Böse«, in: *Theodizee. Das Böse in der Welt*, 2. Aufl., Darmstadt 2008, S. 67–116
– Art. »Teufel. III. Theologie- u. dogmengeschichtlich, IV. Systematisch-theologisch«, in: *Lexikon für Theologie und Kirche*, Band 9, 3. Aufl., Freiburg 2000, S. 1365–1368

Zitierte Sekundärliteratur zu Paul Ricœur

- Art. »Übel. III. Systematisch-theologisch«, in: *Lexikon für Theologie und Kirche*, Band 10, 3. Aufl., Freiburg 2001, S. 332–334
- B. Clément (Hg.), *Autour de Paul Ricœur*, Paris 2006
- E. Dirscherl, *Grundriss Theologischer Anthropologie. Die Entschiedenheit des Menschen angesichts des Anderen*, Regensburg 2006
- H.-J. Ehni, *Das moralisch Böse. Überlegungen nach Kant und Ricœur*, Freiburg 2006
- E. Feifel, »Symbole und symbolische Kommunikation als religionsdidaktische Aufgabe«, in: F. Weidmann (Hg.), *Didaktik des Religionsunterrichts*, 5. Aufl., Donauwörth 1988, S. 188–203
- J. Fodor, *Christian Hermeneutics. Paul Ricœur and the Refiguring of Theology*, Oxford 1995
- M. Greiner, »Ererbte Schuld – ererbte Sehnsucht. Statt eines Editorials«, in: *Internationale katholische Zeitschrift »Communio«* 20 (1991) S. 291–293
- J. Greisch, »Testimony and attestation«, in: R. Kearney (Hg.), *Philosophy and Social Criticism Special Issue: Ricœur at 80. Essays on the Hermeneutics of Action*, London 1995, S. 81–98
- »Vom Glück des Erinnerns zur Schwierigkeit des Vergebens«, in: S. Orth und P. Reifenberg (Hg.), *Facettenreiche Anthropologie. Paul Ricœurs Reflexionen auf den Menschen*, Freiburg 2004, S. 91–114
- C. M. Gschwandtner, »Ricœur's hermeneutic of God. A Symbol that Gives Rise to Thought«, in: *Philosophy and theology* 13 (2001) S. 287–309
- S. Haas, *Kein Selbst ohne Geschichten*, Hildesheim 2002
- H. Häring, *Das Problem des Bösen in der Theologie*, Darmstadt 1985
- »Zwischen Theorie, Praxis und Imagination«, in: *Concilium* 34 (1998) S. 21–37
- H. Halbfas, *Das Menschenhaus*, Düsseldorf 1971.
- V. Hoffmann, »Offenbarung als dialogisches Geschehen? Paul Ricœurs ›Das Selbst als ein Anderer‹ und eine offenbarungstheologische Frage«, in: *Theologie und Philosophie* 75 (2000) S. 206–225
- *Vermittelte Offenbarung. Paul Ricœurs Philosophie als Herausforderung der Theologie*, Ostfildern 2007
- »Nachwort: An den Grenzen der Hermeneutik«, in: P. Ricœur, *An den Grenzen der Hermeneutik. Philosophische Reflexionen über Religion*, Freiburg 2008, S. 119–141
- M. Jakobs, »Von Schmetterling bis Schatzkiste. Wie kann eine gelungene symbolhafte Eucharistiekatechese aussehen?«, in: *Katechetische Blätter*, Heft Nr. 3, 133 (2008) S. 184–187
- D. Janicaud, *Le tournant théologique de la phénoménologie française*, Combas 1990
- M. Junker-Kenny und P. Kenny (Hg.), *Memory, Narrativity, Self and the Challenge to Think God. The Reception within Theology of the Recent Work of Paul Ricœur*, Münster 2004
- »Memory and Forgiveness – Two Itineraries«, in: M. Junker-Kenny und P. Kenny (Hg.), *Memory, narrativity, self and the challenge to think God. The Reception within Theology of the Recent Work of Paul Ricœur*, Münster 2004, S. 19–41
- »Capabilities, convictions, and public theology«, in: M. Junker-Kenny und P. Kenny (Hg.), *Memory, narrativity, self and the challenge to think God. The Reception within Theology of the Recent Work of Paul Ricœur*, Münster 2004, S. 153–201
- »Virtues and the God Who Makes Everything New«, in: A. Mayes und W. Jeanrond (Hg.), *Recognising the Margins. Essays in Honour of Sean Freyne*, Dublin 2006, S. 298–320

Zitierte Sekundärliteratur zu Paul Ricœur

- »Ethics, the Hermeneutics of Memory, and the Concept of God«, in: N. Hintersteiner (Hg.), *Naming and Thinking God in Europe Today. Theology in Global Dialogue*, Amsterdam 2007, 211–231
- »Memory and Forgetting as Capabilities of the Self. Paul Ricœur's Philosophical Contribution to Cultural Memory Studies«, in A. Nünning und A. Erll (Hg.), *Handbook of Cultural Memory Studies*, Berlin 2008

R. Kearney, *On Paul Ricœur. The owl of Minerwa*, Aldershot 2004

D. Klemm, »Searching for a Heart of Gold. A Ricœurian Meditation on Moral Striving and the Power of Religious Discourse«, in: J. Wall, W. Schweiker und W. D. Hall (Hg.), *P. Ricœur and Contemporary Moral Thought*, New York 2002, S. 97–116

G. Larcher, »Subjektivät und Glaube. Fundamentaltheologische Denkanstöße im Werk Paul Ricœurs«, in: J. Kirchberg und J. Müther (Hg.), *Philosophisch-Theologische Grenzfragen*, Essen 1986, S. 281–298

- »Appelle und Parolen im Wechselbezug von religiöser Sprache und Bild«, in: P. Ebenbauer, R. Esterbauer und C. Wessely (Hg.), *Appelle und Parolen*, Stuttgart 2008

B. Liebsch, »Das Selbst im Missverhältnis zwischen Erzählung und Bezeugung. Versprechen – Vertrauen – Verrat«, in: S. Orth und P. Reifenberg (Hg.), *Facettenreiche Anthropologie. Paul Ricœurs Reflexionen auf den Menschen*, Freiburg 2004, S. 49–77

L. MacCammon, »Jacques Derrida, Paul Ricœur, and the Marginalisation of Christianity: Can the God of Presence be Saved?«, in: J. Wall, W. Schweiker und W. D. Hall (Hg.), *P. Ricœur and Contemporary Moral Thought*, New York 2002, S. 187–209

C. Mandry, »Ricœur und Rawls. Zugleich ein Querschnitt durch Ricœurs ›kleine Ethik‹«, in A. Breitling, S. Orth und B. Schaaf (Hg.), *Das herausgeforderte Selbst. Perspektiven auf Ricœurs Ethik*, Würzburg 1999, S. 37–58

- *Ethische Identität und christlicher Glaube. Theologische Ethik im Spannungsfeld von Theologie und Philosophie*, Mainz 2002
- »The relationship between philosophy and theology in the recent work of Paul Ricœur«, in: M. Junker-Kenny und P. Kenny (Hg.), *Memory, narrativity, self and the challenge to think God. The reception within theology of the recent work of Paul Ricœur*, Münster 2004, S. 63–77
- »Christliche Sozialethik zwischen Theologie und Philosophie – ein Spagat?«, in: A. Bohmeyer und J. Frühbauer (Hg.), *Profile. Christliche Sozialethik zwischen Theologie und Philosophie*, Münster 2005, S. 87–98
- »Logik der Ethik – Logik der Gabe. Theologisch-ethische Überlegungen«, in: M. Gabel und H. Joas (Hg.), *Von der Ursprünglichkeit der Gabe. Jean-Luc Marions Phänomenologie in der Diskussion*, Freiburg 2007, S. 234–251

H.-J. Meurer, *Die Gleichnisse Jesu als Metaphern. P. Ricœurs Hermeneutik der Gleichniserzählung Jesu im Horizont des Symbols »Gottesherrschaft/Reich Gottes«*. Bonn 1997

D. Mieth, *Dichtung, Glaube und Moral. Studien zur Begründung einer narrativen Ethik*, Mainz 1976

O. Mongin, »Note éditoriale«, in: P. Ricœur, *Lectures 3. Aux frontières de la philosophie*, Paris 1994, S. 7–11

L. S. Mudge, »Paul Ricœur on Biblical Interpretation«, in: P. Ricœur, *Essays on Biblical Interpretation*, Philadelphia 1980, S. 1–40

D. Müller, »Paul Ricœur (1913–2005). Un philosophe aux prises avec la théologie«, in: *Revue théologique de Louvain* 37 (2006) S. 161–178

Zitierte Sekundärliteratur zu Paul Ricœur

W. W. Müller, *Das Symbol in der dogmatischen Theologie*, Frankfurt 1990, S. 175–250
- »Nur ein Symbol? Zu seiner Bedeutung und Notwendigkeit in der dogmatischen Theologie«, in: Theologisch-Praktische Quartalschrift 147 (1999) S. 354–362
S. Orth, *Das verwundete Cogito und die Offenbarung. Von Paul Ricœur und Jean Nabert zu einem Modell fundamentaler Theologie*, Freiburg 1999
- »Spuren des Denkens von Jean Nabert in Paul Ricœurs ›kleiner Ethik‹«, in: A. Breitling, S. Orth und B. Schaaff (Hg.), *Das herausgeforderte Selbst. Perspektiven auf Paul Ricœurs Ethik*, Würzburg 1999, S. 59–73
- »Kriteriologie des Göttlichen – Hermeneutik der Zeugnisse. Paul Ricœur, Jean Nabert und die fundamentaltheologische Diskussion«, in: J. Valentin und S. Wendel (Hg.), *Unbedingtes Verstehen?! Fundamentaltheologie zwischen Erstphilosophie und Hermeneutik*, Regensburg 2001, S. 81–91
S. Orth und A. Breitling (Hg.), *Vor dem Text. Hermeneutik und Phänomenologie im Denken Paul Ricœurs*, Berlin 2002
S. Orth, »Vernachlässigte Ressourcen. Das reflexionsphilosophische Fundament der Hermeneutik Paul Ricœurs«, in: S. Orth und A. Breitling (Hg.), *Vor dem Text. Hermeneutik und Phänomenologie im Denken Paul Ricœurs*, Berlin 2002, S. 189–207
S. Orth und P. Reifenberg (Hg.), *Facettenreiche Anthropologie. Paul Ricœurs Reflexionen auf den Menschen*, Freiburg 2004
S. Orth, »Von der Anthropologie der Fehlbarkeit zur Hermeneutik des Selbst. Stationen auf dem Denkweg von Paul Ricœur«, in: S. Orth und P. Reifenberg (Hg.), *Facettenreiche Anthropologie. Paul Ricœurs Reflexionen auf den Menschen*, Freiburg 2004, S. 15–36
- »Zwischen Philosophie und Theologie. Das Verzeihen«, in: A. Breitling und S. Orth (Hg.), *Erinnerungsarbeit. Zu Paul Ricœurs Philosophie von Gedächtnis, Geschichte und Vergessen*, Berlin 2004, S. 223–236
- »Das Böse gibt zu denken. Der Ausgangspunkt philosophischer Reflexion bei Paul Ricœur und Jean Nabert«, in: S. Grätzel und P. Reifenberg (Hg.), *Ausgangspunkt und Ziel des Philosophierens. Akademietagung zum 100-jährigen Gedenken an »Le Point de départ de la recherche philosophique« (1906) von Maurice Blondel*, London 2007, S. 129–151
W. Pannenberg, »Das Böse«, in: *Evangelisches Kirchenlexikon*, Band 1, Göttingen 1956, S. 559–561
- *Anthropologie in theologischer Perspektive. Religiöse Implikationen anthropologischer Theorie*, Göttingen 1983
D. Pellauer, *Ricœur. A Guide for the Perplexed*, London 2007
F. Prammer, *Die philosophische Hermeneutik Paul Ricœurs in ihrer Bedeutung für eine theologische Sprachtheorie*, Innsbruck 1988
M. Revault d'Allones und F. Azouvi (Hg.), *Paul Ricœur*, Paris 2004
H. Riedlinger, »Der Übergang von der Unschuld zur Sünde. Zur geschichtlichen und geistlichen Auslegung des Mythos von Adam, Eva und der Schlange«, in: W. Strolz (Hg.), *Vom alten zum neuen Adam. Urzeitmythos und Heilsgeschichte*, Freiburg 1986, S. 11–42
H. Saal, *Das Symbol als Leitmodell für religiöses Verstehen*, Göttingen 1995
W. Schweiker, »Imagination, Violence, Hope«, in: D. Klemm und W. Schweiker (Hg.), *Meaning in Texts and Actions. Questioning P. Ricœur*, Charlottesville 1993, S. 205–225
- *Responsibility and Christian Ethics*, Cambridge 1995

Zitierte Sekundärliteratur zu Paul Ricœur

- »Starry Heavens and Moral Worth. Hope and Responsibility in the Structure of Theological Ethics«, in: J. Wall, W. Schweiker und W. D. Hall (Hg.), *P. Ricœur and Contemporary Moral Thought*, New York 2002, S. 117–142
- G. Schiwy, *Der französische Strukturalismus. Mode – Methode – Ideologie*. Mit einem Anhang mit Texten von de Saussure, Lévi-Strauss, Barthes, Goldmann, Sebag, Lacan, Althusser, Foucault, Sartre, Ricœur, Hugo Friedrich, Reinbek 1969
- D. S. Springstübe, *Der Symbolbegriff Paul Ricœurs*, Saarbrücken 2007
- D. R. Stiver, *Theology after Ricœur. New Directions in Hermeneutical Theology*, Westminster 2001
- J. Sudbrack, *Religiöse Erfahrung und menschliche Psyche. Zu Grenzfragen von Religion und Psychologie, von Heiligkeit und Krankheit, von Gott und Satan*, Mainz 1998
- L. Tengelyi, »Husserls Blindheit für das Negative? Zu Ricœurs Deutung der Abstandserfahrung in der Erinnerung«, in: A. Breitling und S. Orth (Hg.), *Erinnerungsarbeit. Zu Paul Ricœurs Philosophie von Gedächtnis, Geschichte und Vergessen*, Berlin 2004, S. 29–39
- A. Thomasset, *Paul Ricœur, une poétique de la morale. Aux fondements d'une éthique herméneutique et narrative dans une perspective chrétienne*, Leuven 1996
- K. J. Vanhoozer, *Biblical Narrative in the Philosophy of Paul Ricœur. A Study in Hermeneutics and Theology*, Cambridge 1990
- M. A. Villaverde, »Schuld und Vergebung bei Paul Ricœur«, in: A. Breitling und S. Orth (Hg.), *Erinnerungsarbeit. Zu Paul Ricœurs Philosophie von Gedächtnis, Geschichte und Vergessen*, Berlin 2004, S. 207–222
- J. Wall, »Moral Meaning. Beyond the Good and the Right«, in: J. Wall, W. Schweiker und W. D. Hall (Hg.), *P. Ricœur and Contemporary Moral Thought*, New York 2002, S. 47–63
- »The Economy of the Gift. Paul Ricœur's Significance for Theological Ethics«, in: *Journal of Religious Ethics* 29 (2001) S. 235–260
- J. Wall, *Moral Creativity. Paul Ricœur and the Poetics of Possibility*, Oxford 2007
- M. I. Wallace, *The Second Naiveté. Barth, Ricœur, and the New Yale Theology*, Macon 1990
- N. Weidinger, »Symboldidaktik – Auslauf- oder Zukunftsmodell?« in: H. Noormann, U. Becker und B. Trocholepczy (Hg.), *Ökumenisches Arbeitsbuch Religionspädagogik*, 2. aktualisierte Aufl., Stuttgart 2004, S. 145–160
- P. Welsen, Vorwort, in: P. Ricœur. *Vom Text zur Person. Hermeneutische Aufsätze (1970–1999)*, Hamburg 2005, S. vii–x
- K. Wenzel, *Zur Narrativität des Theologischen. Prolegomena zu einer narrativen Texttheorie in soteriologischer Hinsicht*, Frankfurt 1997
- *Glaube in Vermittlung. Theologische Hermeneutik nach Paul Ricœur*, Freiburg 2008
- »Liebe als Gerechtigkeit. Zu einem Kernaspekt des christlichen Gottesverständnisses«, in: K. Biberstein und H. Schmitt (Hg.), *Prekär. Gottes Gerechtigkeit und die Moral der Menschen*, Luzern 2008, S. 150–159
- J. Werbick, *Glaube im Kontext. Prolegomena und Skizzen zu einer elementaren Theologie*, St. Ottilien 1982
- *Schulderfahrung und Bußsakrament*, Mainz 1985
- *Bilder sind Wege*, München 1992
- Art. »Metapher, systematisch-theologisch«, in: *Lexikon für Theologie und Kirche*, Band 7, 3. Aufl., Freiburg 1998, S. 189 f.
- G. Whitehouse, »Veils and Kingdoms. A Ricœurian Metaphorics of Love and Justice«,

in: J. Wall, W. Schweiker und W. D. Hall (Hg.), *Paul Ricœur and Contemporary Moral Thought*, New York 2002, S. 164–186
S. Wiedenhofer, »›Erbsünde‹ – eine universale Erbschuld? Zum theologischen Sinn des Erbsündendogmas«, in: *Theologische Quartalschrift* 162 (1982) S. 30–44
- »Zum gegenwärtigen Stand der Erbsündentheologie«, in: *Theologische Revue* 83 (1987) S. 353–370
- »Hauptformen gegenwärtiger Erbsündentheologie«, in: *Internationale Katholische Zeitschrift »Communio«* 20 (1991) S. 315–328.

Verzeichnis der Autorinnen, Autoren und Herausgeber

Michael Böhnke, geb. 1955, Prof. Dr. theol., ist Professor für Katholische Theologie (Systematische Theologie und Religionspädagogik) an der Bergischen Universität Wuppertal.

Bernd J. Claret, geb. 1963, Dr. theol., ist Privatdozent an der Katholisch-Theologischen Fakultät der Rheinischen Friedrich-Wilhelms-Universität Bonn.

Maureen Junker-Kenny, geb. 1956, Prof. Dr. theol., ist Professorin an der School of Religions and Theology am Trinity College Dublin.

Veronika Hoffmann, geb. 1974, Dr. theol., ist Wissenschaftliche Assistentin am Lehrstuhl für Dogmatik der Katholisch-Theologischen Fakultät der Universität Erfurt.

Gerhard Larcher, geb. 1946, Prof. Dr. theol., ist Professor für Fundamentaltheologie an der Katholisch-Theologischen Fakultät der Karl-Franzens-Universität Graz.

Christof Mandry, geb. 1968, Dr. theol., ist Postdoc-Kollegiat am Max-Weber-Kolleg der Universität Erfurt.

Wolfgang W. Müller, geb. 1956, Prof. Dr. theol., ist Professor für Dogmatik an der Katholisch-Theologischen Fakultät der Universität Luzern.

Stefan Orth, geb. 1968, Dr. theol., ist Redakteur der Zeitschrift »Herder Korrespondenz. Monatshefte für Gesellschaft und Religion« in Freiburg.

Peter Reifenberg, geb. 1956, Prof. Dr. theol., ist Direktor des Tagungszentrums Erbacher Hof und der Akademie des Bistums Mainz.

Knut Wenzel, geb. 1962, Prof. Dr. theol., ist Professor für Systematische Theologie, Fundamentaltheologie und Dogmatik am Fachbereich Katholische Theologie der Goethe-Universität Frankfurt.

Jürgen Werbick, geb. 1946, Prof. Dr. theol., ist Professor für Fundamentaltheologie an der Katholisch-Theologischen Fakultät der Westfälischen Wilhelms-Universität Münster.